Arbeitsschutzgesetz
Basiskommentar

Michael Kittner
Ralf Pieper

Arbeitsschutzgesetz

Basiskommentar

2., überarbeitete Auflage

Bund-Verlag

Die Deutsche Bibliothek – CIP-Einheitsaufnahme

Kittner, Michael:
Arbeitsschutzgesetz: Basiskommentar / Michael Kittner;
Ralf Pieper. – 2. Aufl. – Frankfurt am Main: Bund-Verlag
2000 (Basiskommentar)
ISBN 3-7663-3201-5

Zweite, überarbeitete Auflage 2000

Herstellung: Christel Lampe, Frankfurt am Main
Umschlag: Angelika Richter, Heidesheim
Satz: Satzbetrieb Schäper GmbH, Bonn
Druck: Clausen & Bosse, Leck
Printed in Germany 2000
ISBN 3-7663-3201-5

Vorwort

Das Arbeitsschutzgesetz setzt die EG-Rahmenrichtlinie Arbeitsschutz (89/391/EWG) in das deutsche Arbeitsschutzrecht um. Damit ist ein Grundgesetz des betrieblichen Arbeitsschutzes in der Bundesrepublik Deutschland geschaffen worden, das die über 100 Jahre alte Vorschrift des § 120a der Gewerbeordnung abgelöst und sie durch ein zeitgemäßes, präventives Arbeitsschutzverständnis sowie entsprechende öffentlich-rechtliche Pflichten der Arbeitgeber bzw. Rechte und Pflichten der Beschäftigten ersetzt hat. Das Arbeitsschutzgesetz gilt weitgehend für alle Tätigkeitsbereiche und Beschäftigtengruppen. Dadurch wird ein wichtiger Beitrag zum Abbau der Zersplitterung des bundesdeutschen Arbeitsschutzrechts geleistet. Das duale Arbeitsschutzsystem bleibt erhalten und wird – in Verbindung mit den Präventionsregelungen des Sozialgesetzbuchs VII – verbessert.

Neben einer Kurzkommentierung der Regelungen des Arbeitsschutzgesetzes enthält der vorliegende überarbeitete Basiskommentar eine Einleitung, die einen Überblick über die Grundlagen des Arbeitsschutzes gibt.

Zur Vertiefung, insbesondere im Hinblick auf die aufgrund des ArbSchG erlassenen Arbeitsschutzverordnungen, wird auf den Kommentar für die Praxis Kittner/Pieper, Arbeitsschutzrecht, verwiesen (Bund Verlag 1998).

Hanau/Dortmund im Februar 2000

Michael Kittner
Ralf Pieper

Inhaltsverzeichnis

Vorwort 5
Abkürzungsverzeichnis 9

Einleitung

1. Grundlagen und Begriff des Arbeitsschutzes 17
1.1. Arbeitsschutzbegriff: Nationales Recht 17
1.2. Arbeitsschutzbegriff: Internationales und EG-Recht 19

2. Rechtliche, institutionelle und sachliche Gliederung sowie Durchführung des Arbeitsschutzes 22
2.1. Rechtliche Gliederung 22
2.2. Institutionelle Gliederung und Durchführung 26
2.3. Sachlich-rechtliche Gliederung des Arbeitsschutzes 33

3. System des Arbeitsschutzes in der EG 35
3.1. Allgemeines 35
3.2. Vorgelagerter Arbeitsschutz 37
3.3. Betrieblicher Arbeitsschutz 39

4. Das Arbeitsschutzgesetz 40
4.1. Vorgeschichte 40
4.2. Inhalt des ArbSchG 42
4.3. Allgemeine Auswirkungen des ArbSchG 44
4.4. Arbeitsschutzverordnungen: Auswirkungen des ArbSchG auf sonstige Rechtsvorschriften 46

Gesetzestext 57

Kommentierung zum Arbeitsschutzgesetz

Erster Abschnitt: Allgemeine Vorschriften

§ 1 Zielsetzung und Anwendungsbereich 73
§ 2 Begriffsbestimmungen 80

Zweiter Abschnitt: Pflichten des Arbeitgebers

§ 3 Grundpflichten des Arbeitgebers 91
§ 4 Allgemeine Grundsätze 94
§ 5 Beurteilung der Arbeitsbedingungen 101
§ 6 Dokumentation 104
§ 7 Übertragung von Aufgaben 108
§ 8 Zusammenarbeit mehrerer Arbeitgeber 108
§ 9 Besondere Gefahren 112
§ 10 Erste Hilfe und sonstige Notfallmaßnahmen 119
§ 11 Arbeitsmedizinische Vorsorge 120
§ 12 Unterweisung 122
§ 13 Verantwortliche Personen 126
§ 14 Unterrichtung und Anhörung der Beschäftigten des öffentlichen Dienstes 129

Dritter Abschnitt: Pflichten und Rechte der Beschäftigten

§ 15 Pflichten der Beschäftigten 130
§ 16 Besondere Unterstützungspflichten 133
§ 17 Rechte der Beschäftigten 134

Vierter Abschnitt: Verordnungsermächtigungen

§ 18 Verordnungsermächtigungen 137
§ 19 Rechtsakte der EG und zwischenstaatliche Vereinbarungen 138
§ 20 Regelungen für den öffentlichen Dienst 147

Fünfter Abschnitt: Schlußvorschriften

§ 21 Zuständige Behörden; Zusammenwirken mit den Trägern der gesetzlichen Unfallversicherung 150
§ 22 Befugnisse der zuständigen Behörden 156
§ 23 Betriebliche Daten; Zusammenarbeit mit anderen Behörden; Jahresbericht 160
§ 24 Ermächtigung zum Erlaß von allgemeinen Verwaltungsvorschriften 163
§ 25 Bußgeldvorschriften 163
§ 26 Strafvorschriften 164

Stichwortverzeichnis 165

Abkürzungsverzeichnis

a. A.	anderer Ansicht
a. a. O.	am angegebenen Ort
ABBergV	Allgemeine Bundesbergverordnung
ABl.	Amtsblatt
abl.	ablehnend(er)
AblEG	Amtsblatt der Europäischen Gemeinschaften
AiB	Arbeitsrecht im Betrieb, Zeitschrift
AMBV	Arbeitsmittelbenutzungsverordnung
Amtl. Mitt.	Amtliche Mitteilungen
AP	Arbeitsrechtliche Praxis, Nachschlagewerk des Bundesarbeitsgerichts
ArbG	Arbeitsgericht
ArbGG	Arbeitsgerichtsgesetz
ArbSchG	Arbeitsschutzgesetz
ArbSchGB	Arbeitsschutzgesetzbuch
ArbSchRG	Arbeitsschutzrahmengesetz
ArbStättV	Arbeitsstättenverordnung
ArbuR	Arbeit und Recht, Zeitschrift
ArbZG	Gesetz zur Vereinheitlichung und Flexibilisierung des Arbeitszeitrechtes (Arbeitszeitrechtsgesetz – ArbZG)
Art.	Artikel
ASiG	Gesetz über Betriebsärzte, Sicherheitsingenieure und andere Fachkräfte für Arbeitssicherheit – Arbeitssicherheitsgesetz
ASR	Arbeitsstättenrichtlinien
AtomG	Gesetz über die friedliche Verwendung der Kernenergie und den Schutz gegen ihre Gefahren (Atomgesetz)
AÜG	Gesetz zur Regelung der gewerbsmäßigen Arbeitnehmerüberlassung (Arbeitnehmerüberlassungsgesetz)
Ausschuß	BT-Ausschuß für Arbeits- und Sozialordnung, BT-Drs. 13/4854 v. 12. 6. 1996
AuT	Arbeit und Technik

AVV	Allgemeine Verwaltungsvorschrift
BAG	Bundesarbeitsgericht
BAGE	Entscheidungen des Bundesarbeitsgerichtes, Amtliche Sammlung
BAnz.	Bundesanzeiger
BArbBl.	Bundesarbeitsblatt
BAU	Bundesanstalt für Arbeitsschutz
BAuA	Bundesanstalt für Arbeitsschutz und Arbeitsmedizin
BaustellV	Baustellenverordnung
BB	Betriebsberater, Zeitschrift
BBergG	Bundesberggesetz
BBiG	Berufsbildungsgesetz
Bd.	Band
BetrVG	Betriebsverfassungsgesetz
BG	Berufsgenossenschaft, Zeitschrift
BGB	Bürgerliches Gesetzbuch
BGBl.	Bundesgesetzblatt
BGFA	Berufsgenossenschaftliches Forschungsinstitut für Arbeitsmedizin
BGV	Berufsgenossenschaftliche Vorschrift
BGZ	Berufsgenossenschaftliche Zentrale für Sicherheit und Gesundheit
BIA	Berufsgenossenschaftliches Institut für Arbeitssicherheit
BildscharbV	Bildschirmarbeitsverordnung
BImSchG	Gesetz zum Schutz vor schädlichen Umwelteinwirkungen durch Luftverunreinigungen, Geräusche, Erschütterungen und ähnliche Vorgänge (Bundesimmissionsschutzgesetz)
BinnenschiffahrtsG	Gesetz betreffend die privatrechtlichen Verhältnisse der Binnenschiffahrt
BiostoffV	Biostoffverordnung
BMA	Bundesministerium für Arbeit und Sozialordnung
BMBF	Bundesministerium für Bildung, Wissenschaft, Forschung und Technologie
BMF	Bundesministerium für Finanzen
BMFT	Bundesministerium für Forschung und Technik
BMI	Bundesministerium für Inneres
BMV	Bundesministerium für Verkehr
BMVg	Bundesministerium für Verteidigung
BMWi	Bundesministerium für Wirtschaft

BR-Drs.	Bundesrats-Drucksache
BSeuchG	Bundesseuchengesetz
BT-Drs.	Bundestags-Drucksache
BVerfG	Bundesverfassungsgericht
BVerwG	Bundesverwaltungsgericht
ChemG	Gesetz zum Schutz vor gefährlichen Stoffen (Chemikaliengesetz)
CEN	Europäisches Komitee für Normung
CENELEC	Europäisches Komitee für elektrotechnische Normung
DB	Der Betrieb, Zeitschrift
DGB	Deutscher Gewerkschaftsbund
d.h.	das heißt
DIN	Deutsches Institut für Normung e.V.
DRiG	Deutsches Richtergesetz
DruckluftV	Verordnung über Arbeiten in Druckluft
DVBl.	Deutsches Verwaltungsblatt, Zeitschrift
E	Entwurf
EASUG	EG-Arbeitsschutzumsetzungsgesetz
EEA	Einheitliche Europäische Akte
EG	Europäische Gemeinschaft
EGKS	Europäische Gemeinschaft für Kohle und Stahl
EGV	EG-Vertrag
Einl.	Einleitung
EU	Europäische Union
EuGH	Europäischer Gerichtshof
EWG	Europäische Wirtschaftsgemeinschaft
EzA	Entscheidungen zum Arbeitsrecht
f.	folgende
ff.	folgende
FS	Festschrift
G	Gesetz
GefStoffV	Verordnung zum Schutz vor gefährlichen Stoffen (Gefahrstoffverordnung)
gem.	gemäß
GenTG	Gesetz zur Regelung von Fragen der Gentechnik (Gentechnikgesetz)
GenTSV	Verordnung über die Sicherheitsstufen und Sicherheitsmaßnahmen bei gentechni-

	schen Arbeiten in gentechnischen Anlagen (Gentechnik-Sicherheitsverordnung)
GesBergV	Bergverordnung zum gesundheitlichen Schutz der Beschäftigten (Gesundheitsschutz-Bergverordnung)
GewArch	Gewerbe-Archiv, Zeitschrift
GewO	Gewerbeordnung
GG	Grundgesetz
GmbH	Gesellschaft mit beschränkter Haftung
GS	Großer Senat
GSG	Gesetz über technische Arbeitsmittel (Gerätesicherheitsgesetz)
GSGV	Verordnung zum GSG
HAG	Heimarbeitsgesetz
HdA	Humanisierung des Arbeitslebens
HGB	Handelsgesetzbuch
h. M.	herrschende Meinung
HVBG	Hauptverband der gewerblichen Berufsgenossenschaften
IAO	Internationale Arbeitsorganisation
i. E.	im Erscheinen
i. S.	im Sinne
i. V. m.	in Verbindung mit
JArbSchG	Gesetz zum Schutz der arbeitenden Jugend (Jugendarbeitsschutzgesetz)
KAN	Kommission Arbeitsschutz und Normung
KG	Kommanditgesellschaft
Kittner/Pieper	Arbeitsschutzrecht-Kommentar für die Praxis (1999)
KSchG	Kündigungsschutzgesetz
LAG	Landesarbeitsgericht
LASI	Länderausschuß für Arbeitsschutz und Sicherheitstechnik
LasthandhabV	Lastenhandhabungsverordnung
Mensch & Büro	Zeitschrift
Mitbestimmung	Die Mitbestimmung, Zeitschrift
Mitt.	Mitteilungen
MuSchG	Gesetz zum Schutz der erwerbstätigen Mutter (Mutterschutzgesetz)
m. w. N.	mit weiteren Nachweisen

n. F.	neue Fassung
NJW	Neue Juristische Wochenschrift, Zeitschrift
Nr.	Nummer
NZA	Neue Zeitschrift für Arbeits- und Sozialrecht
NZA-PR	NZA-Rechtsprechungsreport Arbeitsrecht
NZS	Neue Zeitschrift für Sozialrecht
OLG	Oberlandesgericht
OWiG	Gesetz über Ordnungswidrigkeiten
PBefG	Personenbeförderungsgesetz
PersR	Personalrat, Zeitschrift
PersVG	Personalvertretungsgesetz
ProdHG	Produkthaftungsgesetz
PSA	Persönliche Schutzausrüstung
PSA-BV	PSA-Benutzungsverordnung
RdA	Recht der Arbeit, Zeitschrift
RegE	Regierungsentwurf – ArbSchG, BT-Drs. 13/3540 v. 22. 1. 1996
RegE-AMBV	Regierungsentwurf für eine Verordnung über Sicherheit und Gesundheitsschutz bei der Benutzung von Arbeitsmitteln (Arbeitsmittelbenutzungsverordnung – AMBV), BR-Drs. 988/96 v. 19. 12. 1996
RegE-ArtV	Regierungsentwurf für eine Verordnung zur Umsetzung von EG-Einzelrichtlinien zur EG-Rahmenrichtlinie Arbeitsschutz, BR-Drs. 656/96 v. 5. 9. 1996
RegE-BaustellV	Regierungsentwurf für eine Verordnung über Sicherheit und Gesundheitsschutz auf Baustellen (Baustellenverordnung-BaustellV), BR-Drs. 306/97 v. 2. 4. 1998
RegE-BiostoffV	Regierungsentwurf einer Verordnung zur Umsetzung von EG-Richtlinien über den Schutz der Beschäftigten gegen Gefährdung durch biologische Arbeitsstoffe; BR-Drs. 754/98 v. 25. 8. 1998
RGBl.	Reichsgesetzblatt
Rn.	Randnummer
RöntgenV	Verordnung über den Schutz vor Schäden durch Röntgenstrahlen (Röntgenverordnung)
Rspr.	Rechtsprechung

RVO	Reichsversicherungsordnung
S.	Seite
SchwbG	Schwerbehindertengesetz
SeediensttauglichkeitsV	Verordnung über die Seediensttauglichkeit
SeemannsG	Seemannsgesetz
SGB	Sozialgesetzbuch
SGB I	Allgemeiner Teil
SGB IV	Gemeinsame Vorschriften für die Sozialversicherung
SGB V	Gesetzliche Krankenversicherung
SGB VII	Gesetzliche Unfallversicherung
SoldG	Soldatengesetz
SozFort.	Sozialer Fortschritt, Zeitschrift
Soziales Europa	Zeitschrift
Soz. Sich.	Soziale Sicherheit, Zeitschrift
std. Rspr.	ständige Rechtsprechung
StGB	Strafgesetzbuch
StörfallV	zwölfte Verordnung zur Durchführung des Bundes-Immissionsschutzgesetzes (Störfall-Verordnung)
StrahlenschutzV	Verordnung über den Schutz vor Schäden durch ionisierende Strahlen (Strahlenschutzverordnung)
TÜV	Technischer Überwachungsverein
u. a.	unter anderem
Umschau	Zeitschrift der IG Chemie-Papier-Keramik, IG Bergbau und Energie und Gewerkschaft Leder
Unfallverhütungsbericht Arbeit	Bundesministerium für Arbeit und Sozialordnung (Hrsg.), Arbeitssicherheit – Unfallverhütungsbericht Arbeit (erscheint jährlich)
usw.	und so weiter
UVEG	Gesetz zur Einordnung des Rechts der gesetzlichen Unfallversicherung in das Sozialgesetzbuch (Unfallversicherungs-Einordnungsgesetz)
UVNG	Unfallversicherungs-Neuregelungsgesetz
UVV	Unfallverhütungsvorschrift
UWG	Gesetz über den unlauteren Wettbewerb
v.	vom; von
vgl.	vergleiche

VBG	Verzeichnis der Unfallverhütungsvorschriften der gewerblichen Berufsgenossenschaften
VDE	Verein deutscher Elektroingenieure
VDI	Verein deutscher Ingenieure
VersR	Versicherungsrecht (Zeitschrift)
VO	Verordnung
WiB	Wirtschaftsberatung, Zeitschrift
WSI-Mitt.	Mitteilungen des Wirtschafts- und Sozialwissenschaftlichen Instituts des Deutschen Gewerkschaftsbundes
z. B.	zum Beispiel
ZfA	Zeitschrift für Arbeitsrecht
ZfAO	Zeitschrift für Arbeits- und Organisationspsychologie
ZfR	Zeitschrift für Rechtssoziologie
ZPO	Zivilprozeßordnung

Einleitung

Inhaltsübersicht Rn.

1.	Grundlagen und Begriff des Arbeitsschutzes	1–21
1.1.	Arbeitsschutzbegriff: Nationales Recht	1–11
1.2.	Arbeitsschutzbegriff: Internationales und EG-Recht	12–21
2.	Rechtliche, institutionelle und sachliche Gliederung sowie Durchführung des Arbeitsschutzes	22–62
2.1.	Rechtliche Gliederung	22–37
2.2.	Institutionelle Gliederung und Durchführung	38–55
2.3.	Sachlich-rechtliche Gliederung des Arbeitsschutzes	56–62
3.	System des Arbeitsschutzes in der EG	63–80
3.1.	Allgemeines	63–65
3.2.	Vorgelagerter Arbeitsschutz	66–73
3.3.	Betrieblicher Arbeitsschutz	74–80
4.	Das Arbeitsschutzgesetz	81–108
4.1.	Vorgeschichte	81–85
4.2.	Inhalt des ArbSchG	86–88
4.3.	Allgemeine Auswirkungen des ArbSchG	89–96
4.4.	Arbeitsschutzverordnungen: Auswirkungen des ArbSchG auf sonstige Rechtsvorschriften	97–108

1. Grundlagen und Begriff des Arbeitsschutzes

1.1. Arbeitsschutzbegriff: Nationales Recht

Der **Arbeitsschutz** bildet einen Ausschnitt der allgemeinen Sozialpolitik **1**
und soll mit technischen, organisatorischen und personellen Regelungen, Instrumenten und Institutionen die Sicherheit und den Gesundheitsschutz der Beschäftigten verbessern und zu einer menschengerechten Gestaltung

der Arbeit beitragen. Er wird aufgrund seines auf die Beschäftigten bezogenen Schutzzwecks auch als **Arbeitnehmerschutz** bezeichnet.

2 **Historisch** hat sich der Arbeitsschutz aus den Arbeits- und Lebensverhältnissen der **Industrialisierung** entwickelt, und zwar aus einer Wechselwirkung von ökonomischer Entwicklung, sozialer Bewegung, Funktionswandel des Staates und des Rechts. Er bezog sich zu jener Zeit insoweit auf die Gesamtheit der Sozialpolitik (»Arbeiterschutzpolitik«) und diente auf der einen Seite dem Versuch eines Ausgleichs bzw. einer Überwindung asymmetrischer Produktions- und Verteilungsverhältnisse und auf der anderen Seite einer Politik der Eindämmung entsprechender sozialer Konflikte.

3 Der Arbeitsschutz ist eine **Erscheinungsform sozialer Bewegung** gegen die Folgen der Verwertung von Arbeitskraft auf Kosten von Leben und Gesundheit ihrer Besitzer. Er bezieht sich zum einen auf die Verbesserung von historisch spezifischen und aufgrund der Entwicklung von Technik, Organisation und Wissenschaft einem ständigen Wandel unterworfenen Arbeitsbedingungen, zum anderen soll er nach wie vor bestehende Formen der Entfremdung der Arbeit aufheben (zur menschengerechten Gestaltung der Arbeit vgl. Rn. 21; § 2 Rn. 8 ff.).

4 Der Prozeß gesellschaftlicher Veränderung (verstanden als unauflöslicher Zusammenhang verschiedener Einzelfaktoren: Ökonomie, Technik, Ökologie, Politik, Kultur) verändert kontinuierlich die materiellen und rechtlichen **Anforderungen an den Arbeitsschutz**. So entwickeln sich neben den nach wie vor bestehenden körperlich belastenden Arbeitsbedingungen psycho-soziale Belastungen aufgrund neuer Techniken, neuer Arbeitsstoffe und -verfahren sowie neuartiger Formen der Aufbau- und Ablauforganisation. Insbesondere unter dem Aspekt ihrer Kombination erfordern sie einen ganzheitlichen und präventiven Arbeitsschutz.

5 Der **Arbeitsschutz im engeren Sinne** (als technischer und sozialer Arbeitsschutz; vgl. Rn. 59 ff.) gewann erst nach der Ausdifferenzierung der Sozialpolitik ab der zweiten Hälfte des 19. Jahrhunderts an Gestalt. Er erhielt seine Konturen durch die öffentlich-rechtlichen Regelungen der Gewerbeordnung (vor allem mit dem sogenannten Arbeiterschutzgesetz vom 1. 6. 1891 (RGBl., 261), der gesetzlichen Unfallversicherung vom 6. 7. 1884 (RGBl., 69) sowie der privatrechtlichen Regelungen insbesondere des BGB vom 18. 8. 1896 (RGBl., 195) (vgl. zur gegenwärtigen Gliederung des Arbeitsschutzrechts Rn. 56 ff.).

6 Die Entwicklung des Arbeitsschutzes führte zunächst zu einer immer weiteren **Differenzierung**, zu einem ungeordneten Konglomerat buntscheckiger Normen. Inzwischen haben die neuen Anforderungen an den Arbeitsschutz (Rn. 4) eine gegenläufige Tendenz ausgelöst, die sich zuerst im internationalen und europäischen Recht (Rn. 12 ff.) und über letzteres schließlich im bundesdeutschen Arbeitsschutzrecht niederge-

schlagen haben. Das ArbSchG markiert – zusammen mit dem SGB VII – ein erstes Ergebnis dieses **Reintegrationsprozesses**.

Zwischen betrieblichem Arbeitsschutz und **Umweltschutz** bestehen Synergien. Dies hat sich auch in § 10 Satz 2 ASiG niedergeschlagen, der die Betriebsärzte und die Fachkräfte für Arbeitssicherheit dazu verpflichtet, bei der Erfüllung ihrer Aufgaben u. a. mit den im Betrieb für Angelegenheiten des Umweltschutzes beauftragten Personen zusammenzuarbeiten (vgl. *Kittner/Pieper,* Teil IV, ASiG Rn. 112 f.). 7

Ausgehend von der grundlegenden Zielsetzung des Arbeitsschutzes, Sicherheit und Gesundheit der Beschäftigten unter dem Gesichtspunkt der menschengerechten Gestaltung der Arbeit zu optimieren und zu verbessern (§§ 3, 4 ArbSchG), ist der Arbeitsschutz als integraler Bestandteil des **ökonomischen Wertschöpfungsprozesses** zu sehen (vgl. Rn. 93 ff.; § 1 Rn. 12). 8

Der Arbeitsschutz gehört zum **Kernbereich des Arbeitsrechts** und bildet seine historische Wurzel. Er umfaßt nach heutigem Verständnis alle rechtlichen, organisatorischen, technischen und medizinischen Maßnahmen, die getroffen werden müssen, um die körperliche und psychische Unversehrtheit und bestimmte Persönlichkeitsrechte der in die Arbeitsorganisation des Arbeitgebers eingegliederten Beschäftigten zu schützen. 9

Die Zielrichtung des Arbeitsschutzes ist sowohl **abwehrend** (gegen Gefahren, Schäden, Belästigungen, vermeidbare Belastungen) als auch **gestaltend** (Herstellung möglichst menschengerechter Arbeitsplätze, Arbeitsabläufe, Arbeitsumgebungen; vgl. § 1 ArbSchG Rn. 1 ff.). 10

Ein derartiger **präventiver Arbeitsschutzansatz** geht weit über einen auf Nachsorge festgelegten und mit sekundären Mitteln (z. B. persönlicher Schutzausrüstung) agierenden Ansatz hinaus. Die Mittel, mit denen Schutzmaßnahmen durchgeführt werden, können sich hierbei durchaus ergänzen (die Verwendung von Schutzhelmen und -handschuhen kann auch im Rahmen eines präventiv orientierten Arbeitsschutzes notwendig sein). Allerdings sind die Zielsetzungen beider Ansätze verschieden. Ein nachsorgender, meist rein technisch orientierter Arbeitsschutz präsentiert Einzellösungen. Dem präventiven Arbeitsschutz – wie er jetzt durch das ArbSchG umfassend vorgegeben ist – geht es um ganzheitliche und auf Integration sowie auf prozessuale Verbesserung angelegte Lösungen. 11

1.2. Arbeitsschutzbegriff: Internationales und EG-Recht

Ein umfassender Arbeitsschutzansatz hat sich auch im **internationalen und im europäischen Recht** niedergeschlagen. Dies kommt zum einen im IAO-Übereinkommen Nr. 155, zum anderen in den Arbeitsschutzvorschriften des EG-Vertrages und den entsprechenden Arbeitsschutzrichtlinien (Rn. 18 f., vgl. § 19 ArbSchG Rn. 5) zum Ausdruck. Insbesondere 12 letztere haben das bundesdeutsche Arbeitsschutzrecht grundlegend weiterentwickelt (Rn. 81 ff.).

13 Nach dem **IAO-Übereinkommen Nr. 155** über Arbeitsschutz und Arbeitsumwelt vom 22. 6. 1981 bezieht sich der Arbeitsschutz auf die Gesundheit in Zusammenhang mit der Arbeit. Er zielt nicht nur auf das Freisein von Krankheit oder Gebrechen, sondern auch auf die physischen und geistig-seelischen Faktoren, die sich auf die Gesundheit auswirken und die in unmittelbarem Zusammenhang mit der Sicherheit und dem Gesundheitsschutz bei der Arbeit stehen (vgl. Art. 3 Buchst. e; vgl. § 1 ArbSchG Rn. 8). Das Übereinkommen verpflichtet die Mitgliedstaaten zu einer in sich geschlossenen Arbeitsschutzpolitik (Art. 4 Nr. 1), deren Ziel es sein muß, Arbeitsunfälle und arbeitsbedingte Gesundheitsschäden zu verhüten (Prävention). Die mit der Arbeitsumwelt (zum Begriff in Zusammenhang mit dem EG-Arbeitsschutzrecht vgl. Rn. 16 ff.) verbundenen Gefahrenursachen sollen auf ein Mindestmaß herabgesetzt werden. Das Übereinkommen muß von der Bundesrepublik Deutschland noch ratifiziert werden (vgl. § 19 ArbSchG Rn. 8).

14 Der Arbeitsschutz gehört zu den Kernbereichen des **EG-Rechts** auf dem Gebiet der Sozialpolitik. Sein **Arbeitsschutzansatz** ist vor allem vom skandinavischen Arbeitsschutzrecht und vom IAO-Übereinkommen Nr. 155 beeinflußt. Er ist vom Leitbild der Verbesserung der Arbeitsumwelt und hiervon ausgehend von einem ganzheitlichen und dynamischen Arbeitsschutzverständnis i. S. von Sicherheit **und** Gesundheitsschutz der Arbeitnehmer geprägt (vgl. § 1 ArbSchG Rn. 7 ff.).

15 **Primär** ergibt sich der EG-Arbeitsschutzansatz und die Zielsetzung der europäischen Arbeitsschutzpolitik aus Art. 137 (vor dem 1. 5. 1999: 118 a) EGV (betrieblicher, verhaltensbezogener Arbeitsschutz) und aus Art. 95 (vor dem 1. 5. 1999: 100 a) EGV (vorgelagerter, produktbezogener Arbeitsschutz), **sekundär** aus den auf diesen Rechtsvorschriften gestützten Rechtsakten (vgl. allg. zu den Grundlagen der Rechtsetzung der EG auf dem Gebiet des Arbeitsschutzes Rn. 63 ff.; zur Unterscheidung zwischen verhaltens- bzw. produktbezogenem Arbeitsschutz im bundesdeutschen Arbeitsschutzrecht vgl. Rn. 60 ff.).

16 Der in Art. 137 Abs. 1 und in Art. 95 Abs. 4 EGV verwandte Begriff der **Arbeitsumwelt**, der auch im IAO-Übereinkommen Nr. 155 verankert ist (vgl. Rn. 13), steht synonym für die ganzheitliche Zielsetzung eines zeitgemäßen Arbeitsschutzes. Der »Schutz« bzw. die »Verbesserung« der Arbeitsumwelt zielt nicht allein auf technische Lösungen für Sicherheit und Gesundheitsschutz am Arbeitsplatz, sondern fordert auch eine präventive und dynamische Arbeitsschutzpolitik. Verlangt werden organisatorische, integrierende und an der Gefahrenquelle ansetzende Gestaltungslösungen, die einem zeitgemäßen arbeitswissenschaftlichen Erkenntnisansatz und Menschenbild verpflichtet sind.

17 Die Bedeutung des Begriffs der Arbeitsumwelt ergibt sich in erster Linie

aus **Art. 137a Abs. 1 EGV**. Danach haben sich die EG-Mitgliedstaaten verpflichtet, die Verbesserung insbesondere der Arbeitsumwelt zu fordern, um die Sicherheit und die Gesundheit der Arbeitnehmer zu schützen (vgl. näheres zu Art. 137a EGV unter Rn. 74ff.). Die Verbesserung bzw. der Schutz der Arbeitsumwelt ist das **Leitbild des Arbeitsschutzes der EG**.

Das im EGV niedergelegte Leitbild des Arbeitsschutzes wird vor allem durch die auf Art. 137 (vor dem 1. 5. 1999: 118a) gestützte Richtlinie des Rates vom 12. 6. 1989 über die Durchführung von Maßnahmen zur Verbesserung der Sicherheit und des Gesundheitsschutzes der Arbeitnehmer bei der Arbeit konkretisiert (89/391/EWG; AblEG Nr. L 183, S. 1 = **EG-Rahmenrichtlinie Arbeitsschutz**). Sie geht aus von den Grundsätzen der Prävention, der menschengerechten Gestaltung der Arbeit und der Verknüpfung von Technik, Arbeitsorganisation, Arbeitsbedingungen, sozialen Beziehungen und Einfluß der Umwelt auf den Arbeitsplatz. Zu erwähnen ist weiterhin – beispielhaft für die Rechtsetzung nach Art. 95 (vor dem 1. 5. 1995: 100a) – die grundlegende Sicherheits- und Gesundheitsschutzanforderung in Anhang I der Richtlinie des Rates vom 14. 6. 1989 zur Angleichung der Rechtsvorschriften der Mitgliedstaaten für Maschinen (89/392/EWG; AblEG Nr. L 183, S. 9 = **EG-Maschinenrichtlinie;** Neufassung durch Richtlinie 98/37/EG, in: ABlEG Nr. L 183, 9). Sie schreibt vor, daß bei bestimmungsgemäßer Verwendung einer Maschine Belästigung, Ermüdung und psychische Belastung (Streß) des Bedienungspersonals unter Berücksichtigung der ergonomischen Prinzipien auf das mögliche Mindestmaß reduziert werden müssen (Anhang I Nr. 1.1.2. Buchst. d.). Dies soll bereits bei der Konzipierung und beim Bau der Maschinen berücksichtigt werden (vgl. Rn. 73). **18**

Für den **Arbeitsschutzansatz nach Art. 137** ist hervorzuheben, daß die entsprechenden Richtlinien in Form von **Mindestvorschriften** erlassen werden. Sie sind zwar von den Mitgliedstaaten inhaltlich vollständig in nationales Recht umzusetzen, können aber zugleich, unter Beibehaltung bislang bestehender, weitergehender Regelungen, fortentwickelt werden (vgl. näheres unter Rn. 74ff.). Für den **Arbeitsschutzansatz nach Art. 95** ist demgegenüber von entscheidender Bedeutung, daß die entsprechenden Maßnahmen, in erster Linie Richtlinien (vgl. Rn. 66ff.), grundsätzlich **zwingend** sind. Sie sind inhaltlich vollständig zu übernehmen und erlauben, weder nach oben noch nach unten, keine Abweichung vom vorgegebenen Sicherheitsniveau. Dabei hat die EG-Kommission bei ihren Vorschlägen von einem hohen Schutzniveau z.B. für Sicherheit und Gesundheit auszugehen (vgl. Art. 95 Abs. 3). Die zwingende Wirkung tritt nur dann außer Kraft, wenn ein Mitgliedstaat zum Schutz der Arbeitsumwelt und der Umwelt einzelstaatliche Bestimmungen anwendet oder von einem Schutzklauselverfahren Gebrauch macht (vgl. Art. 95 Abs. 4, 5). **19**

Über die Möglichkeiten und den Wirkungskreis des Arbeitsschutzrechts hinaus reicht der **Gesundheitsbegriff der Weltgesundheitsorganisation** **20**

(WHO). Gesundheit ist danach »ein Zustand völligen körperlichen, seelischen und sozialen Wohlbefindens« (BGBl. II, 1974, S. 45). Diese Zielsetzung entspricht nicht den Möglichkeiten (auch eines ganzheitlich und präventiv orientierten) Arbeitsschutzes (§ 1 Rn. 10) in einer von gesellschaftlichen Asymmetrien und ökonomischen Zwängen gekennzeichneten Gesellschaftsordnung. Zwischen Arbeitsschutz und allgemeinem Gesundheitsschutz bestehen allerdings inhaltliche und institutionelle Zusammenhänge und Kooperationsformen. Sie haben sich z.B. in der Bundesrepublik Deutschland in gesetzlich fixierten Formen der **betrieblichen Gesundheitsförderung** und Zusammenarbeitsgeboten niedergeschlagen (Rn. 54).

21 Mit dem **ArbSchG** wird der aus dem EG-Recht resultierende, umfassende Arbeitsschutzansatz gesetzlich in das bundesdeutsche, staatliche Arbeitsschutzrecht umgesetzt. Das ArbSchG enthält dementsprechend Zielsetzungen und Regelungen, die sich auf die dynamische Verbesserung von Sicherheit und Gesundheitsschutz der Beschäftigten i.S. einer **menschengerechten Gestaltung** bzw. Humanisierung der Arbeit beziehen (§ 1 ArbSchG Rn. 4; § 2 ArbSchG Rn. 8ff.).

2. Rechtliche, institutionelle und sachliche Gliederung sowie Durchführung des Arbeitsschutzes

2.1. Rechtliche Gliederung

22 Das **Gesamtsystem des Arbeitsschutzes in der Bundesrepublik Deutschland** ist das Ergebnis der sozialpolitischen Entwicklung der letzten 150 Jahre. Es wurde in diesem Zeitraum durch vielfältige gesellschaftliche Faktoren beeinflußt und gestaltet (vgl. Rn. 2ff.). Das Schaubild I verdeutlicht die hieraus hervorgegangene rechtliche Gliederung. Wegen der Verzahnung der verschiedenen Rechtsvorschriften wird im folgenden auf diese zusammenfassend eingegangen.

23 Die **verfassungsrechtlichen Grundlagen** des Arbeitsschutzes sind Art. 1 Abs. 1, Art. 2 Abs. 2 und Art. 20 Abs. 1 GG. Der Arbeitsschutz leitet sich aus dem Recht eines jeden Menschen auf seine Würde, auf Leben und körperliche Unversehrtheit, aus dem Recht der Unverletzlichkeit der Freiheit der Person sowie aus dem Sozialstaatsgebot ab.

24 Dem Gesetzgeber ist nicht freigestellt, ob er überhaupt Arbeitsschutzvorschriften erläßt. Zur Sicherung des Grundrechts auf Leben und körperliche Unversehrtheit trifft ihn eine verfassungsrechtliche **Schutzpflicht** (*BVerfVG,* NJW 1992, 966). Das kann durch die Festlegung öffentlichrechtlicher und privatrechtlicher Pflichten und Rechte sowie durch eine geeignete Organisation und ein adäquates Verfahren geschehen (vgl.

Schaubild 1

Rechtliche Gliederung des Arbeitsschutzes

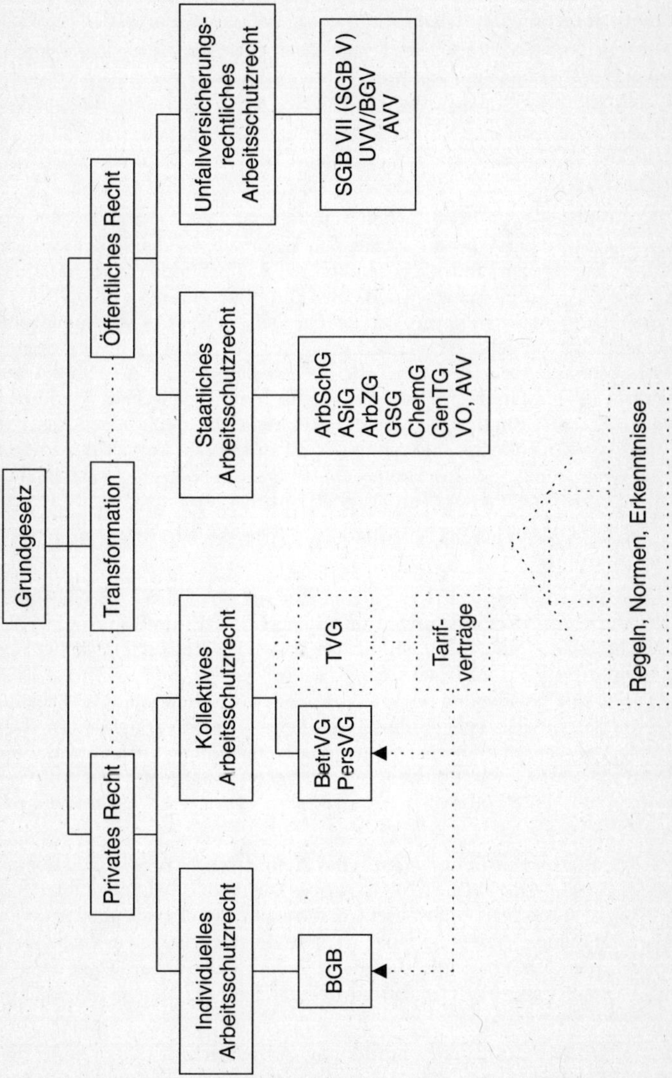

BVerfGE 53, 30, 65). Die gemeinsame verfassungsrechtliche Grundlage führt zur **Einheit von öffentlich-rechtlichem Arbeitsschutzrecht und privatrechtlichem Arbeitsschutzrecht** im Hinblick auf ihre Zielsetzung (vgl. Art. 74 Abs. 1 Nr. 12 GG, zur privatrechtlichen Bedeutung der öffentlich-rechtlichen Arbeitsschutzvorschriften vgl. Rn. 30 ff.).

25 Der Arbeitsschutz ist als Teil des Arbeitsrechts verfassungsrechtlich Gegenstand der **konkurrierenden Gesetzgebung** (Art. 74 Nr. 12 GG). In diesem Bereich haben die Länder die Befugnis zur Gesetzgebung, solange und soweit der Bund von seiner Gesetzgebungszuständigkeit nicht durch Gesetz Gebrauch gemacht hat (Art. 72 Abs. 1 GG; vgl. Art. 83 ff. GG).

26 **Das öffentlich-rechtliche Arbeitsschutzrecht** und -system ist geprägt von seinem **dualen Aufbau**. Er hat sich historisch aus den in der zweiten Hälfte des 19. Jahrhunderts gegenläufigen Konzeptionen eines staatlich organisierten Arbeitsschutzes und eines korporativen, selbstverwaltenden (autonomen) Arbeitsschutzes entwickelt. Diesem System wird einerseits Ineffektivität vorgehalten, andererseits wird der sich gegenseitig ergänzende Charakter seiner beiden Teile hervorgehoben. Der Abschnitt 4 des ArbSchG – als Grundlage für den staatlichen Arbeitsschutz – und das SGB VII – als Grundlage für den unfallversicherungsrechtlichen Arbeitsschutz – zielen mit ihren Regelungen auf eine verbesserte Kooperation unter der Prämisse des Erhalts des dualen System ab (vgl. § 21 ArbSchG Rn. 20 ff.; *Kittner/Pieper,* Teil IV, SGB VII, Rn. 1).

27 Im dualen System nimmt der **Staat** seine Arbeitsschutzaufgaben in zwei Formen wahr:

- Als Gesetzgeber schafft er im Rahmen von Art. 74 Nr. 12 GG selbst **Gesetze und Verordnungen** und sichert ihre **Einhaltung** durch die Staatlichen Ämter für Arbeitsschutz bzw. Gewerbeaufsichtsämter der Länder (vgl. Art. 83 ff. GG; Rn. 41).
- Durch die Festlegung von Kompetenzen im Bereich des Arbeitsschutzes für die **Träger der gesetzlichen Unfallversicherung** (Berufsgenossenschaften und Eigenunfallversicherungsträger) wird der Arbeitsschutz in mittelbarer Staatstätigkeit wahrgenommen (öffentlich-rechtlicher autonomer Arbeitsschutz vgl. Rn. 42; *Kittner/Pieper,* Teil IV, SGB VII).

28 Als **öffentlich-rechtliches, staatliches Arbeitsschutzrecht** sind Gesetze wie z. B. das ArbSchG, ArbZG, ASiG, JArbSchG, MuSchG oder das GSG, Einzelvorschriften in Gesetzen, die auch oder überwiegend anderen Zwecken dienen, sowie die auf ihrer Grundlage ergangenen Verordnungen wie die ArbStättV, die BildscharbV oder die GefStoffV zu nennen (vgl. Verzeichnis der Arbeitsschutzvorschriften des Bundes in: Unfallverhütungsbericht Arbeit).

29 Der **öffentlich-rechtliche autonome Arbeitsschutz** ist durch das SGB VII geregelt. Auf dieser Grundlage erlassen die Berufsgenossenschaften, bzw. die Träger der gesetzlichen Unfallversicherung, für ihre Mitgliedsunternehmen und die dort Beschäftigten verbindliche Unfallverhütungsvorschriften UVV; §§ 15, 16 SGB VII vgl. *Kittner/Pieper,* Teil IV, SGB VII, Rn. 10ff.; vor dem Hintergrund der Neuordnung des Arbeitsschutzrechts wird gegenwärtig auch das berufsgenossenschaftliche Regelwerk überarbeitet und neu systematisiert.

Privatrechtlich sind im Arbeitsschutz, aus individualrechtlicher Sicht, an erster Stelle § 618 BGB i. V. mit § 619 BGB sowie § 62 HGB von Bedeutung. Sie verpflichten den Arbeitgeber vertragsrechtlich zur Sicherung und Verbesserung von Sicherheit und Gesundheitsschutz für die Beschäftigten. Für sie gilt der **Grundsatz der Transformation der öffentlich-rechtlichen Arbeitsschutznormen** in das private Arbeitsvertragsrecht. Danach sind sämtliche Pflichten, die dem Arbeitgeber nach den für ihn geltenden öffentlich-rechtlichen Rechtsvorschriften obliegen, zugleich Pflichten gegenüber den Beschäftigten aus dem Arbeitsverhältnis, soweit sie geeignet sind, den Gegenstand einer arbeitsvertraglichen Vereinbarung zu bilden. **30**

Der Transformationsgrundsatz gilt auch für die öffentlich-rechtlichen **Pflichten und Rechte der Beschäftigten** (§§ 15, 16, 17 ArbSchG; vgl. § 15 ArbSchG Rn. 2). **31**

Die öffentlich-rechtlichen Arbeitsschutzvorschriften wirken darüber hinaus über §§ 134 und 823 Abs. 2 BGB **reflexartig** auf das Arbeitsverhältnis ein. **32**

Da die Inhalte des Arbeitsschutzes zugleich arbeitsvertragliche Rechte und Pflichten sind, können sie durch **Tarifvertrag**, Betriebsvereinbarung oder Einzelarbeitsvertrag **konkretisiert oder erweitert** werden (zur Beteiligung der Betriebs- und Personalräte am Arbeitsschutz vgl. Rn. 44f.). **33**

Die Transformation des Arbeitsschutzes in arbeitsvertragliche Rechte und Pflichten löst bei deren **Verletzung** nicht nur hoheitliche Reaktionen aus. Es steht daneben die Breite privatrechtlicher Sanktionen zur Verfügung. In Betracht kommen bei **34**

(1) Verstößen des **Arbeitgebers:**

- Nichtigkeit des Vertrages gem. § 134 BGB,
- Zurückbehaltungsrecht gem. § 273 BGB (= Arbeitseinstellung; siehe auch § 9 ArbSchG Rn. 16),
- Schadensersatz gem. § 276 BGB (zur weitgehenden Ablösung der Haftung aufgrund des Unfallversicherungsrechts vgl. *Kittner/Pieper,* Teil IV, SGB VII, Rn. 3);

(2) Verstößen des **Arbeitnehmers:**

- Verlust des Entgeltanspruchs gem. §§ 323, 325 BGB,
- Schadensersatz gem. § 276 BGB,
- Kündigung gem. §§ 1 KSchG, 626 BGB (insgesamt § 15 ArbSchG Rn. 7).

Von Bedeutung sind auch deliktische Ansprüche von Beschäftigten gegen **Hersteller** ungeeigneter und gesundheitsgefährlicher Maschinen auf der Basis von § 823 Abs. 1 BGB (vgl. *OLG Düsseldorf,* VersR 89, 1158). Die Lieferung solcher Maschinen kann eine Produzentenhaftung nach § 1, 3 ProdHG begründen, und es kann sich ein Schadensersatzanspruch auf § 823 Abs. 2 BGB i. V. mit § 3 GSG ergeben. Der Haftungsausschluß nach § 104 SGB VII greift hier nicht.

35 Eine wichtige Funktion für den Arbeitsschutz erfüllen neben den öffentlich-rechtlichen und privatrechtlichen Vorschriften **Regeln und Erkenntnisse** sowie **normative Standards**. Hierbei ist zu unterscheiden zwischen Regeln und Erkenntnissen, auf die in Arbeitsschutzvorschriften Bezug genommen wird (vgl. z. B. § 4 Nr. 3 ArbSchG), als **unbestimmte Rechtsbegriffe** und zwischen den Regeln und Erkenntnissen selbst. Letztere stellen selbst keine Rechtsnormen dar, entfalten aber eine faktische Bindungswirkung und sind daher **rechtsnormenähnlich**. Funktional gesehen dienen die Regeln und Erkenntnisse der Konkretisierung der jeweiligen Rechtsvorschrift, von der sie in Bezug genommen werden. Ihnen kommen daher ein hoher Beweiswert zu.

36 Das **ArbSchG** verweist im Hinblick auf die Vorgaben für die Planung, Gestaltung und Organisation der Arbeitsschutzmaßnahmen durch den Arbeitgeber auf den **Stand von Technik, Arbeitsmedizin und Hygiene** sowie sonstige **gesicherte arbeitswissenschaftliche Erkenntnisse** (§ 4 Nr. 3 ArbSchG; vgl. § 4 ArbSchG Rn. 7 ff.).

37 Von besonderer Bedeutung, insbesondere für den vorgelagerten, produktbezogenen Arbeitsschutz, sind **technische Normen**, die von nationalen und in zunehmendem Maße europäischen und internationalen Normungsorganisationen erstellt werden (vgl. Rn. 48; zur Normung auf dem Gebiet von Art. 95 EGV vgl. Rn. 72). Seit längerem sind auch **ergonomische Normen** Gegenstand der Tätigkeit dieser Organisationen (zur Normung auf dem Gebiet von Art. 137 EGV vgl. Rn. 78).

2.2. Institutionelle Gliederung und Durchführung

38 Ein Wesensmerkmal des Arbeitsschutzes ist die **Vielzahl und die Vielgestalt von Institutionen und Personen**, die an seiner überbetrieblichen und betrieblichen Durchführung beteiligt sind. Dieses institutionelle Netz ist parallel zu der rechtlichen Entwicklung und Ausdifferenzierung des Arbeitsschutzes gewachsen. Es erfordert auf und zwischen seinen verschiedenen Ebenen ein hohes Maß an Kooperationsformen und Kooperationsbereitschaft. Dies gilt insbesondere vor dem Hintergrund der Anforderungen, die das ArbSchG an die Durchführung des Arbeitsschutzes stellt (vgl. Rn. 81 ff.). Das Schaubild 2 gibt einen Überblick zur institutionellen Struktur und die Zusammenhänge innerhalb des Gesamtsystems des Arbeitsschutzes (siehe Seite 27; zu Angeboten im Internet vgl. BGZ-Report 4/1999; zur europäischen/internationalen Ebene vgl. 3., Rn. 80).

Schaubild 2

Gesamtsystem des Arbeitsschutzes

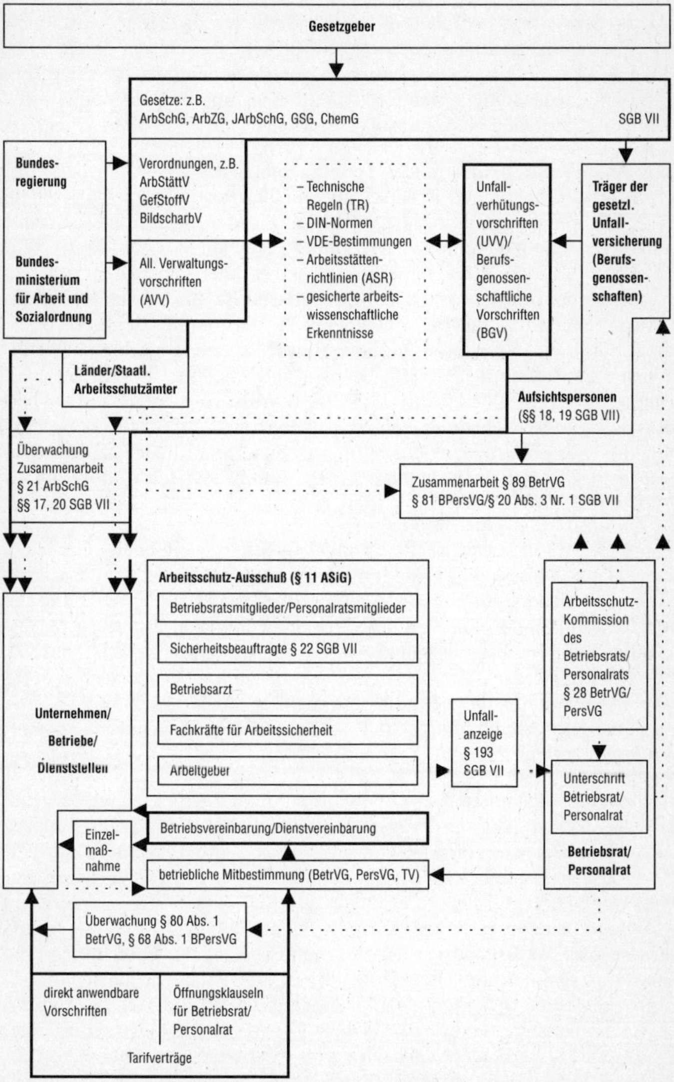

39 Für die institutionelle Struktur des öffentlich-rechtlichen Arbeitsschutzrechts der Bundesrepublik Deutschland ergeben sich aus dessen **überbetrieblichem, dualem Aufbau** (auf der einen Seite die für den Arbeitsschutz zuständigen staatlichen Behörden, auf der anderen die Träger der gesetzlichen Unfallversicherung) Besonderheiten. Ergänzt wird diese Struktur durch öffentlich-rechtlich und privatrechtlich auf der betrieblichen Ebene verankerte Institutionen (Betriebs- und Personalräte, bestellte bzw. beauftragte Personen, Arbeitsschutzausschüsse) sowie durch die privatrechtlichen Normungsorganisationen.

40 Im Rahmen der konkurrierenden Gesetzgebung (Rn. 25) ist der **Bund** für den Erlaß der staatlichen Arbeitsschutzvorschriften zuständig. Innerhalb der Bundesregierung obliegt dem **BMA** die generelle Zuständigkeit für den Arbeitsschutz (Internetadresse: http://www.bma.de). Das BMA wird dabei durch die nicht rechtsfähige und seiner Fach- und Dienstaufsicht unterstehende **Bundesanstalt für Arbeitsschutz und Arbeitsmedizin** (BAuA) unterstützt, die ihren Hauptsitz in Dortmund (Fachbereich Arbeitsschutz), einen weiteren Sitz in Berlin (Fachbereich Arbeitsmedizin) sowie Außenstellen in Dresden, Bremen und Chemnitz besitzt (vgl. Errichtungserlaß des BMA v. 21. 6. 1996, BArbBl. 7–8/96, 63 f.; Internetadresse: http://www.baua.de). Hervorzuheben sind die für die Forschung und die Forschungsanwendung im Arbeitsschutz bedeutsamen Programme des BMBF, insbesondere das Programm **»Arbeit und Technik«** (AuT; vgl. BArbBl. 12/1995, S. 22 ff.).

41 Da der Bund von seiner Rechtsetzungskompetenz weitgehend Gebrauch gemacht hat, obliegt den **Ländern** die Durchführung des Arbeitsschutzrechts des Bundes als eigene Angelegenheit nach Art. 83 ff. GG. Die Durchführung wird von den Ländern in Form von Beratung, Überwachung und Vollzug ausgeübt (vgl. § 21 ArbSchG Rn. 6 ff.; § 139 b GewO). Einige Landesregierungen werden durch Landesinstitute für Arbeitsschutz unterstützt. Eine Koordinierung erfolgt durch den Länderausschuß für Arbeitsschutz und Sicherheitstechnik (Internetadresse: http://www.brandenburg.de/liaa/lasi/lasi.htm).

42 Aus dem dualen Aufbau des öffentlich-rechtlichen Arbeitsschutzes ergibt sich die Zuständigkeit der **Träger der gesetzlichen Unfallversicherung** für die Rechtsetzung (in Form von UVV) und Durchführung des öffentlich-rechtlichen autonomen Arbeitsschutzes (vgl. Rn. 26 ff.). Diese Zuständigkeit bewegt sich im Rahmen des SGB VII als der rechtlichen Grundlage der gesetzlichen Unfallversicherung (vgl. § 21 ArbSchG Rn. 19). Die Berufsgenossenschaften betreiben eigene Forschungs- und Umsetzungsinstitutionen; der HVGB die Berufsgenossenschaftliche Akademie für Arbeitssicherheit und Gesundheitsschutz (BGAG), das Berufsgenossenschaftliche Institut für Arbeitssicherheit (BIA), das Berufsgenossenschaftliche Forschungsinstitut für Arbeitsmedizin (BGFA) sowie die Berufsgenossenschaftliche Zentrale für Sicherheit und Gesundheit

(BGZ) (Internetadressen: http://www.hvbg.de; http://www.bg-praevention.de).

Ergänzt wird das öffentlich-rechtliche duale Arbeitsschutzsystem aus institutioneller Sicht durch die sowohl privatrechtlich als auch öffentlich-rechtlich verfaßte **betriebliche Ebene**, deren Bedeutung für die Durchführung des Arbeitsschutzes durch die Regelungen des ArbSchG und der auf ihm gestützten Rechtsverordnungen auf der einen Seite sowie der verbesserten Ausfüllung der Regelungen des ASiG auf der anderen Seite zunehmen wird. Auf dieser Ebene sind, ausgehend von der öffentlich-rechtlichen (§§ 3, 13 ArbSchG) und der privatrechtlichen (§ 618 BGB, § 62 HGB) Verantwortung des Arbeitgebers und sonstiger Personen, für die Durchführung des Arbeitsschutzes von Bedeutung: **43**

(1) die Organe der Betriebs- bzw. Personalverfassung, d. h. die Betriebs- und Personalräte (nach BetrVG bzw. den PersVG; vgl. näheres Rn. 44 f.),
(2) die einzelnen Beschäftigten (nach dem BetrVG bzw. nach § 14 ArbSchG),
(3) die vom Arbeitgeber aufgrund öffentlich-rechtlicher Verpflichtungen zu bestellenden Personen (insbesondere Fachkräfte für Arbeitssicherheit und Betriebsärzte nach dem ASiG (vgl. näheres *Kittner/Pieper,* Teil IV, ASiG), Sicherheitsbeauftragte nach dem SGB VII (vgl. *Kittner/Pieper,* Teil IV, SGB VII, Rn. 29 ff.), sowie Personen nach sonstigen Rechtsvorschriften und nach Gesetzen, die andere Personen als Arbeitgeber zu Maßnahmen des Arbeitsschutzes verpflichten).

Aufgrund der Einbeziehung der betrieblichen Ebene ergibt sich im Ergebnis eine **Dreigleisigkeit des Arbeitsschutzsystems**.

Der **Betriebsrat** nimmt – wie der Personalrat im öffentlichen Dienst (vgl. Rn. 45) – eine **Schlüsselrolle im betrieblichen Arbeitsschutz** ein. Er ist Repräsentant der Arbeitnehmer, also derjenigen, um deren Gesundheit willen sich alles beim Arbeitsschutz dreht. Als solchem räumt ihm das Betriebsverfassungsrecht eine inhaltlich wie prozedural bedeutende Stellung bei der Umsetzung des Arbeitsschutzrechts zu. Das äußert sich in Form von zwei unterschiedlichen Typen von Beteiligungsrechten, die jeweils durch institutionelle Vorkehrungen flankiert werden (vgl. näheres bei *Kittner/Pieper,* Teil IV, BetrVG): **44**

1. Bei **ausfüllungsbedürftigen Rahmenvorschriften** hat der Betriebsrat ein volles **Mitbestimmungsrecht** gem. § 87 Abs. 1 BetrVG (Rn. 45; *Kittner/Pieper,* Teil IV, BetrVG Rn. 14);
2. für **Vorschriften ohne Gestaltungsspielraum** für den Arbeitgeber kommt das **Überwachungsrecht** und die damit verbundene **Verpflichtung** gem. § 80 Abs. 1 Nr. 1 BetrVG zum Tragen (a. a. O., Rn. 3).

§ 89 BetrVG bindet den Betriebsrat in das **Beziehungsgeflecht** Arbeitgeber-Arbeitsschutzamt-Berufsgenossenschaft ein (Rn. 38 ff.), und § 9 ASiG verpflichtet die betrieblichen Akteure des Arbeitsschutzes zur Zusammenarbeit mit dem Betriebsrat, institutionalisiert in der Einrichtung des Arbeitsschutzausschusses gem. § 11 ASiG (Rn. 46 und *Kittner/Pieper,* Teil IV, ASiG Rn. 129 ff.). Von entscheidender Bedeutung für die Ausübung von Beteiligungs- und Mitbestimmungsrechten sind weiterhin die **Informationsrechte** des Betriebsrats (§§ 80 Abs. 2 und 3, 90 Abs. 1 BetrVG; vgl. a.a.O., BetrVG Rn. 6 f.). Die starke formale Stellung des Betriebsrats läßt auf den ersten Blick die Erwartung zu, daß er gewissermaßen der erste Garant eines wirksamen Arbeitsschutzes sei. Jedoch dürfen zwei spezifische **Schwachstellen** einer solchen Erwartung nicht übersehen werden. Zum einen verlangt Arbeitsschutz zu einem bestimmten Teil nicht nur entsprechende Vorkehrungen seitens des Arbeitgebers, sondern aktive Beteiligung durch die Arbeitnehmer bzw. Beschäftigten (zu deren entsprechenden Verpflichtungen vgl. §§ 15, 16 ArbSchG). In dieser Hinsicht kann sich der Betriebsrat in der unangenehmen Rolle desjenigen wiederfinden, den seine eigenen Wähler als lästigen **»Vormund«** empfinden. Zum zweiten – und gravierender – werden Arbeitnehmer unter vordergründigen Kostengesichtspunkten nicht selten vor die Alternative gestellt: **»Arbeitsplätze oder Arbeitsschutz«** (zur einzelwirtschaftlichen Auswirkung des Arbeitsschutzes vgl. *Kittner/Pieper,* Einl. Rn. 106). In einer solchen Situation ausgerechnet vom Betriebsrat zu erwarten, daß er die Fahne des Arbeitsschutzes hochhält, mutet ihm möglicherweise allzu viel zu. Das macht, ungeachtet der Notwendigkeit eines dezentralen und beteiligungsorientierten Arbeitsschutzes, die Unverzichtbarkeit wirksamer überbetrieblicher Überwachungsstrukturen deutlich.

45 Der **Personalrat** nimmt für den öffentlichen Dienst die Stellung des Betriebsrats ein. So wie in der Privatwirtschaft soll durch seine Einschaltung der Arbeitsschutz **dezentral** unter **Beteiligung der Betroffenen** organisiert werden. Insoweit kann auf das zum BetrVG Gesagte verwiesen werden (Rn. 44). Das Personalvertretungsrecht hat als Teil des öffentlichen Dienstrechts die Eigenart, daß es **kein einheitliches Bundesrecht** gibt. Vielmehr existieren neben dem BPersVG als Personalvertretungsrecht für die Bediensteten des Bundes eigene Personalvertretungsgesetze der **Bundesländer**. Das BPersVG enthält für sie lediglich sehr allgemeine Rahmenvorschriften. Allerdings kann gesagt werden, daß die Ländergesetze hinsichtlich des Arbeitsschutzes der Regelung des BPersVG doch sehr ähneln, so daß dessen Erläuterung gleichzeitig die **Grundzüge** des für ihren Bereich geltenden Rechts vermittelt (vgl. näheres bei *Kittner/Pieper,* Teil IV, BPersVG).

46 Die wichtigste, öffentlich-rechtlich verankerte Institution für die Kooperation des Arbeitsschutzes auf betrieblicher Ebene ist der durch das ASiG verankerte **Arbeitsschutzausschuß** (§ 11 ASiG; vgl. *Kittner/Pieper,* Teil IV, ASiG, Rn. 129 ff.), in dem der Arbeitgeber, zwei Betriebsratsmitglieder, die Fachkräfte für Arbeitssicherheit, die Betriebsärzte und die Sicherheitsbeauftragten zusammenarbeiten. Im Sinne eines »runden

Tisches« der betrieblichen Arbeitsschutzorganisation können auch weitere Personen in die Tätigkeit des Arbeitsschutzausschusses einbezogen werden, die für eine effektive betriebliche Durchführung des Arbeitsschutzes von Bedeutung sind.

Weitere institutionelle Anforderungen an die Durchführung des Arbeitsschutzes auf betrieblicher Ebene ergeben sich zum einen aus ökonomisch und technisch bedingten Veränderungen der **betrieblichen Aufbau- und Ablauforganisation** (z.B. durch Einführung von Formen der Gruppenarbeit, zum anderen aus dem Gebot des ArbSchG, nach dem der Arbeitgeber Vorkehrungen zu treffen hat, daß Arbeitsschutzmaßnahmen erforderlichenfalls bei allen Tätigkeiten und **eingebunden in die betrieblichen Führungsstrukturen** beachtet werden (§ 3 Abs. 2 Nr. 2 ArbSchG; vgl. § 3 ArbSchG Rn. 5). Zunehmend wird hieraus die Forderung abgeleitet, den Arbeitsschutz in vorhandene Managementsysteme einzubinden (vgl. RegE, S. 13) bzw. integrierte **Arbeitsschutzmanagementsysteme** zu entwickeln (vgl. *Kittner/Pieper,* Teil II, § 3 ArbSchG Rn. 11). 47

Eine wichtige institutionelle, das Arbeitsschutzrecht konkretisierende Funktion im Arbeitsschutz übernehmen die privatrechtlich verfaßten **Normungsorganisationen** (DIN, VDE, VDI, TÜV). Sie erarbeiten in erster Linie technische aber auch ergonomische Normen, durch die unbestimmte Rechtsbegriffe (»Stand der Technik« usw.) in Arbeitsschutzvorschriften, insbesondere des vorgelagerten, produktbezogenen Arbeitsschutzes, konkretisiert werden (vgl. Rn. 60f.; § 4 ArbSchG Rn. 7ff.). Die Bedeutung dieser Organisationen hat auf der europäischen Ebene durch die neue Konzeption der technischen Harmonisierung und Normung und ihre Umsetzung durch Maßnahmen nach Art. 95 EGV erheblich zugenommen (institutionalisiert in CEN, CENELEC; vgl. Rn. 72). 48

Zwischen den öffentlich-rechtlichen und den privat- bzw. betriebsverfassungsrechtlichen Institutionen des Arbeitsschutzes bestehen schon seit längerem rechtlich **fixierte Kommunikations- und Kooperationsbeziehungen**, die sukzessive entwickelt und ergänzt worden sind. 49

Auf der Ebene des **öffentlich-rechtlichen** Arbeitsschutzes ergibt sich die Zusammenarbeit aus einer AVV über das Zusammenwirken der Träger der gesetzlichen Unfallversicherung mit den Gewerbeaufsichtsbehörden v. 28. 11. 1977 (BAnz. Nr. 225), die sich auf § 717 Satz 1 Nr. 1 RVO (jetzt § 20 Abs. 3 Nr. 2 i.V.m. Abs. 1 SGB VII) stützt. In § 21 ArbSchG sind diese Kooperationsgebote **gesetzlich** verankert worden (vgl. § 21 ArbSchG Rn. 20ff.); parallel ergeben sie sich für die Träger der gesetzlichen Unfallversicherung aus § 20 SGB VII (vgl. *Kittner/Pieper,* Teil IV, SGB VII, Rn. 24ff.). 50

Für die **öffentlich-rechtliche und die betriebsverfassungsrechtliche** Ebene besteht eine AVV über das Zusammenwirken der technischen Aufsichtsbeamten (jetzt Aufsichtspersonen) mit den Betriebsvertretungen 51

v. 28. 11. 1977 (BAnz Nr. 225; § 20 Abs. 3 Nr. 1 SGB VII; *Kittner/Pieper,* Teil IV, SGB VII, Rn. 27).

Seitens der zuständigen Behörden ergibt sich die Kooperationspflicht aus Dienstanweisungen der obersten zuständigen Landesbehörden.

52 Die Kooperationsregelungen mit den öffentlich-rechtlichen Arbeitsschutzstellen konkretisieren die entsprechenden **Beteiligungsrechte** der Betriebs- und Personalräte (vgl. Rn. 44, 45).

53 Zwischen dem **DIN** als privatrechtlicher Institution mit arbeitsschutzrechtlicher Bedeutung und der öffentlich-rechtlichen Arbeitsschutzebene bestehen vertragliche Beziehungen, und zwar durch Vertrag zwischen dem DIN und der Bundesrepublik Deutschland (vgl. Beilage zum BAnz Nr. 114 v. 27. 6. 1975) sowie durch Vereinbarung zwischen dem DIN und den Trägern der gesetzlichen Unfallversicherung von 1982 (DIN-Mitt. 63, 92; SiS 1983, 35 f.). Dadurch soll sowohl ein Beitrag zum Abbau von demokratischen Legitimationsdefiziten der Normung als auch zur Abstimmung zwischen DIN und den Berufsgenossenschaften im Hinblick auf die europäische Normung geleistet werden.

54 Aufgrund der Neuregelung des SGB V im Rahmen der Gesundheitsreform 2000 (vgl. Art. 1 des Gesetzes vom 22. Dezember 1999; BGBl. I S. 2626) können die **Krankenkassen**, anknüpfend an die seit 1988 gesammelten Erfahrungen (vgl. *Kittner/Pieper*, Teil IV, SGB VII, Rn. 8 zur zwischenzeitlichen Rechtslage), den Arbeitsschutz ergänzende **Maßnahmen der betrieblichen Gesundheitsförderung** durchführen (§ 20 Abs. 2 Satz 1 SGB V; z. B. Gesundheitsförderungsprogramme, Gesundheitszirkel, erweiterte Wirtschaftlichkeitsbetrachtungen). Dazu beschließen die Spitzenverbände der Krankenkassen gemeinsam und einheitlich unter Einbeziehung unabhängigen Sachverstandes prioritäre Handlungsfelder und Kriterien für Leistungen im Bereich der **primären Prävention**, insbesondere hinsichtlich Bedarf, Zielgruppen, Zugangswegen, Inhalten und Methodik. Diese Leistungen sollen den allgemeinen Gesundheitszustand verbessern und insbesondere einen Beitrag zur Verminderung sozial bedingter Ungleichheit von Gesundheitschancen erbringen (vgl. § 20 Abs. 1 Satz 1 und 2 SGB V). Die Krankenkassen arbeiten bei der Verhütung arbeitsbedingter Gesundheitsgefahren mit den **Trägern der gesetzlichen Unfallversicherung** zusammen und unterrichten diese über die Erkenntnisse, die sie über Zusammenhänge zwischen Erkrankungen und Arbeitsbedingungen gewonnen haben (§ 20 Abs. 2 Satz 2 SGB V). Ist anzunehmen, daß bei einem Versicherten eine **berufsbedingte gesundheitliche Gefährdung oder eine Berufskrankheit** vorliegt, hat die Krankenkasse dies unverzüglich den für den Arbeitsschutz zuständigen Stellen und dem Unfallversicherungsträger **mitzuteilen** (§ 20 Abs. 2 Satz 3 SGB V). Die **Ausgaben** der Krankenkassen für die Wahrnehmung ihrer Aufgaben im Bereich Prävention sollen insgesamt im Jahr 2000 für jeden ihrer Versicherten einen Betrag von fünf Deutschen Mark umfassen; sie sind in den

Folgejahren entsprechend der prozentualen Veränderung der monatlichen Bezugsgröße nach § 18 Abs. 1 SGB IV anzupassen (§ 20 Abs. 3 SGB V).

Ergänzt wird das Geflecht der institutionellen Beziehungen im Arbeitsschutz durch weitere **wissenschaftliche Institutionen** (neben der BAuA und dem BIA; vgl. Rn. 40, 43), durch die **Industrie- und Handelskammern, die Handwerkskammern**, die Gewerkschaften und Arbeitgeberverbände sowie **arbeitsschutzspezifische Verbände** und Organisationen. 55

2.3. Sachlich-rechtliche Gliederung des Arbeitsschutzes

Auch wenn sich das Arbeitsschutzrecht als ungeordnetes Konglomerat buntscheckiger Normen darstellt, lassen sich **Ordnungsmerkmale** aufstellen, die eine Gliederung des Arbeitsschutzrechts ermöglichen. 56

Mit dem **Arbeitsschutzgesetz** wurde darüber hinaus ein Grundgesetz des Arbeitsschutzes geschaffen, das einen ersten wichtigen Beitrag zur Verminderung der Rechtszersplitterung leistet, da es für alle Tätigkeitsbereiche gilt (§ 1 Abs. 1 Satz 2 ArbSchG; Ausnahmen in § 1 Abs. 2). Auch wenn das ArbSchG **sonstige Rechtsvorschriften**, aus denen Arbeitsschutzpflichten der Arbeitgeber bzw. Rechte und Pflichten der Beschäftigten resultieren, sowie Gesetze, die andere Personen als Arbeitgeber zu Maßnahmen des Arbeitsschutzes verpflichten, rechtlich unberührt läßt (§ 1 Abs. 3 ArbSchG), gehen von ihm doch wichtige Impulse für das gesamte Arbeitsschutzrecht aus (vgl. Rn. 97 ff.). Es macht insbesondere die inhaltliche Interdependenz der unterschiedlichen Rechtsvorschriften deutlich und liefert damit Beiträge für eine **ganzheitliche Betrachtungsweise** des Arbeitsschutzes. Entscheidend ist hierfür, daß das ArbSchG in allen Tätigkeitsbereichen gilt (vgl. § 1 Abs. 1 Satz 2), eine dynamische Weiterentwicklung von Sicherheit und Gesundheitsschutz vorsieht (vgl. § 1 Abs. 1 Satz 1 und § 3 Abs. 1) und die menschengerechte Arbeitsgestaltung zum verbindlichen gesetzlichen Gestaltungsprinzip für Maßnahmen des Arbeitsschutzes erhebt (vgl. § 2 Abs. 1).

Unterschieden werden kann **allgemein** zwischen dem **öffentlich-rechtlich staatlichen Arbeitsschutzrecht** (Gesetze, Rechtsverordnungen, Allgemeine Verwaltungsvorschriften, Regeln wie z. B. die Arbeitsstätten-Richtlinien), dem **öffentlich-rechtlich autonomen** Arbeitsschutzrecht (gesetzliche Unfallversicherung, Unfallverhütungsvorschriften, Regeln) und dem **privatrechtlichen Arbeitsschutzrecht** (Arbeitsschutzregelungen im Arbeitsvertragsrecht, im Tarifvertragsrecht, im Betriebsverfassungsrecht sowie Regeln und Erkenntnisse zur Einbeziehung von §§ 618 BGB, 62 HGB vgl. Rn. 30 ff.). Diese allgemeine Unterteilung des Arbeitsschutzrechts bezieht sich zugleich auf die **institutionelle** Gliederung des Arbeitsschutzes (vgl. 2.2). 57

Nach dem zu schützenden **Personenkreis** kann unterschieden werden zwischen **übergreifenden** Rechtsvorschriften des Arbeitsschutzes für alle Beteiligten (z. B. ArbSchG, ASiG) und **speziellen** Rechtsvorschriften, die 58 den spezifischen Bedürfnissen an Sicherheit und Gesundheitsschutz besonderer Beschäftigtengruppen dienen und sich dem sozialen Arbeitsschutz (Rn. 59) zuordnen lassen (JArbSchG, MuSchG, SchwbG, HAG).

59 Im Hinblick auf die unterschiedlichen Ziele und **Zweckbestimmungen** kann allgemein zwischen **sozialem** und **technischem** Arbeitsschutzrecht unterschieden werden. Eine klare Abgrenzung zwischen beiden Bereichen ist wegen der sich zum Teil überschneidenden Zielsetzungen nicht möglich (z.B. bei der GefStoffV, dem JArbSchG, dem MuSchG und dem ArbZG). Zum sozialen Arbeitsschutz gehören insbesondere: ArbZG, JArbSchG, MuSchG, SchwG.

60 Das **technische** Arbeitsschutzrecht läßt sich in das betriebsbezogene und in das vorgelagerte, produktbezogene Arbeitsschutzrecht unterteilen:

(1) Das **betriebsbezogene** Arbeitsschutzrecht bezieht sich auf die allgemeinen, öffentlich-rechtlichen Verpflichtungen des Arbeitgebers und auf die öffentlich-rechtlichen Rechte und Pflichten der Beschäftigten. Dazu gehören

1. Regelungen zu allgemeinen Grundpflichten (ArbSchG, ASiG UVV, z.B. »Allgemeine Vorschriften« [VBG 1/BGV A 1], »Arbeitsmedizinische Vorsorge« [VBG 100/BGV A 4], »Sicherheitsingenieure und andere Fachkräfte für Arbeitssicherheit« [VBG 122/BGV A 6], »Betriebsärzte« [VBG 123/BVG A 7], »Sicherheits- und Gesundheitsschutzkennzeichnung« [VBG 125/BGV A 8]),
2. Regelungen zu Arbeitsplätzen, Arbeitsmitteln, Arbeitsumgebung und PSA (ArbStättV mit Arbeitsstätten-Richtlinien [ASR], BildscharbV, PSA-BV, LastenhandhabV, UVV, z.B. UVV »Bauarbeiten« VBG 37/BGV C 22),
3. Regelungen zum Umgang mit gefährlichen Stoffen bzw. zu anderen Einwirkungen (GefStoffV, GenTSV, StrahlenschutzV, RöntgenV, UVV z.B. »Lärm« [VBG 121/BGV B 3], BiostoffV).

(2) Das **produktbezogene** Arbeitsschutzrecht bezieht sich primär auf Verpflichtungen von Personen, die technische Erzeugnisse oder Gefahrstoffe in Verkehr bringen (Hersteller oder Vermarkter) bzw. die überwachungsbedürftige Anlagen herstellen bzw. errichten. Hierdurch ist ein Bestandteil des Arbeitsschutzrechts geschaffen worden, der dem betriebsbezogenen **vorgelagert** ist. Zu diesem vorgelagerten Arbeitsschutz gehören

1. Regelungen zu **technischen Erzeugnissen** (GSG, VO zum GSG, EG-Richtlinien zur technischen Harmonisierung nach Art. 95 EGV (Rn. 67 ff.),
2. **Beschaffenheitsanforderungen** in UVV (im noch nicht durch EG-Recht harmonisierten Bereich; vgl. Rn. 72), technische Regeln und Normen,
3. Regelungen zu **chemischen Produkten** (ChemG, GefStoffV, TRGS) sowie

4. Regelungen zu den **überwachungsbedürftigen Anlagen** (§§ 11 ff. GSG).

Der vorgelagerte Arbeitsschutz ist demnach mit dem allgemeinen Gesundheitsschutz, dem Umwelt- und Verbraucherschutz i. d. R. untrennbar verschränkt.

Vorgelagerter und betriebsbezogener Arbeitsschutz stehen in einem engen **Zusammenhang**. Wird der Arbeitsschutz schon bei der Planung und Konstruktion z. B. von technischen Arbeitsmitteln beachtet, kann der Arbeitgeber, der diese Arbeitsmittel von den Beschäftigten anwenden läßt, u. a. dem Grundsatz der Gefahrenbekämpfung an der Quelle in optimaler Weise gerecht werden (§ 4 Nr. 1 ArbSchG; vgl. § 4 ArbSchG Rn. 6). Umgekehrt hat ein hohes Niveau des betrieblichen Arbeitsschutzes Einfluß auf den vorgelagerten Arbeitsschutz, indem von diesem Niveau – via Nachfrage der Anwender (= Arbeitgeber) – Planung und Konstruktion beeinflußt werden. **61**

Sowohl der vorgelagerte als auch der betriebsbezogene Arbeitsschutz werden insbesondere seit Mitte der achtziger Jahre entscheidend vom **EG-Arbeitsschutzrecht** nach Art. 100 a bzw. 118 a EGV (nunmehr Art. 95 bzw. 137 EGV) bestimmt (vgl. 3). Dies hat insbesondere zur Verabschiedung des ChemG und der GefStoffV, zur Neufassung des GSG und zum ArbSchG geführt. Auch die Interdependenz des vorgelagerten mit dem betriebsbezogenen Arbeitsschutzrecht ist durch den Einfluß des EG-Rechts neu akzentuiert worden. (Siehe Schaubild 3, Seite 36). **62**

3. System des Arbeitsschutzes in der EG

3.1. Allgemeines

Die **Europäischen Gemeinschaften** (EG) haben sich seit ihrer Gründung in den fünfziger Jahren von einer in der Hauptsache ökonomischen Interessengemeinschaft zu einer auch mit sozialpolitischen Kompetenzen ausgestatteten politischen Gemeinschaft entwickelt. Markierungspunkte dieser Entwicklung sind vor allem die Einheitliche Europäische Akte (EEA) v. 17. 2. 1986 (BGBl. II, 1104), der Vertrag von Maastricht v. 7. 2. 1992 (BGBl. II, 1251), dessen Zielsetzung die Schaffung einer Europäischen Union ist, sowie der Vertrag von Amsterdam vom 1. 10. 1997. **63**

Die wesentlichen **Institutionen** der EG sind **64**

- das Europäische Parlament,
- der Rat, bzw. der Europäische Rat,
- die Kommission,
- die Ausschüsse (insbesondere der Wirtschafts- und Sozialausschuß und der Ausschuß der Regionen sowie
- der EuGH).

Schaubild 3
EG-Arbeitsschutzrecht

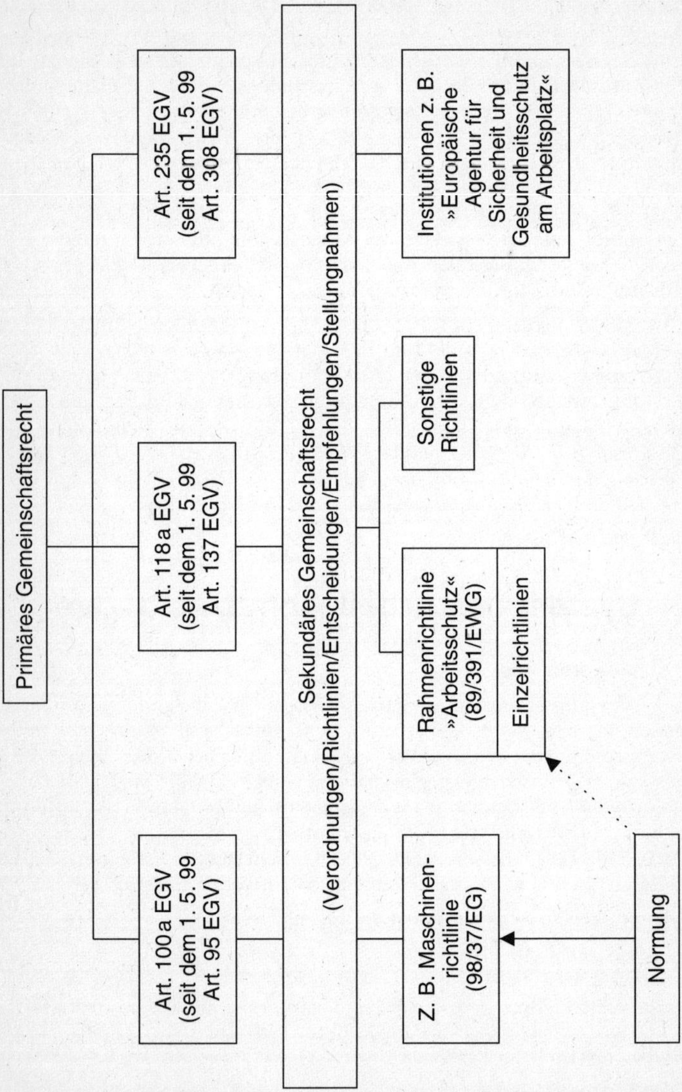

Im Hinblick auf das **EG-Recht** ist zunächst zu unterscheiden zwischen dem 65

(1) **primären** EG-Recht, das sich aus den Vertragswerken der Gemeinschaft ergibt, und dem
(2) **sekundären** EG-Recht, das sich aus den Rechtsakten ergibt, die sich auf vertraglich festgelegte Kompetenzen stützen.

Instrumente des sekundären EG-Rechts sind Verordnungen, Richtlinien, Entscheidungen sowie Empfehlungen und Stellungnahmen. Für das EG-Arbeitsschutzrecht sind in erster Linie Richtlinien von Bedeutung.

3.2. Vorgelagerter Arbeitsschutz

Im Bereich des vorgelagerten, **produktbezogenen Arbeitsschutzes** sind 66
zunächst Art. 28 und 30 EGV (vor dem 1. 5. 1999: 30 und 36) von Bedeutung, welche die mengenmäßige Einfuhrbeschränkungen und Maßnahmen gleicher Wirkung zwischen den Mitgliedstaaten **verbieten** (Art. 28), jedoch gleichzeitig den Mitgliedstaaten ermöglichen, Einfuhr-, Ausfuhr- oder Durchfuhrverbote u. a. aus Gründen der Sicherheit sowie zum Schutz der Gesundheit und des Lebens der Menschen beizubehalten bzw. vorzusehen (Art. 30 Abs. 1). Allerdings dürfen diese weder ein Mittel zur willkürlichen Diskriminierung noch zur verschleierten Beschränkung des Handels zwischen den Mitgliedstaaten darstellen (Art. 30 Abs. 2; zum Schutzniveau der EG im Bereich des vorgelagerten Arbeitsschutzes vgl. Rn. 72). Hieraus entwickelte der *EuGH* in seiner Rechtssprechung (»Dassonville«, »Cassis de Dijon«) Grundsätze, die maßgeblich die Entschließung des Rates v. 7. 5. 1985 über eine »Neue Konzeption auf dem Gebiet der technischen Harmonisierung und Normung« und die Rechtsetzung nach Art. 100a (seit dem 1. 5. 1999: 95) EGV beeinflußten (AblEG Nr. C 136, 1).

Mit der **Einheitlichen Europäischen Akte** (EEA) v. 17. 2. 1986 67
(BGBl. II, 1104) wurden im Zuge der vertraglichen Niederlegung des **Binnenmarktziels** im EGV (Art. 7a; jetzt: Art. 14) die Kompetenzen der EG erweitert. Im Hinblick auf den Arbeitsschutz sind hierbei von Bedeutung:

- Art. 100a (seit dem 1. 5. 1999: 95) EGV als Kompetenznorm für Rechtsakte auf dem Gebiet des vorgelagerten, produktbezogenen Arbeitsschutzes,
- Art. 118a [EGV als Kompetenznorm für Rechtsakte auf dem Gebiet des betriebsbezogenen Arbeitsschutzes (Rn. 74ff.; seit dem 1. 5. 1999: 137)].

Auf der Grundlage von **Art. 95 EGV** erläßt der Rat der EG die Maß- 68
nahmen, die der Verwirklichung des Binnenmarktes gem. Art. 14 dienen (Art. 95 Abs. 1 Satz 2 EGV). Der **Binnenmarkt** ist nach Art. 14 Unterabs. 2 EGV ein Raum ohne Binnengrenzen, in dem der freie Verkehr von

Waren, Personen, Dienstleistungen und Kapital gemäß den Bestimmungen dieses Vertrages gewährleistet ist.

69 Maßnahmen zum **Gebot zur Harmonisierung** (zum Verbot von Wettbewerbsbeschränkungen vgl. Art. 28, 30 EGV; Rn. 66) konnten sich bis zur EEA lediglich auf Art. 100 (seit dem 1. 5. 1999: 94) EGV stützen, der die Einstimmung im Rat der EG vorsieht. Nunmehr können ergänzende Maßnahmen nach Art. 95 mit einer **qualifizierten Mehrheit** vom Rat der EG erlassen werden (das sind 62 von 87 Stimmen im Rat; vgl. Art. 205 Abs. 2 EGV). Dies hat zu einer erheblich beschleunigten Rechtsetzung beigetragen.

70 Zu den Maßnahmen nach Art. 95 EGV gehören i. W. Maßnahmen im Bereich des freien Warenverkehrs und hierzu wiederum Maßnahmen auf dem Gebiet der **technischen Harmonisierung** sowie des **Inverkehrbringens von Chemikalien**, d. h. der vorgelagerte, produktbezogene Arbeitsschutz (vgl. Rn. 58). Unmittelbare Bestimmungen über die Rechte und **Interessen der Arbeitnehmer** können dagegen ausdrücklich **nicht** auf Art. 95 gestützt werden (vgl. Abs. 2). Allerdings hat die EG-Kommission bei ihren Vorschlägen für Maßnahmen nach Abs. 1 von einem **hohen Schutzniveau** u. a. in den Bereichen Gesundheit und Sicherheit auszugehen (Abs. 3). Ggf. können, trotz Harmonisierungsmaßnahmen nach Art. 95 Abs. 1 Satz 2 EGV, **einzelstaatliche Bestimmungen** zum Schutz der Arbeitsumwelt oder des Umweltschutzes oder von wichtigen Erfordernissen i. S. des Art. 30 (Rn. 64) von den Mitgliedstaaten angewandt werden (Art. 95 Abs. 4 EGV).

Unter bestimmten Umständen gibt es ein **Schutzklauselverfahren** (Abs. 5). Diese Regelungen des EGV bieten eine realistische Gewähr, daß die entsprechenden Rechtsakte eine **Harmonisierung auf hohem Niveau** zum Inhalt haben. Art. 95 dient nicht allein der Marktintegration, sondern verlangt die praktische Konkordanz mit den anderen Zielen des Vertrags. Durch die Abs. 3 bis 5 sind Vorkehrungen getroffen, den nationalen Schutzanliegen, hier der Verbesserung der Arbeitsumwelt, Rechnung zu tragen.

71 Wichtigstes Instrument für die Rechtsetzung nach Art. 95 EGV auf dem Gebiet der **technischen Harmonisierung** sind **Richtlinien**. Da die **»Neue Konzeption** auf dem Gebiet der technischen Harmonisierung und Normung« (vgl. Rn. 66) auf der Totalharmonisierung sicherheitstechnischer Vorschriften basiert, gibt es für die von diesen Richtlinien erfaßten Erzeugnisse kein Nebeneinander europäischer und nationaler Anforderungen mehr. Die Mitgliedstaaten sind verpflichtet, geeignete Maßnahmen zu treffen, damit nur solche Produkte auf den Markt und an die Verwender, d. h. also auch in die Betriebe gelangen, die mit den Anforderungen der Richtlinien übereinstimmen (zu den Ausnahmen nach Art. 95 Abs. 4, 5 vgl. Rn. 70).

72 In diesen Richtlinien werden **grundlegende und zwingende Sicherheits-**

anforderungen festgelegt, die durch die europäische **Normung konkretisiert** werden (CEN, CENELEC; zu Normen aus rechtlicher Sicht vgl. Rn. 35; § 4 ArbSchG Rn. 8). Die abschließende, verbindliche Regelung von Beschaffenheitsanforderungen an Erzeugnisse, die keine Abweichung nach oben oder nach unten zulassen, hat im bundesdeutschen Arbeitsschutzrecht zu einem erheblichen **Bedeutungsverlust von UVV** geführt, in denen Beschaffenheitsanforderungen geregelt waren. Beschaffenheitsanforderungen in UVV, die vom Regelungsbereich von Harmonisierungsrichtlinien gem. Art. 95 EGV erfaßt werden, gelten nicht mehr. Im nichtharmonisierten Bereich gelten Beschaffenheitsanforderungen in UVV weiterhin.

Ein **Beispiel** für die Praxis der Rechtsetzung und Normung durch die EG **73**
bzw. der europäischen Normungsorganisationen auf dem Gebiet des vorgelagerten Arbeitsschutzes ist die Richtlinie des Rates v. 14. 6. 1989 zur Angleichung der Rechtsvorschriften der Mitgliedstaaten für Maschinen (AblEG Nr. L 183, 9; Neufassung durch Richtlinie 98/37/EG, AblEG Nr. L 183, 9; sogenannte **»EG-Maschinenrichtlinie«**, vgl. eingehend *BFK*, Rn. 446 ff.). Diese Richtlinie wurde durch das GSG und die Neunte GSGV in das bundesdeutsche Arbeitsschutzrecht umgesetzt. Die Neunte GSGV verweist ergänzend auf die grundlegenden Sicherheits- und Gesundheitsanforderungen in Anhang I der Maschinenrichtlinie.

3.3. Betrieblicher Arbeitsschutz

Durch **Art. 118a Abs. 1 (seit dem 1. 1. 1999: 137) EGV** haben sich die **74**
EG-Mitgliedstaaten verpflichtet, für die Verbesserung des Arbeitsschutzes zu sorgen und eine Harmonisierung bei gleichzeitigem Fortschritt anzustreben. **Leitbild** ist hierbei die Förderung und die Verbesserung der Arbeitsumwelt (zum Begriff der Arbeitsumwelt vgl. Rn. 16f.; § 1 ArbSchG Rn. 11).

Zur Erreichung dieses Ziels werden vom Europäischen Rat, auf Vorschlag **75**
der EG-Kommission, mit **qualifizierter Mehrheit** Richtlinien in Form von **Mindestvorschriften** erlassen (Art. 137 Abs. 2 Satz 1 EGV), die von den Mitgliedstaaten in nationales Recht umzusetzen sind und hierbei inhaltlich, unter Beibehaltung bislang bestehender, weitergehender Regelungen (Abs. 5), fortentwickelt werden können. Zu beachten ist hierbei, daß bei weitergehenden nationalen Regelungen gem. Abs. 5 die Regelungen der Art. 30, 36 und die Harmonisierungsrichtlinien nach Art. 95 EGV zu beachten sind.

Nach Art. 137 EGV können Richtlinien sowohl auf dem Gebiet des **76**
technischen, des **sozialen Arbeitsschutzes** als auch der **betrieblichen Arbeitsschutzorganisation** erlassen werden, wenn diese sich auf die Sicherheit und die Gesundheit am Arbeitsplatz beziehen.

Die speziellen Bedürfnisse von **Kleinbetrieben** sind vom Richtlinien- **77** geber zu beachten, ohne daß hierbei der Schutz von Beschäftigten in diesen Betrieben beeinträchtigt wird (Art. 137 Abs. 2 Satz 2 EGV).

78 In eingeschränktem Umfang spielt auch auf dem Gebiet von Art. 137 EGV die **Normung** eine Rolle *(BMA* u. a., Gemeinsamer Standpunkt zur Normung im Bereich der Richtlinien nach Art. 118 a EGV, BArbBl. 1993, 37 ff.). Dies bezieht sich in erster Linie auf Normen zu Beschaffenheitsanforderungen, zur allgemeinen Verständigung (Begriffe, Definitionen, Zeichen) sowie zu Prüf-, Meß-, Analyse-, Probenentnahmeverfahren, statistische Methoden, Meßplanung, Datenaustausch (a. a. O., S. 122 f.). Von herausragender Bedeutung auch für den betrieblichen Arbeitsschutz sind ergonomische Normen.

79 Die wichtigste Richtlinie nach Art. 137 EGV ist die Richtlinie 89/391/EWG des Rates v. 12. 6. 1989 über die Durchführung von Maßnahmen zur Verbesserung der Sicherheit und des Gesundheitsschutz bei der Arbeit (AblEG Nr. L 183, 1; sogenannte **»EG-Rahmenrichtlinie Arbeitsschutz«**). Sie wird wegen der in ihr verankerten Grundpflichten des Arbeitgebers sowie Pflichten und Rechte der Beschäftigten als das »Grundgesetz des betrieblichen Arbeitsschutzes« bezeichnet. Die Rahmenrichtlinie wurde durch das »Gesetz zur Umsetzung der EG-Rahmenrichtlinie Arbeitsschutz und weiterer Arbeitsschutzrichtlinien« v. 7. 8. 1996 (BGBl. I, 1246) in das bundesdeutsche Arbeitsschutzrecht umgesetzt (vgl. Rn. 95).

80 Neue Impulse für den europäischen Arbeitsschutz ergeben sich insbesondere mit der **»Europäischen Agentur** für Sicherheit und Gesundheitsschutz am Arbeitsplatz« mit Sitz in Bilbao (Verordnung [EG] Nr. 2062/94 des Rates v. 18. 7. 1994; AblEG Nr. L 216, 1; vgl. EuZW 1994, 483). Mit ihr soll insbesondere ein europäisches Netzwerk zur Beobachtung und zur Sammlung von Informationen im Bereich des Arbeitsschutzes geschaffen werden (8. Erwägungsgrund der VO). Die Aktivitäten der Agentur können dem jährlich erscheinenden Arbeitsprogramm und den Jahresberichten entnommen werden (Internetadresse: http://osha.eu.int).

4. Das Arbeitsschutzgesetz

4.1. Vorgeschichte

81 Am bestehenden Arbeitsschutzsystem und -recht in der Bundesrepublik Deutschland wurde seit dem Ende der siebziger Jahre zunehmend konstruktive **Kritik** laut. Diese Kritik verstärkte sich noch aufgrund der Verzögerungen bei der Umsetzung der EG-Richtlinien nach Art. 118 a (seit dem 1. 5. 1999: 137) EGV, von denen eine allgemeine Verbesserung des vielfach als unbefriedigend empfundenen Rechtszustands erwartet wurde.

82 Das ArbSchG – ebenso wie die Präventionsvorschriften des SGB VII, der rechtlichen Grundlage der gesetzlichen Unfallversicherung – ist das Ergebnis eines langwierigen **historischen Prozesses** sozialpolitischer Entwicklung. In ihm bündeln sich die spezifischen Entwicklungspfade des Arbeitsschutzes in Deutschland verbunden mit den Einflüssen des supranationalen Rechts der EG. Nach den zwei bisherigen, nennenswerten Anläufen zur Schaffung eines einheitlichen rechtlichen Rahmens für den Arbeitsschutz in den zwanziger und Ende der siebziger Jahre bedurfte es dieses **»äußeren Faktors«**, um die offensichtliche rechtspolitische Blockade im bundesdeutschen Arbeitsschutzsystem zu beenden und neue Perspektiven für die Weiterentwicklung des Arbeitsschutzrechts aufzuzeigen.

83 Dieser **»äußere Faktor«, das EG-Recht**, war es auch, der wesentlich zur Novellierung der rechtlichen Grundlage des vorgelagerten Arbeitsschutzes, des **GSG** (1992), beitrug und der, in Umsetzung entsprechender EG-Richtlinien (vgl. § 19 ArbSchG Rn. 5), u. a. zu der auf das ChemG gestützten **GefStoffV** (1986) führte und diese kontinuierlich weiterentwickelte (§ 19 ArbSchG Rn. 5).

Auf eigenständigen nationalen Anstrengungen in den siebziger Jahren beruht insbesondere das **ASiG** und die **ArbStättV** sowie die verstärkte Einbeziehung des Arbeitsschutzes in die Beteiligungsrechte der betrieblichen Interessenvertretungen und der einzelnen Arbeitnehmer durch das **BetrVG** und die **PersVG**. Das **ArbSchG** komplettiert – zusammen mit dem angepaßten ASiG und parallel wie kongenial zu den Präventionsvorschriften im **SGB VII** – das nunmehr in seinen Grundzügen vollständig modernisierte Arbeitsschutzrecht der Bundesrepublik Deutschland.

84 Die **Chronologie des Umsetzungsprozesses** kann wie folgt skizziert werden: Im Lauf des Jahres 1992 entwickelte das BMA auf der Grundlage eines Thesenpapiers (in: SozSich 91, 133 ff.) den Referentenentwurf für ein »Gesetz über die Sicherheit und den Gesundheitsschutz bei der Arbeit (**Arbeitsschutzrahmengesetz** – ArbSchG)« v. 22. 12. 1992. Der hieraus resultierende Regierungsentwurf wurde am 5. 11. 1993 dem Bundesrat zugeleitet (BR-Drs. 792/93 v. 5. 11. 1993), der am 17. 12. 1993 eine Stellungnahme abgab (BR-Drs. 792/93 [Beschluß] v. 17. 12. 1993). Am 3. 2. 1994 wurde der Gesetzesentwurf von der Bundesregierung in den Bundestag eingebracht (BT-Drs. 12/6752 v. 3. 2. 1994). Die anschließende Anhörung machte die sich aus dem dualen Arbeitsschutzsystem ergebenden Konfliktkonstellationen deutlich und zeigte zugleich, daß innerhalb der Regierungskoalition erhebliche Widerstände gegen den Entwurf bestanden. Der Entwurf wurde daher in der 12. Legislaturperiode nicht mehr abschließend beraten. Im Ergebnis führte dies zu einer nochmaligen Verzögerung der schon seit dem 31. 12. 1992 fälligen Umsetzung der EG-Rahmenrichtlinie 89/391/EWG und weiterer wichtiger Einzelrichtlinien nach Art. 118 a (seit dem 1. 5. 1999: 137) EGV. Zwischenzeitlich drohte eine Klage der EG-Kommission vor dem EuGH wegen Vertragsverlet-

zung gem. Art. 169 (seit dem 1. 5. 1999: 226) EGV. Im Juli 1995 schließlich legte das BMA eine erheblich verschlankte Version des ArbSchRG-Entwurfs sowie einen Entwurf für ein SGB VII vor, wobei die bisherigen politischen Widerstände berücksichtigt wurden. Diese Konzeption glückte: Der RegE eines **»Gesetzes zur Umsetzung der EG-Rahmenrichtlinie Arbeitsschutz und weiterer Arbeitsschutz-Richtlinien«** (im folgenden: EG-Arbeitsschutz-Umsetzungsgesetz – EASUG) wurde vom Kabinett am 23. 11. 1995 verabschiedet, am 29. 12. 1995 dem Bundesrat und am 22. 1. 1996 dem Bundestag zugeleitet (BT-Drs. 13/3540). Der Bundesrat nahm am 1. 3. 1996 zum Gesetzentwurf Stellung (BR-Drs. 881/95), die Gegenäußerung der Bundesregierung datiert v. 15. 4. 1996 (BT-Drs. 13/4337). Der Ausschuß für Arbeit und Sozialordnung legte dem Bundestag am 28. 5. 1996 einen, insbesondere um Regelungen zur überbetrieblichen Durchführung des ArbSchG ergänzten, Entwurf vor (BT-Drs. 13/4756 und BT-Drs. 13/4854 v. 12. 6. 1996), der am 13. 6. 1996 verabschiedet wurde. Der Bundesrat stimmte am 5. 7. 1996 abschließend zu. Das Gesetz wurde am 20. 8. 1996 im BGBl. I veröffentlicht und trat am 21. 8. 1996 in Kraft.

Änderungen des ArbSchG erfolgten durch:

- Art. 9 des Gesetzes vom 25. 9. 1996 (BGBl. I, 1476)
- Art. 53 des Gesetzes vom 24. 3. 1997 (BGBl. I, 594)
- Art. 6c des Gesetzes vom 19. 12. 1998 (BGBl. I, 3843, 3849)

85 Das EASUG ist als **Artikelgesetz** ausgestaltet. Diese Form dient dazu, zum einen die Richtlinie 89/391/EWG (Rn. 87), das Grundgesetz des europäischen Arbeitsschutzes, in das bundesdeutsche Arbeitsschutzrecht umzusetzen und zum anderen die notwendige Anpassung des geltenden Rechts an die EG-rechtlichen Vorgaben durch Ergänzung bestehender Gesetze zu verwirklichen. Umgesetzt werden außerdem die noch nicht im bundesdeutschen Arbeitsschutzrecht enthaltenen Regelungen der Richtlinie 91/383/EWG des Rates zur Ergänzung der Maßnahmen zur Verbesserung der Sicherheit und des Gesundheitsschutzes von Arbeitnehmern mit befristetem Arbeitsverhältnis oder Leiharbeitsverhältnis (AblEG Nr. L 206, 19).

4.2. Inhalt des ArbSchG

86 Art. 1 des EASUG enthält das eigenständige »Gesetz über die Durchführung von Maßnahmen des Arbeitsschutzes zur Verbesserung der Sicherheit und des Gesundheitsschutzes bei der Arbeit« (**Arbeitsschutzgesetz** – ArbSchG).

Das ArbSchG faßt systematisch die Regelungen der Richtlinie 89/391/EWG zusammen, die im geltenden Recht übergreifend noch nicht oder nicht vollständig verankert sind (RegE, S. 11; zu den Kernpunkten des ArbSchG vgl. Rn. 88). Inhaltlicher Maßstab ist eine **1 : 1-Umsetzung** der Rahmenrichtlinie. Damit sollen laut RegE den Betrieben »keine Kosten dadurch entstehen, daß Arbeitgeberpflichten festgelegt werden, die über die Richtlinie hinausgehen und zu denen der Arbeitgeber in anderen europäischen Ländern nicht verpflichtet ist« (RegE, S. 12). Der Gesetzgeber hätte, aufgrund des Charakters von EG-Richtlinien nach Art. 118a EGV als Mindestvorschriften (Rn. 75), durchaus die Möglichkeit gehabt, über die Bestimmungen der Rahmenrichtlinie hinauszugehen. Eine Umsetzung der Rahmenrichtlinie durch **tätigkeits- oder bereichsspezifische Regelungen**, z.B. durch Unfallverhütungsvorschriften, kam nicht in Frage, da dies zu einer weiteren Zersplitterung des Arbeitsschutzrechts geführt (vgl. a.a.O.) und möglicherweise die Grundsätze des EG-Rechts bei der Umsetzung von Richtlinien verletzt hätte.

Die weiteren Artikel des EASUG passen das **ASiG** (Art. 2), das **BetrVG** (Art. 3), die **GewO** (Art. 4) sowie das **AÜG** (Art. 5; vgl. § 12 Rn. 17) insbesondere an die EG-rechtlichen Vorgaben an. **87**

Die **Kernpunkte des ArbSchG** (Art. 1 EASUG) sind vor allem: **88**

(1) die Geltung des ArbSchG für nahezu **alle Tätigkeitsbereiche und Beschäftigte** (§ 1 Abs. 1, 2 und § 2 Abs. 2;), d.h. Schaffung eines einheitlichen Arbeitsschutzrechts in der Bundesrepublik Deutschland;

(2) die allgemeine Festlegung der **Verantwortlichkeit des Arbeitgebers** und daneben von weiteren **verantwortlichen Personen** für die Erfüllung der Pflichten nach §§ 3 bis 14 ArbSchG (§§ 3 Abs. 1 Satz 1, 13; vgl. § 21 Abs. 1 SGV VII);

(3) die gesetzliche Verankerung eines zeitgemäßen, auf Sicherung, Verbesserung und dynamische Anpassung an sich ändernde Produktions- und Dienstleistungskonzepte orientierten, **präventiven und ganzheitlichen Arbeitsschutzverständnisses** (§§ 3, 4 ArbSchG);

(4) die Verallgemeinerung des Grundsatzes der **menschengerechten Gestaltung der Arbeit** und seine Verknüpfung mit der Verpflichtung des Arbeitgebers zur Verhütung von Unfällen und arbeitsbedingten Gesundheitsgefahren im Hinblick auf die von diesem zu ergreifenden Maßnahmen des Arbeitsschutzes (§ 2 Abs. 1 ArbSchG; zur Ausweitung des Präventionsauftrages der Träger der gesetzlichen Unfallversicherung auf arbeitsbedingte Gesundheitsgefahren vgl. § 14 Abs. 1 i.V. mit § 21 Abs. 1 SGB VII);

(5) die Verankerung einer Pflicht des Arbeitgebers zur **Beurteilung der Arbeitsbedingungen**, um die aus ihnen sich ergebenden Gefährdungen für die Beschäftigten und die entsprechenden Maßnahmen des Arbeitsschutzes ermitteln zu können (§ 5 ArbSchG);

(6) die Verpflichtung zur **Dokumentation** dieser Beurteilung der Arbeitsbedingungen (§ 6 ArbSchG);

(7) die allgemeine Verpflichtung zur **Zusammenarbeit mehrerer Arbeitgeber**, wenn deren Beschäftigte an einem Arbeitsplatz tätig werden (§ 8 Abs. 1 ArbSchG);

(8) die Verpflichtung des Arbeitgebers, sich über die Qualifizierung

von **Fremdfirmenbeschäftigten** in seinem Betrieb im Hinblick auf Sicherheit und Gesundheitsschutz zu vergewissern (§ 8 Abs. 2 ArbSchG);

(9) die Verankerung von aktiven **Unterstützungs- und Handlungspflichten** der Beschäftigten (§§ 15, 16 ArbSchG; vgl. § 21 Abs. 3 SGB VII);

(10) die Verankerung von **Rechten der Beschäftigten:**

- spezielles Vorschlagsrecht zu allen Fragen der Sicherheit und des Gesundheitsschutzes (§ 17 Abs. 1 ArbSchG),
- außerbetriebliches Beschwerderecht (Abs. 2),
- Recht zur eigenständigen Gefahrenabwehr verbunden mit einem Benachteiligungsverbot (§ 9 Abs. 1),
- Entfernungsrecht bei unmittelbarer erheblicher Gefahr verbunden mit einem Benachteiligungsverbot (Abs. 2),
- Recht auf freiwillige arbeitsmedizinische Vorsorge (§ 11 ArbSchG),
- Recht auf Unterrichtung über Sicherheit und Gesundheitsschutz sowie entsprechende Maßnahmen des Arbeitsschutzes sowie Anhörungsrecht in personalratslosen Betrieben für die Beschäftigten des öffentlichen Dienstes (§ 14 ArbSchG),

(11) Verbesserung der **Zusammenarbeit im dualen System** zwischen den für den Arbeitsschutz zuständigen staatlichen Behörden und den Trägern der gesetzlichen Unfallversicherung (§ 21 ArbSchG; vgl. § 20 SGB VII).

4.3. Allgemeine Auswirkungen des ArbSchG

89 Aus den Bestimmungen des ArbSchG können **weitere, positive Auswirkungen** auf das Arbeitsschutzsystem und -recht sowie darüber hinaus auf den Arbeits- und Wertschöpfungsprozeß, aber auch auf das Verhältnis von Arbeitsbedingungen und allgemeinen Lebensbedingungen (Heim, Freizeit) abgeleitet werden.

90 Bedeutsam sind zuallererst die sich aus dem ArbSchG ergebenden Folgen für die **Beteiligungsrechte** der betrieblichen Interessenvertretung nach dem BetrVG und den PersVG. Ausdrücklich und wiederholt weist der RegE auf die Spielräume hin, die den Betriebsparteien, getreu der Zielsetzung der Richtlinie 89/391/EWG, bei der Erfüllung der Pflichten nach dem ArbSchG gegeben werden (vgl. RegE, S. 12ff.). Hieraus ergeben sich entsprechende Rahmenvorschriften i.S. des § 87 Abs. 1 Nr. 7 BetrVG (vgl. Rn. 44; *Kittner/Pieper,* Teil IV, BetrVG Rn. 14ff.) bzw. § 75 Abs. 3 Nr. 11 BPersVG (vgl. Rn. 45; *Kittner/Pieper,* Teil IV, BPersVG Rn. 10ff.), die die Mitbestimmungsrechte des Betriebs- bzw. Personalrats bei Maßnahmen des Arbeitsschutzes erheblich stärken und erweitern.

91 Das sich aus dem BetrVG, den PersVG sowie öffentlich-rechtlich sich aus dem **ASiG** ergebende, dritte Gleis des Arbeitsschutzes wird durch das ArbSchG ganz wesentlich gestärkt (vgl. Rn. 112). Es geht um die Motivation zu einer systematischen und konsequenten Prävention. Dadurch wird die, aus der historischen Entwicklung des deutschen Arbeitsschutzrechts erklärbare, vorwiegend aufsichtsrechtliche Perspektive des betrieblichen Arbeitsschutzes durch eine neue und dem sozioökonomischen Umfeld angemessene Sicht ergänzt.

Hervorzuheben sind die positiven **ökonomischen Effekte**, die das ArbSchG durch den Charakter seiner auf die Sicherheit und Gesundheit der Beschäftigten abzielenden Regelungen bewirken soll (vgl. Rn. 8; § 1 ArbSchG Rn. 12). **92**

Einzelwirtschaftlich soll mit dem ArbSchG eine **Steigerung der Qualität** der Produktionsabläufe, von Produkten und Dienstleistungen erreicht werden, indem der Arbeitgeber dazu verpflichtet wird, Arbeitsschutzaspekte frühzeitig in die betrieblichen und unternehmerischen Entscheidungsprozesse einzubeziehen (vgl. RegE, S. 13). Zugleich werden dadurch langfristige Kostensenkungen im Betrieb erreicht und ein innovationsfreundliches Klima durch Motivation der Beschäftigten geschaffen (vgl. a.a.O.). Eine ineffiziente Reparaturhumanisierung soll auf diese Weise wirksam vermieden werden. **93**

Ausgehend von der Grundprämisse der Richtlinie 89/391/EWG, nach der die Verbesserung des Arbeitsschutzes eine Zielsetzung darstellt, »die keinen rein wirtschaftlichen Überlegungen untergeordnet werden (darf)« (Erwägungsgrund 13), soll das ArbSchG dazu beitragen, den **technischen Wandel** sozial, d.h. arbeitsschutzgerecht zu gestalten. Durch das ArbSchG wird der Arbeitsschutz, verstanden als interaktiver, systemübergreifender und alle Beteiligten vernetzenden Faktor, in die Lage versetzt, stets neue technische Entwicklungen aufzunehmen, deren Gefährdungspotential zu beurteilen und wirksame, präventive Schutzkonzepte zu entwickeln (vgl. RegE, S. 13). Es geht um die Förderung und Erhaltung der Leistungsfähigkeit und Leistungsbereitschaft der Beschäftigten in den Betrieben (a.a.O.), aber auch um einen Abbau von Entfremdung der Arbeit durch ihre menschengerechte Gestaltung und durch die Beteiligung der Beschäftigten (vgl. Rn. 3, 45). Arbeitgeber und Beschäftigte sollen verstärkt und kooperativ den Wandel der Arbeitsschutzerfordernisse selbst gestalten (RegE, S. 13). **94**

Gesamtwirtschaftlich kann sich eine Realisierung des präventiven Arbeitsschutzverständnisses des ArbSchG ebenfalls positiv im Hinblick auf eine Entlastung der Sozialversicherungssysteme durch die Verhütung von Arbeitsunfällen und arbeitsbedingten Erkrankungen auswirken (vgl. RegE, S. 13). Zugleich kann damit eine Verbesserung der Innovationsbereitschaft und der Produktivität erreicht werden. **95**

Durch seinen ganzheitlichen Ansatz wirkt das ArbSchG, das die Verbesserung von Sicherheit und Gesundheit bei der Arbeit zum Ziel hat, **96** auch auf ein sicherheits- und gesundheitsgerechtes Verhalten in **Heim und Freizeit** hin. Die Richtlinie 89/391/EWG hebt nachdrücklich diesen Zusammenhang hervor: »Maßnahmen betreffend Sicherheit und Gesundheitsschutz der Arbeitnehmer tragen in manchen Fällen auch zum Schutz der Gesundheit und gegebenenfalls zu Sicherheit der (im Haushalt der Arbeitnehmer) lebenden Personen bei« (Erwägungsgrund 8 Satz 2). Auch hiermit sind Kostenentlastungen für das Sozialversicherungssystem verbunden.

4.4. Arbeitsschutzverordnungen; Auswirkungen des ArbSchG auf sonstige Rechtsvorschriften

97 Das ArbSchG enthält **Abgrenzungen und Verweisungen** auf Arbeitsschutzvorschriften, die in anderen Rechtsvorschriften enthalten sind. Vom Grundsatz her bleiben diese **unberührt** (vgl. § 1 Abs. 3 ArbSchG). Sie werden durch die Bestimmungen des ArbSchG nicht abgelöst, sondern behalten ihren, gegenüber den allgemeinen Verpflichtungen des ArbSchG spezielleren und teilweise über den Arbeitsschutz hinausreichenden (Allgemeiner Gesundheits-, Verbraucher- und Umweltschutz) Zweck. Teilweise **verweist** das ArbSchG auch auf sonstige bzw. andere Rechtsvorschriften (Maßnahmen des Arbeitsschutzes in anderen Gesetzen, in Rechtsverordnungen und UVV; vgl. §§ 2 Abs. 4, 6 Abs. 1 Satz 2, 12 Abs. 2 Satz 3 ArbSchG). Die Aufgaben und Befugnisse der Träger der **gesetzlichen Unfallversicherung** richten sich, abgesehen von den Kooperationspflichten und -möglichkeiten, die das ArbSchG vorsieht (insbesondere § 21 Abs. 3, 4 ArbSchG), nach den Vorschriften des Sozialgesetzbuchs (vgl. *Kittner/Pieper,* Teil IV, SGB VII). Soweit die Unfallversicherungsträger im Rahmen ihres Präventionsauftrages (vgl. § 14 Abs. 1 SGB VII) tätig werden, nehmen sie ausschließlich ihre autonomen Befugnisse wahr.

98 Das ArbSchG hat vor dem Hintergrund dieser Abgrenzungen bzw. Verweisungen als »Grundgesetz des betrieblichen Arbeitsschutzes« einen direkten oder indirekten **Einfluß** auf das übrige Arbeitsschutzrecht. Beispielhaft soll im folgenden auf Auswirkungen auf das ASiG, auf spezielle Rechtsverordnungen nach §§ 18, 19 ArbSchG, auf die ArbStättV **und** auf die GefStoffV eingegangen werden. Ein beim BMA gebildeter Koordinierungskreis aus Vertretern der Länder, der Spitzenverbände der gesetzlichen Unfallversicherung, der Sozialpartner, der Industrie und des Handwerks haben sich vor diesem Hintergrund auf Thesen und Grundsätze zur Neuordnung des Arbeitsschutzrechts verständigt (BArbBl. 10/1999, 46 f.).

Im Überblick:

1. EG-Richtlinien zu Sicherheit und Gesundheitsschutz bei der Arbeit werden regelmäßig durch staatliches Recht umgesetzt.
2. Neue Vorschriften werden nur bei Regelungsdefiziten erlassen.
3. Im Vorschriften- und Regelwerk von Staat und Unfallversicherungs-

trägern werden Doppelregelungen zu gleichen Sachverhalten vermieden.
4. Konkretisierende Vorschriften und Regeln müssen eindeutig erkennen lassen, welche Rechtsvorschriften in welcher Form konkretisiert werden.
5. Der Grad der Konkretisierung muß einen ausreichenden Spielraum für Innovation und Flexibilität offen lassen.

Besonders deutlich wird der Einfluß des ArbSchG im Hinblick auf das **ASiG**. Das »Gesetz über Betriebsärzte, Sicherheitsingenieure und andere Fachkräfte für Arbeitssicherheit« (Arbeitssicherheitsgesetz – ASiG) vom 12. 12. 1973 (BGBl. I, 1885) dient dem Aufbau, der Verstetigung und der Verbesserung der **Organisation des betrieblichen Arbeitsschutzes**. Diese Arbeitsschutzorganisation soll den Arbeitgeber beim Arbeitsschutz und bei der Unfallverhütung i. S. von Sicherheit und Gesundheitsschutz bei der Arbeit unterstützen. ArbSchG und ASiG sind hinsichtlich ihrer Zielsetzungen fachlich eng miteinander **verknüpft** (vgl. im einzelnen *Kittner/Pieper,* Teil IV, ASiG Rn. 8 ff.). Anders als das ArbSchG ist das ASiG allerdings im Hinblick auf seine Präzisierung ausdrücklich **subsidiär** gegenüber den Aktivitäten der Träger der gesetzlichen Unfallversicherung ausgestaltet. Danach kann das *BMA* von seiner Ermächtigung zum Erlaß von **Rechtsverordnungen**, welche die Maßnahmen bestimmen, die der Arbeitgeber zur Erfüllung seiner Verpflichtungen nach dem ASiG zu treffen hat, erst dann Gebrauch machen, wenn die Träger der gesetzlichen Unfallversicherung innerhalb einer angemessenen Frist nicht entsprechende **UVV** erlassen oder ändern (vgl. § 14 Abs. 1 ASiG). Dementsprechend enthält das SGB VII die spiegelbildliche Ermächtigung für die Träger der gesetzlichen Unfallversicherung, UVV als autonomes Recht über »die Maßnahmen, die der Unternehmer zur Erfüllung der sich aus dem (ASiG) ergebenden Pflichten zu treffen hat« zu erlassen (vgl. § 15 Abs. 1 Nr. 6 SGB VII; vgl. *Kittner/Pieper,* Teil IV, SGB VII Rn. 10 ff.). Von dieser Ermächtigung haben die Unfallversicherungsträger weitgehend Gebrauch gemacht (zu den maßgeblichen UVV VBG 122/BGV A6 und 123/BGV A7 vgl. *Kittner/Pieper,* Anhang Nr. 9, 10, 11). Die Pflichten des ASiG richten sich, wie die des ArbSchG zur Durchführung von Maßnahmen des Arbeitsschutzes (vgl. a. a. O., Teil II, § 3 ArbSchG Rn. 1), an den **Arbeitgeber**. Die **Verantwortung** für die Durchführung des Arbeitsschutzes und der Unfallverhütung aufgrund des ASiG kann von diesem nicht auf Betriebsärzte oder Fachkräfte für Arbeitssicherheit übertragen werden. Sie sollen ihn im Rahmen ihrer Aufgaben nach §§ 3, 6 ASiG beim betrieblichen Arbeitsschutz beraten und unterstützen, nicht jedoch ersetzen (zur fachlich und rechtssystematisch abzulehnenden Pflichtenübertragung an Betriebsärzte oder Fachkräfte für Arbeitssicherheit nach § 13 Abs. 2 ArbSchG vgl. a. a. O., § 13 ArbSchG Rn. 6). Aufgrund der **Anforderungen** an einen präventiven Arbeitsschutz und damit an die betriebliche Arbeitsschutzorganisation sind Aktivitäten zur Weiterentwicklung des ASiG in den folgenden Bereichen zu beobachten: 99

- die Art und Weise der **Betreuung** aller Arbeitnehmer (insbesondere Einbeziehung der Kleinbetriebe; vgl. a. a. O., Teil IV, ASiG Rn. 41 ff.),
- die Verbesserung der **Aus- und Fortbildung**, insbesondere der Fachkräfte für Arbeitssicherheit (vgl. a. a. O., Rn. 9) und
- die **Qualitätssicherung** der Betreuung (vgl. a. a. O., Rn. 49, 101 ff.).

Dazu kommen neue betriebliche Organisations- und Leitungskonzepte und ein betriebliches Interesse an übergreifenden, mehrere Ziele verfolgende Instrumentarien – z. B. Qualität, Arbeitsschutz, Umweltschutz – bis hin zu Konzepten zur Integration des Arbeitsschutzes in systematisierte und formalisierte Führungssysteme, z. B. in Form von **Arbeitsschutzmanagementsystemen** (vgl. *Kittner/Pieper,* Teil II, § 3 ArbSchG Rn. 11).

Nachdem im ArbSchRGE noch eine Integration und Anpassung der Vorschriften des ASiG an das EG-Recht vorgesehen war (§§ 29 bis 40 ArbSchRGE), wurde diese im ArbSchG nicht wiederaufgenommen. Dies ist aus fachlicher Sicht kritisiert worden und nachzuholen. Notwendige **Anpassungen** des ASiG wurden statt dessen durch Art. 2 EASUG vorgenommen. Diese Anpassungen beziehen sich insbesondere auf die Aufgaben der Betriebsärzte und der Fachkräfte für Arbeitssicherheit, die entsprechenden Verpflichtungen des Arbeitgebers bei ihrer Bestellung sowie auf die Formen und Institutionen der Kooperation im Rahmen der betrieblichen Arbeitsschutzorganisation (vgl. *Kittner/Pieper,* Teil IV, ASiG Rn. 109 ff.). Mit dem ArbSchG werden außerdem wichtige fachliche Impulse für die weitere Realisierung der sicherheitstechnischen und betriebsärztlichen Betreuung aller Arbeitnehmer, für die Qualitätssicherung dieser Betreuung und für die Anpassung der Aus- und Fortbildung an die neuen Anforderungen (vgl. a. a. O., Rn. 93 ff.) gegeben.

100 Die **Ermächtigungen** in §§ 18, 19 ArbSchG zum Erlaß von staatlichen Rechtsverordnungen ermöglichen es, weitere spezielle, staatliche Arbeitsschutzregelungen vorzusehen.

Mit der »Verordnung zur Umsetzung von EG-Einzelrichtlinien zur EG-Rahmenrichtlinie Arbeitsschutz« v. 4. 12. 1996 (BGBl. I, 1841) sind in diesem Sinne auf den Gebieten der **Benutzung von PSA**, der **manuellen Handhabung von Lasten**, die für die Beschäftigten insbesondere eine Gefährdung der Lendenwirbelsäule mit sich bringt, sowie der **Bildschirmarbeit** bereits Rechtsverordnungen nach § 19 ArbSchG erlassen worden (PSA-BV; LasthandhabV, BildscharbV, Art. 1 bis 3; zur Änderung der ArbStättV durch Art. 4 vgl. Rn. 107) vgl. § 19 ArbSchG Rn. 5). Dadurch werden drei EG-Einzelrichtlinien gem. Art. 118 a EGV in das bundesdeutsche Arbeitsschutzrecht umgesetzt. Dazu kommen die:

- Verordnung über Sicherheit und Gesundheitsschutz bei der Benutzung von Arbeitsmitteln (Arbeitsmittelbenutzungsverordnung – AMBV) vom 11. 3. 1997 (vgl. Rn. 101),

- Verordnung über Sicherheit und Gesundheitsschutz auf Baustellen (Baustellenverordnung – BaustellV) vom 10. 6. 1998 (vgl. Rn. 102),
- Verordnung über Sicherheit und Gesundheitsschutz bei Tätigkeiten mit biologischen Arbeitsstoffen (Biostoffverordnung-BioStoffV) vom 27. 1. 1999 (vgl. Rn. 104).

Ziel der AMBV vom 11. 3. 1997 (BGBl. I, 450) ist die Sicherung und **101** Verbesserung von Sicherheit und Gesundheitsschutz der Beschäftigten durch Maßnahmen des Arbeitsschutzes bei der Arbeit im Hinblick auf die Benutzung von Arbeitsmitteln. Die allgemeinen Pflichten des Arbeitgebers und die Pflichten und Rechte der Beschäftigten nach dem ArbSchG sind entsprechend dieser Zielsetzung in bezug auf die Benutzung von Arbeitsmitteln bei der Arbeit umzusetzen (vgl. § 3 AMBV). Der Arbeitgeber soll angehalten werden, bei der Beschaffung von Arbeitsmitteln nicht ausschließlich wirtschaftliche Gesichtspunkte zu berücksichtigen, sondern auch auf sicherheitstechnische und ergonomische Aspekte zu achten. Die AMBV legt in § 4 Abs. 1 **allgemeine Anforderungen** an die Bereitstellung von Arbeitsmitteln fest, die sich insbesondere aus Verordnungen zum GSG i. V. mit einschlägigen EG-Richtlinien oder, wenn diese keine Anwendung finden, dem Anhang der AMBV ergeben (vgl. *Kittner/Pieper,* Teil III, § 4 AMBV Rn. 5 ff.). Im Hinblick auf die Zielsetzungen der AMBV i. V. mit denen des ArbSchG ist dies jedoch nicht ausreichend (vgl. RegE-AMBV, 12), da die dort festgelegten Beschaffenheitsanforderungen nicht die jeweils spezifischen Bedingungen der Benutzung der Arbeitsmittel bei der Arbeit abdecken. Über diese Regelungen hinaus muß der Arbeitgeber gem. § 3 AMBV daher mit Maßnahmen des Arbeitsschutzes i.S. von § 2 Abs. 1 ArbSchG dafür Sorge tragen, daß bei der Benutzung von Arbeitsmittel bei der Arbeit im Kontext mit den **konkreten betrieblichen Arbeitsbedingungen** die Sicherheit und der Gesundheitsschutz der Beschäftigten gewährleistet sind. Auch für die Bereitstellung und Benutzung von Arbeitsmitteln sowie im Hinblick auf die zu ergreifenden Maßnahmen des Arbeitsschutzes bedarf es der **Beurteilung der Arbeitsbedingungen** (Gefährdungsbeurteilung) nach § 5 ArbSchG. Sie kann insbesondere auf der Basis von Betriebsanleitungen der Hersteller, der Beurteilung der konkreten Einsatz- und Arbeitsbedingungen sowie vorhandener Erfahrungswerte bei der Benutzung von Arbeitsmitteln vorgenommen werden. Dabei sind die entsprechenden für die Beschäftigten mit der Arbeit verbundenen Gefährdungen zu ermitteln, die sich insbesondere aus Gestaltung, Auswahl und Einsatz der Arbeitsmittel sowie aus dem Umgang mit ihnen ergeben können (vgl. § 5 Abs. 2 Nr. 3 ArbSchG; *Kittner/Pieper,* Teil II, § 5 ArbSchG Rn. 13). Darüber hinaus können sich Gefährdungen aus der Gestaltung des Arbeitsprozesses (vgl. § 5 Abs. 2 Nr. 4 ArbSchG) sowie einer unzureichenden Qualifikation und Unterweisung der Beschäftigten ergeben (§ 5 Abs. 2 Nr. 5 ArbSchG Nr. 5; vgl. § 6 AMBV). Bei der Gefährdungsbeurteilung nach § 5 ArbSchG im Hinblick auf die Benutzung von Arbeitsmitteln hat der Arbeitgeber die **Gefährdungen** zu berücksichtigen, **die**

mit der Benutzung des Arbeitsmittels selbst verbunden sind und die am Arbeitsplatz durch **Wechselwirkungen** der Arbeitsmittel untereinander oder mit Arbeitsstoffen oder der Arbeitsumgebung hervorgerufen werden (vgl. § 3 AMBV Satz 3; vgl. RegE-AMBV, 13; näheres vgl. *Kittner/Pieper,* Teil III, § 3 AMBV Rn. 6). Auf Basis dieser Gefährdungsbeurteilung hat der Arbeitgeber die **erforderlichen Maßnahmen des Arbeitsschutzes** i.S. von § 2 Abs. 1 ArbSchG zu treffen. Dazu gehören auch die **sonstigen Schutzmaßnahmen** nach § 5 AMBV sowie die **Unterweisung** nach § 6 AMBV.

102 Die BaustellV vom 10. 6. 1998 (BGBl. I, 1283) hat das **Ziel**, durch besondere Maßnahmen zu einer **wesentlichen Verbesserung** von Sicherheit und Gesundheitsschutz der Beschäftigten auf der Baustelle beizutragen (vgl. RegE-BaustellV, 7; § 1 Abs. 1 BaustellV). Beschäftigte im Baubereich sind im Vergleich zu anderen Wirtschaftszweigen einem besonders hohen **Unfall- und Gesundheitsrisiko** ausgesetzt. In der Bundesrepublik Deutschland lag die Unfallquote (Unfälle pro 1 000 Vollbeschäftigte) sowohl bei den gemeldeten als auch den besonders schweren Arbeitsunfällen im Bausektor vor Inkrafttreten der BaustellV bislang mehr als doppelt so hoch wie im Durchschnitt der gewerblichen Wirtschaft (vgl. RegE-BaustellV, 7). Ca. 1/4 aller meldepflichtigen Unfälle in der gewerblichen Wirtschaft und 30 % der neuen Unfallrenten sowie 1/3 aller Todesunfälle ereigneten sich auf Baustellen bzw. bei Bauarbeiten. **Besondere Gefahren** auf Baustellen ergeben sich insbesondere daraus, daß Arbeiten auf der Baustelle von Beschäftigten verschiedener Arbeitgeber gleichzeitig oder nacheinander ausgeführt werden, was die Abstimmung der Arbeitgeber für die zu treffenden Schutzmaßnahmen erheblich erschwert (a. a. O., 7 f.; vgl. 8. Erwägungsgrund EG-Baustellenrichtlinie). Hinzu kommen äußere, wie z. B. Witterungsverhältnisse, der auf Baustellen zu beobachtende Termindruck und Sprachenprobleme (RegE-BaustellV, 8). Besondere Sicherheitsrisiken ergeben sich auch aus der Vielzahl der am Bau Beteiligten und auf der Baustelle Tätigen (Bauherr, Entwurfsverfasser, Bauleiter, Bauunternehmer, Selbständige, Beschäftigte; vgl. a. a. O.; vgl. 11. Erwägungsgrund EG-Baustellenrichtlinie). Weiterhin haben in mehr als der Hälfte der Arbeitsunfälle auf Baustellen in der EG ungeeignete bauliche oder organisatorische Entscheidungen oder eine schlechte Planung der Arbeiten bei der Vorbereitung des Bauprojekts eine Rolle gespielt (6. Erwägungsgrund EG-Baustellenrichtlinie). Bei den **Arbeitsunfällen** spielen insbesondere die **Absturzunfälle** eine wesentliche Rolle. So ergab sich für diesen Bereich bei Kontrollen von 14 194 Baustellen im Freistaat Sachsen durch die Gewerbeaufsicht im Jahre 1998 eine Mängelrate von 55,9 %). Hinsichtlich der **arbeitsbedingten Erkrankungen** ist insbesondere auf die branchenmäßig bedingten, besonderen Belastungen durch **manuelles Heben und Tragen von Lasten** hinzuweisen, auch auf die Gefährdungen durch den **Umgang mit Gefahrstoffen** auf Baustellen bzw. bei Bauarbeiten. Danach werden im Bereich der Bauwirtschaft ca. 150 Gefahrstoffe eingesetzt. Die

Realisierung technischer Arbeitsschutzmaßnahmen, wie sie die GefStoffV vorschreibt, ist aufgrund der ständig wechselnden (instationären) Arbeitsplätze und Arbeitsbedingungen auf Baustellen mit Schwierigkeiten verbunden. Ein großer Teil der **materiell-rechtlichen Mindestanforderungen** der EG-Baustellenrichtlinie (insbesondere Anhang IV »Mindestvorschriften für Sicherheit und Gesundheitsschutz auf Baustellen«) entspricht den in der Bundesrepublik Deutschland schon **bestehenden Bestimmungen**, z. B. in der ArbStättV (vgl. *Kittner/Pieper,* Teil III, ArbStättV Rn. 91), in Unfallverhütungsvorschriften (insbesondere UVV »Baustellen« VBG 37/BGV C 22) und in den Bauordnungen der Länder. Diese Bestimmungen bleiben unverändert bestehen (vgl. RegE-BaustellV, 8). Durch die BaustellV werden nur noch jene Bestimmungen der EG-Baustellenrichtlinie umgesetzt, die bislang nicht im staatlichen Arbeitsschutzrecht geregelt waren, insbesondere:

- Bestellung eines **Koordinators**, wenn mehrere Arbeitgeber auf der Baustelle tätig werden (§§ 3, 4 BaustellV),
- Erarbeitung eines **Sicherheits- und Gesundheitsschutzplans** bei größeren Baustellen und bei besonders gefährlichen Arbeiten (z. B. Tunnelbau; § 2 Abs. 3 BaustellV) sowie
- **Ankündigung** des Vorhabens bei der Behörde bei größeren Baustellen (§ 2 Abs. 2 BaustellV; nicht bei Einfamilienhäusern; vgl. RegE-BaustellV, 8).

Hervorzuheben ist, daß durch diese Regelungen und die weiteren Regelungen der BaustellV alle an der Vorbereitung und Ausführung der Bauarbeiten Beteiligten je nach Verantwortlichkeit und Aufgabe in die Planung und Durchführung von Maßnahmen des Arbeitsschutzes einbezogen werden.

Ziel der BildscharbV vom 4. 12. 1996 (BGBl. I, 1843) ist die Sicherung **103**
und Verbesserung von Sicherheit und Gesundheitsschutz der Beschäftigten durch Maßnahmen des Arbeitsschutzes bei der Arbeit im Hinblick auf die Arbeit an Bildschirmgeräten. Die **allgemeinen Pflichten** des Arbeitgebers nach dem ArbSchG sind entsprechend dieser Zielsetzung in bezug auf die Arbeit an Bildschirmgeräten umzusetzen (vgl. im einzelnen *Kittner/Pieper,* Teil III, §§ 3, 4 BildscharbV). Die BildscharbV stellt einen **Rahmen** dar, der Spielräume für an die Situation der Betriebe angepaßte Arbeitsschutzmaßnahmen läßt (vgl. RegE-ArtV, 26). Ausgangspunkt für die Durchführung von Arbeitsschutzmaßnahmen i. S. der BildscharbV sind die potentiellen **Belastungen**, die durch Arbeitsaufgabe und Arbeitsorganisation an Bildschirmarbeitsplätzen bedingt sein können (zu den besonderen Bedingungen bei sog. **Call-Centern** sowie zur **Telearbeit** vgl. *Kittner/Pieper,* Teil III, § 1 BildscharbV Rn. 29). Insbesondere geht es um z. B. unzureichende ergonomische Gestaltung der Bildschirmarbeit, Zeitdruck, das Fehlen von Mischarbeit bzw. Erholungspausen sowie unzureichende arbeitsmedizinische Vorsorge. Belastungen durch Bildschirmarbeit, gesteigert durch ihre Kombination, können zu entsprechen-

den **Beanspruchungen** führen, die die Sicherheit und die Gesundheit der Beschäftigten gefährden. Zu spezifischen Beanspruchungen und Beanspruchungsfolgen am Bildschirmarbeitsplatz gehören u. a. Beanspruchungen der Augen und des Sehvermögens, Kopfschmerzen, Schmerzen und Verspannungen des Stütz- und Bewegungsapparats durch Streß- und Zwangshaltungen, ferner Schmerzen und Verschleiß in Muskeln, Sehnen sowie Gelenken der Unterarme, Händen und Handgelenken und auch psychische Beanspruchungen (vgl. *Kittner/Pieper,* Teil III, § 3 BildscharbV Rn. 7). Die BildscharbV sieht hinsichtlich der sich aus diesen Belastungen und Beanspruchungen ergebenden potentiellen Gefährdungen für die Sicherheit und die Gesundheit vor, daß der **Arbeitgeber** zunächst die für Bildschirmarbeit spezifischen Sicherheits- und Gesundheitsbedingungen **ermitteln und beurteilen** muß (vgl. § 3 BildscharbV). Der Arbeitgeber muß auf der Grundlage dieser Beurteilung die geeigneten **Maßnahmen** treffen, damit die Bildschirmarbeitsplätze die Anforderungen des Anhangs zur BildscharbV erfüllen, der ergonomische Anforderungen an die Gestaltung der Arbeitsmittel, der Arbeitsumgebung und der Mensch-Maschine-Schnittstelle enthält (vgl. § 4 BildscharbV). Der Arbeitgeber hat die Tätigkeit der Beschäftigten so zu **organisieren**, daß die tägliche Arbeit an Bildschirmgeräten regelmäßig durch Pausen oder durch andere Tätigkeiten unterbrochen wird, die die Belastung durch die Bildschirmarbeit verringern (vgl. § 5 BildscharbV). Eine fachkundliche, ggfs. ärztliche **Untersuchung** der Augen und des Sehvermögens muß den Beschäftigten angeboten werden (vgl. § 6 BildscharbV). Es bleibt deren freier Entscheidung überlassen, ob sie dieses Angebot annehmen (vgl. RegE-ArtV, a. a. O.).

104 Allgemeines **Ziel** der BioStoffV vom 27. 1. 1999 (BGBl. I, 57) ist die Sicherung und Verbesserung von Sicherheit und Gesundheitsschutz der Beschäftigten durch Maßnahmen des Arbeitsschutzes bei der Arbeit im Hinblick auf die Tätigkeiten mit biologischen Arbeitsstoffen (vgl. § 1 Satz 2 BioStoffV). In der Bundesrepublik Deutschland üben nach Erhebungen der BAuA ca. **5 Millionen Beschäftigte** Tätigkeiten mit biologischen Arbeitsstoffen aus und zwar mit steigender Tendenz (Stand: 1998). Diese Tätigkeiten erfolgen, z. T. historisch schon weit zurückreichend, in einer **Vielzahl von Branchen** und an entsprechend vielen Arbeitsplätzen (z. B. Landwirtschaft, Forstwirtschaft, Nahrungsmittelindustrie, Gesundheitswesen, Entsorgungswirtschaft, Abwasseraufbereitung). Die Relevanz für eine Verbesserung des Arbeitsschutzes in diesem Bereich ergibt sich also gerade nicht nur in Bereichen der bio- bzw. gentechnologischen Forschung, die zwar ein besonderes öffentliches Interesse genießt, aber quantitativ, d. h. in bezug auf die Anzahl der Beschäftigten, eher einen geringen Anteil ausmacht. Das Bewußtsein für die Notwendigkeit eines arbeitsschutzpolitischen und -rechtlichen Handelns ist allerdings durch die Auswirkungen des aus der Forschung resultierenden **Innovationspotentials** für die wirtschaftliche Verwertung von Biotechnologie erst entstanden. Der Einsatz von Biotechnologien wird zunehmend auch als **Chance** für den Arbeitsschutz sowie für den Umweltschutz gesehen. Die BioStoffV sieht vor, daß der **Arbeitgeber** zunächst, nach einer Einstufung der biologischen Arbeitsstoffe in definierte Risikogruppen (vgl. §§ 3, 4 BioStoffV), die für gezielte bzw. ungezielte Tätigkeiten mit diesen Stoffen spezifischen Sicherheits- und Gesundheitsbedingungen und daraus resultierende Gefährdungen **ermitteln und beurteilen** muß (vgl. §§ 5 bis 8 BioStoffV). Der Arbeitgeber muß auf der Grundlage dieser Beurteilung die geeigneten **Arbeitsschutzmaßnahmen** treffen (§ 10, Anhang II und III sowie alle weiteren Maßnahmen nach §§ 11 bis 16 BioStoffV). Technische **Regeln** für biologische Arbeitsstoffe (TRBA), die die Regelungen der BioStoffV konkretisieren und den Arbeitgeber sowie die anderen betrieblichen Arbeitsschutzakteure bei der Umsetzung der BioStoffV unterstützen sollen, werden vom Ausschuß für biologische Arbeitsstoffe (ABAS) entwickelt (vgl. § 17 BioStoffV). Für **Tätigkeiten mit gentechnisch veränderten biologischen Arbeitsstoffen** bestehen neben der BioStoffV sonstige Rechtsvorschriften durch das GenTG und insbesondere die GenTSV. Sofern diese gleichwertige oder strengere Regelungen enthalten, gilt die BioStoffV nicht für entsprechende Tätigkeiten (vgl. § 1 Satz 3 BioStoffV). Der **Umgang mit Gefahrstoffen** ist durch die GefStoffV geregelt; diese wurde durch Art. 2 ArtV-Bio entsprechend geändert.

Ziel der LasthandhabV vom 6. 12. 1996 (BGBl. I, 1842) ist die Sicherung **105**
und Verbesserung von Sicherheit und Gesundheitsschutz der Beschäftigten durch Maßnahmen des Arbeitsschutzes bei der Arbeit im Hinblick auf die manuelle Handhabung von Lasten, die die Sicherheit und die Gesundheit der Beschäftigten gefährden kann. Die allgemeinen Pflichten des Arbeitgebers und die Pflichten und Rechte der Beschäftigten nach dem ArbSchG sind entsprechend dieser Zielsetzung in bezug auf die manuelle Handhabung von Lasten bei der Arbeit. Etwa 20 % aller **Arbeitsunfälle** in der Bundesrepublik Deutschland mit entsprechenden Folgelasten für die Betriebe und Unfallversicherungsträger ereigneten sich vor Inkrafttreten der LasthandhabV bei manuellen Transportarbeiten (vgl. RegE-ArtV, 20). Darüber hinaus zählen Muskel- und Skeletterkrankungen zu den häufigsten Einschränkungen der Leistungsfähigkeit der Beschäftigten in allen Wirtschaftsbereichen (jährlich etwa 160 Millionen **Arbeitsunfähigkeitstage** mit rund 23 Milliarden DM gesamtwirtschaftlicher Ausfälle; vgl. a. a. O.). Bei der Lastenhandhabung handelt es sich um einen Bereich, in dem durch wenig Nachdenken und einfachste Maßnahmen erhebliche gesundheitliche Effekte und nennenswerte **Kosteneinsparungen** für die Betriebe und das Sozialversicherungssystem erzielt werden können (a. a. O.). Die LasthandhabV enthält entsprechende Bestimmungen für die Durchführung von Arbeitsschutzmaßnahmen; herausgehoben wird die **Gefährdung der Lendenwirbelsäule**. Bestimmte Hebe- und Tragetätigkeiten können sich schädigend auf die **Wirbelsäule** auswirken. Grundsätzlich muß der Arbeitgeber zunächst, durch geeignete organisatorische Maßnahmen oder durch den Einsatz geeigneter Arbeitsmittel,

eine die Sicherheit und die Gesundheit der Beschäftigten gefährdende **manuelle Handhabung von Lasten vermeiden** (vgl. § 2 Abs. 1 LasthandhabV; RegE-ArtV, 21). Dabei ist der Anhang zugrundezulegen. Erst wenn manuelle Handhabungen von Lasten, die zu einer Gefährdung insbesondere der Lendenwirbelsäule der Beschäftigten führen, nicht vermieden werden können, greifen die **sekundären Schutzmaßnahmen** nach § 2 Abs. 2 LasthandhabV. Zur Ermittlung der sekundären Schutzmaßnahmen nach § 2 Abs. 2 sind die entsprechenden Gefährdungen in die **Beurteilung der Arbeitsbedingungen** nach § 5 ArbSchG einzubeziehen. Die Beurteilung erfolgt unter Zugrundelegung des Anhangs der LasthandhabV (vgl. RegArtV, 22; *Kittner/Pieper,* Teil III, Anhang LasthandhabV, Rn. 1 ff.); mindestens gehört zur Beurteilung die Körperhaltung bei der Lastenhandhabung, das Lastgewicht und die Dauer der Häufigkeit der manuellen Handhabung der Last. Dazu kommen die Schutzmaßnahmen im Hinblick auf die **Übertragung von Aufgaben** (§ 3 LasthandhabV) sowie zur **Unterweisung** (§ 4 LasthandhabV).

106 **Ziel** der PSA-BV vom 6. 12. 1996 (BGBl. I, 1841) ist die Sicherung und Verbesserung von Sicherheit und Gesundheitsschutz der Beschäftigten durch Maßnahmen des Arbeitsschutzes bei der Arbeit im Hinblick auf die Benutzung von persönlicher Schutzausrüstung (PSA). Die allgemeinen Pflichten des Arbeitgebers und die Pflichten und Rechte der Beschäftigten nach dem ArbSchG sind entsprechend dieser Zielsetzung in bezug auf die Benutzung von PSA bei der Arbeit umzusetzen (vgl. *Kittner/Pieper,* Teil III, § 2 PSA-BV Rn. 2 ff.). In diesem Kontext ist insbesondere auf die Verpflichtung des Arbeitgebers hinzuweisen, bei Maßnahmen des Arbeitsschutzes i. S. von § 2 Abs. 1 ArbSchG von der **Nachrangigkeit individueller Schutzmaßnahmen** gegenüber anderen Maßnahmen auszugehen (vgl. § 4 Nr. 5 ArbSchG). Dabei sind der Stand der Technik und sonstige gesicherte arbeitswissenschaftliche Erkenntnisse zu berücksichtigen (vgl. § 4 Nr. 3 ArbSchG; vgl. im einzelnen *Kittner/Pieper,* a. a. O., Rn. 7 ff.). Immer dann, wenn durch andere Maßnahmen des Arbeitsschutzes kein ausreichender Schutz der Beschäftigten sichergestellt ist, haben die Arbeitgeber – ob in einem Stahlwerk, auf einer Baustelle oder in einem Krankenhaus – geeignete PSA bereitzustellen. Die in der PSA-BV geregelten Arbeitgeberpflichten bilden die notwendige Ergänzung des sog. vorgreifenden (produktbezogenen) Arbeitsschutzes bei PSA. Die bloße Bereitstellung von PSA, die den **grundlegenden Anforderungen** an Sicherheit und Gesundheit entsprechen, die für ihr Inverkehrbringen gefordert werden (vgl. § 2 Abs. 1 Nr. 1 PSA-BV), ist aus der Sicht des betrieblichen Arbeitsschutz nicht ausreichend: Der Arbeitgeber muß zusätzlich bei Auswahl, Erwerb und Einsatz der PSA die spezifischen **betrieblichen Verhältnisse** berücksichtigen. Daß dies hinreichend geschieht, ist Hauptzweck der Verordnung (vgl. hierzu im einzelnen a. a. O., Rn. 1). Grundlage für die Durchführung von Maßnahmen des Arbeitsschutzes ist auch hierbei die **Beurteilung der Arbeitsbedingungen** gem.

§ 5 ArbSchG. Zu diesen Maßnahmen gehört auch die **Unterweisung** gem. § 3 PSA-BV.

Der Einfluß des ArbSchG auf die **ArbStättV** wird durch Art. 4 der in Rn. 100 genannten Artikel-Verordnung deutlich. In Umsetzung der entsprechenden EG-Einzelrichtlinie (89/654/EWG) wird der **Anwendungsbereich**, der sich bislang i.W. auf Arbeitsstätten im Rahmen eines Gewerbebetriebs nach §§ 120a bis 120c sowie 139g GewO i.V. mit § 62 HGB beschränkte, auf alle Arbeitsstätten ausgedehnt, in denen das ArbSchG Anwendung findet (§ 1 Abs. 1 ArbStättV n.F.). Auch der umfassende **Beschäftigtenbegriff** des ArbSchG wird auf die ArbStättV übertragen: »Arbeitnehmer i.S. dieser Verordnung sind Beschäftigte i.S. des § 2 Abs 2 ArbSchG« (§ 2 Abs. 4 Satz 1 ArbStättV n.F.). Die sachlichen Vorschriften der ArbStättV werden nicht tangiert, da die Bestimmungen der EG-Richtlinie 89/654 EWG nicht über sie hinausgehen. **Inhaltlich** wirkt das ArbSchG über die Regelung des § 3 ArbStättV ein. Danach hat der Arbeitgeber die Arbeitsstätte nach dieser Verordnung, den **sonst geltenden Arbeitsschutz- und Unfallverhütungsvorschriften** und nach den allgemein anerkannten sicherheitstechnischen, arbeitsmedizinischen und hygienischen Regeln sowie den sonstigen gesicherten arbeitswissenschaftlichen Erkenntnissen zu betreiben (Abs. 1 Nr. 1). Hieraus ergeben sich insbesondere die folgenden Auswirkungen: **107**

- Der Arbeitgeber muß bei der Einrichtung und beim Betreiben von Arbeitsstätten die **allgemeinen Pflichten** nach dem ArbSchG beachten (§§ 3, 4 ArbSchG) und sie auf die sachlichen Bestimmungen der ArbStättV beziehen sowie eine entsprechende **Beurteilung** der mit der Arbeitsstätte verbundenen Arbeitsbedingungen gem. § 5 einschließlich ihrer **Dokumentation** nach § 6 durchführen.
- Die **Errichtung** der Arbeitsstätte wird, neben den sachlichen Regelungen der ArbStättV (§§ 43 bis 49) und der UVV »Bauarbeiten« (VBG 37/BGV C 22), von der EG-Baustellenrichtlinie (92/57/EWG; vgl. § 19 ArbSchG Rn. 5) beeinflußt, die noch in das bundesdeutsche Arbeitsschutzrecht umzusetzen ist und als Kernpunkte die Einbeziehung von Sicherheit und Gesundheit schon bei der Planung von Bauvorhaben sowie die Koordinierung von Sicherheit und Gesundheit in der Vorbereitungs- und der Ausführungsphase von Bauvorhaben vorsieht.
- Beim Betrieb und bei der Einrichtung der Arbeitsstätte sind ggf. die Bestimmungen des § 8 ArbSchG über das Tätigwerden von **Beschäftigten mehrerer Arbeitgeber** an einem Arbeitsplatz bzw. die Anwesenheit von **Fremdfirmenbeschäftigten** zu beachten.
- Die **Unterweisung** nach § 12 ArbSchG hat sich an den spezifischen Gefährdungen für Sicherheit und Gesundheit, die von der Arbeitsstätte ausgehen können, und an den entsprechenden Schutzmaßnahmen zu orientieren.

108 Vergleichbar mit der ArbStättV wird auch die **GefStoffV** von den allgemeinen Verpflichtungen aufgrund des ArbSchG beeinflußt. Nach § 17 GefStoffV trifft den Arbeitgeber, der mit Gefahrstoffen umgeht, eine allgemeine Schutzpflicht, nach der er die zum Schutz des menschlichen Lebens, der menschlichen Gesundheit und der Umwelt erforderlichen Maßnahmen nach den allgemeinen und besonderen Vorschriften des Fünften und Sechsten Abschnitts der GefStoffV einschließlich der dazugehörigen Anhänge und den für ihn geltenden **Arbeitsschutz-** und Unfallverhütungs**vorschriften** zu treffen hat. Im übrigen sind die allgemein anerkannten sicherheitstechnischen, arbeitsmedizinischen und hygienischen Regeln einschließlich der Regeln über Einstufung, Sicherheitsinformation und Arbeitsorganisation sowie die sonstigen gesicherten arbeitswissenschaftlichen Erkenntnisse zu beachten (§ 17 Abs. 1 GefStoffV). Hiervon ausgehend hat der entsprechende Arbeitgeber die allgemeinen Pflichten des ArbSchG in **Kombination** mit den speziellen Arbeitsschutzregelungen der GefStoffV zu erfüllen. Durch die zum 5. 5. 2001 anstehende Umsetzung der EG-Gefahrstoffrichtlinie 98/24/EG steht eine grundlegende Novellierung der Umgangsvorschriften GefStoffV an.

Gesetz über die Durchführung von Maßnahmen des Arbeitsschutzes und zur Verbesserung der Sicherheit und des Gesundheitsschutzes der Beschäftigten bei der Arbeit (Arbeitsschutzgesetz – ArbSchG)

vom 7. August 1996 (BGBl. I 1246),
zuletzt geändert durch Gesetz vom 19. Dezember 1998 (BGBl. I 3843)

Erster Abschnitt
Allgemeine Vorschriften

§ 1
[Zielsetzung und Anwendungsbereich]

(1) Dieses Gesetz dient dazu, Sicherheit und Gesundheitsschutz der Beschäftigten bei der Arbeit durch Maßnahmen des Arbeitsschutzes zu sichern und zu verbessern. Es gilt in allen Tätigkeitsbereichen.

(2) Dieses Gesetz gilt nicht für den Arbeitsschutz von Hausangestellten in privaten Haushalten. Es gilt nicht für den Arbeitsschutz von Beschäftigten auf Seeschiffen und in Betrieben, die dem Bundesberggesetz unterliegen, soweit dafür entsprechende Rechtsvorschriften bestehen.

(3) Pflichten, die die Arbeitgeber zur Gewährleistung von Sicherheit und Gesundheitsschutz der Beschäftigten bei der Arbeit nach sonstigen Rechtsvorschriften haben, bleiben unberührt. Satz 1 gilt entsprechend für Pflichten und Rechte der Beschäftigten. Unberührt bleiben Gesetze, die andere Personen als Arbeitgeber zu Maßnahmen des Arbeitsschutzes verpflichten.

(4) Bei öffentlich-rechtlichen Religionsgemeinschaften treten an die Stelle der Betriebs- oder Personalräte die Mitarbeitervertretungen entsprechend dem kirchlichen Recht.

§ 2
[Begriffsbestimmungen]

(1) Maßnahmen des Arbeitsschutzes im Sinne dieses Gesetzes sind Maßnahmen zur Verhütung von Unfällen bei der Arbeit und arbeitsbedingten Gesundheitsgefahren einschließlich Maßnahmen der menschengerechten Gestaltung der Arbeit.

(2) Beschäftigte im Sinne dieses Gesetzes sind:

1. Arbeitnehmerinnen und Arbeitnehmer,
2. die zu ihrer Berufsbildung Beschäftigten,
3. arbeitnehmerähnliche Personen im Sinne des § 5 Abs. 1 des Arbeitsgerichtsgesetzes, ausgenommen die in Heimarbeit Beschäftigten und die ihnen Gleichgestellten,
4. Beamtinnen und Beamte,
5. Richterinnen und Richter,
6. Soldatinnen und Soldaten,
7. die in Werkstätten für Behinderte Beschäftigten.

(3) Arbeitgeber im Sinne dieses Gesetzes sind natürliche und juristische Personen und rechtsfähige Personengesellschaften, die Personen nach Absatz 2 beschäftigen.

(4) Sonstige Rechtsvorschriften im Sinne dieses Gesetzes sind Regelungen über Maßnahmen des Arbeitsschutzes in anderen Gesetzen, in Rechtsverordnungen und Unfallverhütungsvorschriften.

(5) Als Betriebe im Sinne dieses Gesetzes gelten für den Bereich des öffentlichen Dienstes die Dienststellen. Dienststellen sind die einzelnen Behörden, Verwaltungsstellen und Betriebe der Verwaltungen des Bundes, der Länder, der Gemeinden und der sonstigen Körperschaften, Anstalten und Stiftungen des öffentlichen Rechts, die Gerichte des Bundes und der Länder sowie die entsprechenden Einrichtungen der Streitkräfte.

Zweiter Abschnitt
Pflichten des Arbeitgebers

§ 3
[Grundpflichten des Arbeitgebers]

(1) Der Arbeitgeber ist verpflichtet, die erforderlichen Maßnahmen des Arbeitsschutzes unter Berücksichtigung der Umstände zu treffen, die die Sicherheit und Gesundheit der Beschäftigten bei der Arbeit beeinflussen. Er hat die Maßnahmen auf ihre Wirksamkeit zu überprüfen und erforderlichenfalls sich ändernden Gegebenheiten anzu-

passen. Dabei hat er eine Verbesserung von Sicherheit und Gesundheitsschutz der Beschäftigten anzustreben.

(2) Zur Planung und Durchführung der Maßnahmen nach Absatz 1 hat der Arbeitgeber unter Berücksichtigung der Art der Tätigkeiten und der Zahl der Beschäftigten

1. für eine geeignete Organisation zu sorgen und die erforderlichen Mittel bereitzustellen sowie
2. Vorkehrungen zu treffen, daß die Maßnahmen erforderlichenfalls bei allen Tätigkeiten und eingebunden in die betrieblichen Führungsstrukturen beachtet werden und die Beschäftigten ihren Mitwirkungspflichten nachkommen können.

(3) Kosten für Maßnahmen nach diesem Gesetz darf der Arbeitgeber nicht den Beschäftigten auferlegen.

§ 4
[Allgemeine Grundsätze]

Der Arbeitgeber hat bei Maßnahmen des Arbeitsschutzes von folgenden allgemeinen Grundsätzen auszugehen:

1. Die Arbeit ist so zu gestalten, daß eine Gefährdung für Leben und Gesundheit möglichst vermieden und die verbleibende Gefährdung möglichst gering gehalten wird;
2. Gefahren sind an ihrer Quelle zu bekämpfen;
3. bei den Maßnahmen sind der Stand von Technik, Arbeitsmedizin und Hygiene sowie sonstige gesicherte arbeitswissenschaftliche Erkenntnisse zu berücksichtigen;
4. Maßnahmen sind mit dem Ziel zu planen, Technik, Arbeitsorganisation, sonstige Arbeitsbedingungen, soziale Beziehungen und Einfluß der Umwelt auf den Arbeitsplatz sachgerecht zu verknüpfen;
5. individuelle Schutzmaßnahmen sind nachrangig zu anderen Maßnahmen;
6. spezielle Gefahren für besonders schutzbedürftige Beschäftigtengruppen sind zu berücksichtigen;
7. den Beschäftigten sind geeignete Anweisungen zu erteilen;
8. mittelbar oder unmittelbar geschlechtsspezifisch wirkende Regelungen sind nur zulässig, wenn dies aus biologischen Gründen zwingend geboten ist.

§ 5
[Beurteilung der Arbeitsbedingungen]

(1) Der Arbeitgeber hat durch eine Beurteilung der für die Beschäftigten mit ihrer Arbeit verbundenen Gefährdung zu ermitteln, welche Maßnahmen des Arbeitsschutzes erforderlich sind.

(2) Der Arbeitgeber hat die Beurteilung je nach Art der Tätigkeiten vorzunehmen. Bei gleichartigen Arbeitsbedingungen ist die Beurteilung eines Arbeitsplatzes oder einer Tätigkeit ausreichend.

(3) Eine Gefährdung kann sich insbesondere ergeben durch

1. die Gestaltung und die Einrichtung der Arbeitsstätte und des Arbeitsplatzes,
2. physikalische, chemische und biologische Einwirkungen,
3. die Gestaltung, die Auswahl und den Einsatz von Arbeitsmitteln, insbesondere von Arbeitsstoffen, Maschinen, Geräten und Anlagen sowie den Umgang damit,
4. die Gestaltung von Arbeits- und Fertigungsverfahren, Arbeitsabläufen und Arbeitszeit und deren Zusammenwirken,
5. unzureichende Qualifikation und Unterweisung der Beschäftigten.

§ 6
[Dokumentation]

(1) Der Arbeitgeber muß über die je nach Art der Tätigkeiten und der Zahl der Beschäftigten erforderlichen Unterlagen verfügen, aus denen das Ergebnis der Gefährdungsbeurteilung, die von ihm festgelegten Maßnahmen des Arbeitsschutzes und das Ergebnis ihrer Überprüfung ersichtlich sind. Bei gleichartiger Gefährdungssituation ist es ausreichend, wenn die Unterlagen zusammengefaßte Angaben enthalten. Soweit in sonstigen Rechtsvorschriften nichts anderes bestimmt ist, gilt Satz 1 nicht für Arbeitgeber mit zehn oder weniger Beschäftigten; die zuständige Behörde kann, wenn besondere Gefährdungssituationen gegeben sind, anordnen, daß Unterlagen verfügbar sein müssen. Bei der Feststellung der Zahl der Beschäftigten nach Satz 3 sind Teilzeitbeschäftigte mit einer regelmäßigen wöchentlichen Arbeitszeit von nicht mehr als 20 Stunden mit 0,5 und nicht mehr als 30 Stunden mit 0,75 zu berücksichtigen.

(2) Unfälle in seinem Betrieb, bei denen ein Beschäftigter getötet oder so verletzt wird, daß er stirbt oder für mehr als drei Tage völlig oder teilweise arbeits- oder dienstunfähig wird, hat der Arbeitgeber zu erfassen.

§ 7
[Übertragung von Aufgaben]

Bei der Übertragung von Aufgaben auf Beschäftigte hat der Arbeitgeber je nach Art der Tätigkeiten zu berücksichtigen, ob die Beschäftigten befähigt sind, die für die Sicherheit und den Gesundheitsschutz bei der Aufgabenerfüllung zu beachtenden Bestimmungen und Maßnahmen einzuhalten.

§ 8
[Zusammenarbeit mehrerer Arbeitgeber]

(1) Werden Beschäftigte mehrerer Arbeitgeber an einem Arbeitsplatz tätig, sind die Arbeitgeber verpflichtet, bei der Durchführung der Sicherheits- und Gesundheitsschutzbestimmungen zusammenzuarbeiten. Soweit dies für die Sicherheit und den Gesundheitsschutz der Beschäftigten bei der Arbeit erforderlich ist, haben die Arbeitgeber je nach Art der Tätigkeiten insbesondere sich gegenseitig und ihre Beschäftigten über die mit den Arbeiten verbundenen Gefahren für Sicherheit und Gesundheit der Beschäftigten zu unterrichten und Maßnahmen zur Verhütung dieser Gefahren abzustimmen.

(2) Der Arbeitgeber muß sich je nach Art der Tätigkeit vergewissern, daß die Beschäftigten anderer Arbeitgeber, die in seinem Betrieb tätig werden, hinsichtlich der Gefahren für ihre Sicherheit und Gesundheit während ihrer Tätigkeit in seinem Betrieb angemessene Anweisungen erhalten haben.

§ 9
[Besondere Gefahren]

(1) Der Arbeitgeber hat Maßnahmen zu treffen, damit nur Beschäftigte Zugang zu besonders gefährlichen Arbeitsbereichen haben, die zuvor geeignete Anweisungen erhalten haben.

(2) Der Arbeitgeber hat Vorkehrungen zu treffen, daß alle Beschäftigten, die einer unmittelbaren erheblichen Gefahr ausgesetzt sind oder sein können, möglichst frühzeitig über diese Gefahr und die getroffenen oder zu treffenden Schutzmaßnahmen unterrichtet sind. Bei unmittelbarer erheblicher Gefahr für die eigene Sicherheit oder die Sicherheit anderer Personen müssen die Beschäftigten die geeigneten Maßnahmen zur Gefahrenabwehr und Schadensbegrenzung selbst treffen können, wenn der zuständige Vorgesetzte nicht erreichbar ist; dabei sind die Kenntnisse der Beschäftigten und die vorhandenen technischen Mittel zu berücksichtigen. Den Beschäftigten dürfen aus ihrem Handeln keine Nachteile entstehen, es sei denn, sie haben vorsätzlich oder grob fahrlässig ungeeignete Maßnahmen getroffen.

(3) Der Arbeitgeber hat Maßnahmen zu treffen, die es den Beschäftigten bei unmittelbarer erheblicher Gefahr ermöglichen, sich durch sofortiges Verlassen der Arbeitsplätze in Sicherheit zu bringen. Den Beschäftigten dürfen hierdurch keine Nachteile entstehen. Hält die unmittelbare erhebliche Gefahr an, darf der Arbeitgeber die Beschäftigten nur in besonders begründeten Ausnahmefällen auffordern, ihre Tätigkeit wieder aufzunehmen. Gesetzliche Pflichten der Beschäftigten zur Abwehr von Gefahren für die öffentliche Sicherheit sowie die §§ 7 und 11 des Soldatengesetzes bleiben unberührt.

§ 10
[Erste Hilfe und sonstige Notfallmaßnahmen]

(1) Der Arbeitgeber hat entsprechend der Art der Arbeitsstätte und der Tätigkeiten sowie der Zahl der Beschäftigten die Maßnahmen zu treffen, die zur Ersten Hilfe, Brandbekämpfung und Evakuierung der Beschäftigten erforderlich sind. Dabei hat er der Anwesenheit anderer Personen Rechnung zu tragen. Er hat auch dafür zu sorgen, daß im Notfall die erforderlichen Verbindungen zu außerbetrieblichen Stellen, insbesondere in den Bereichen der Ersten Hilfe, der medizinischen Notversorgung, der Bergung und der Brandbekämpfung eingerichtet sind.

(2) Der Arbeitgeber hat diejenigen Beschäftigten zu benennen, die Aufgaben der Ersten Hilfe, Brandbekämpfung und Evakuierung der Beschäftigten übernehmen. Anzahl, Ausbildung und Ausrüstung der nach Satz 1 benannten Beschäftigten müssen in einem angemessenen Verhältnis zur Zahl der Beschäftigten und zu den bestehenden besonderen Gefahren stehen. Vor der Benennung hat der Arbeitgeber den Betriebs- oder Personalrat zu hören. Weitergehende Beteiligungsrechte bleiben unberührt. Der Arbeitgeber kann die in Satz 1 genannten Aufgaben auch selbst wahrnehmen, wenn er über die nach Satz 2 erforderliche Ausbildung und Ausrüstung verfügt.

§ 11
[Arbeitsmedizinische Vorsorge]

Der Arbeitgeber hat den Beschäftigten auf ihren Wunsch unbeschadet der Pflichten aus anderen Rechtsvorschriften zu ermöglichen, sich je nach den Gefahren für ihre Sicherheit und Gesundheit bei der Arbeit regelmäßig arbeitsmedizinisch untersuchen zu lassen, es sei denn, auf Grund der Beurteilung der Arbeitsbedingungen und der getroffenen Schutzmaßnahmen ist nicht mit einem Gesundheitsschaden zu rechnen.

§ 12
[Unterweisung]

(1) Der Arbeitgeber hat die Beschäftigten über Sicherheit und Gesundheitsschutz bei der Arbeit während ihrer Arbeitszeit ausreichend und angemessen zu unterweisen. Die Unterweisung umfaßt Anweisungen und Erläuterungen, die eigens auf den Arbeitsplatz oder den Aufgabenbereich der Beschäftigten ausgerichtet sind. Die Unterweisung muß bei der Einstellung, bei Veränderungen im Aufgabenbereich, der Einführung neuer Arbeitsmittel oder einer neuen Technologie vor Aufnahme der Tätigkeit der Beschäftigten erfolgen. Die Unterweisung muß an die Gefährdungsentwicklung angepaßt sein und erforderlichenfalls regelmäßig wiederholt werden.

(2) Bei einer Arbeitnehmerüberlassung trifft die Pflicht zur Unterweisung nach Absatz 1 den Entleiher. Er hat die Unterweisung unter Berücksichtigung der Qualifikation und der Erfahrung der Personen, die ihm zur Arbeitsleistung überlassen werden, vorzunehmen. Die sonstigen Arbeitsschutzpflichten des Verleihers bleiben unberührt.

§ 13
[Verantwortliche Personen]

(1) Verantwortlich für die Erfüllung der sich aus diesem Abschnitt ergebenden Pflichten sind neben dem Arbeitgeber

1. sein gesetzlicher Vertreter,
2. das vertretungsberechtigte Organ einer juristischen Person,
3. der vertretungsberechtigte Gesellschafter einer Personenhandelsgesellschaft,
4. Personen, die mit der Leitung eines Unternehmens oder eines Betriebes beauftragt sind, im Rahmen der ihnen übertragenen Aufgaben und Befugnisse,
5. sonstige nach Absatz 2 oder nach einer auf Grund dieses Gesetzes erlassenen Rechtsverordnung oder nach einer Unfallverhütungsvorschrift beauftragte Personen im Rahmen ihrer Aufgaben und Befugnisse.

(2) Der Arbeitgeber kann zuverlässige und fachkundige Personen schriftlich damit beauftragen, ihm obliegende Aufgaben nach diesem Gesetz in eigener Verantwortung wahrzunehmen.

§ 14
[Unterrichtung und Anhörung der Beschäftigten des öffentlichen Dienstes]

(1) Die Beschäftigten des öffentlichen Dienstes sind vor Beginn der Beschäftigung und bei Veränderungen in ihren Arbeitsbereichen über Gefahren für Sicherheit und Gesundheit, denen sie bei der Arbeit ausgesetzt sein können, sowie über die Maßnahmen und Einrichtungen zur Verhütung dieser Gefahren und die nach § 10 Abs. 2 getroffenen Maßnahmen zu unterrichten.

(2) Soweit in Betrieben des öffentlichen Dienstes keine Vertretung der Beschäftigten besteht, hat der Arbeitgeber die Beschäftigten zu allen Maßnahmen zu hören, die Auswirkungen auf Sicherheit und Gesundheit der Beschäftigten haben können.

Dritter Abschnitt
Pflichten und Rechte der Beschäftigten

§ 15
[Pflichten der Beschäftigten]

(1) Die Beschäftigten sind verpflichtet, nach ihren Möglichkeiten sowie gemäß der Unterweisung und Weisung des Arbeitgebers für ihre Sicherheit und Gesundheit bei der Arbeit Sorge zu tragen. Entsprechend Satz 1 haben die Beschäftigten auch für die Sicherheit und Gesundheit der Personen zu sorgen, die von ihren Handlungen oder Unterlassungen bei der Arbeit betroffen sind.

(2) Im Rahmen des Absatzes 1 haben die Beschäftigten insbesondere Maschinen, Geräte, Werkzeuge, Arbeitsstoffe, Transportmittel und sonstige Arbeitsmittel sowie Schutzvorrichtungen und die ihnen zur Verfügung gestellte persönliche Schutzausrüstung bestimmungsgemäß zu verwenden.

§ 16
[Besondere Unterstützungspflichten]

(1) Die Beschäftigten haben dem Arbeitgeber oder dem zuständigen Vorgesetzten jede von ihnen festgestellte unmittelbare erhebliche Gefahr für die Sicherheit und Gesundheit sowie jeden an den Schutzsystemen festgestellten Defekt unverzüglich zu melden.

(2) Die Beschäftigten haben gemeinsam mit dem Betriebsarzt und der Fachkraft für Arbeitssicherheit den Arbeitgeber darin zu unterstützen, die Sicherheit und den Gesundheitsschutz der Beschäftigten bei der Arbeit zu gewährleisten und seine Pflichten entsprechend den behördlichen Auflagen zu erfüllen. Unbeschadet ihrer Pflicht nach Absatz 1 sollen die Beschäftigten von ihnen festgestellte Gefahren für Sicherheit und Gesundheit und Mängel an den Schutzsystemen auch der Fachkraft für Arbeitssicherheit, dem Betriebsarzt oder dem Sicherheitsbeauftragten nach § 22 des Siebten Buches Sozialgesetzbuch mitteilen.

§ 17
[Rechte der Beschäftigten]

(1) Die Beschäftigten sind berechtigt, dem Arbeitgeber Vorschläge zu allen Fragen der Sicherheit und des Gesundheitsschutzes bei der Arbeit zu machen. Für Beamtinnen und Beamte des Bundes ist § 171 des Bundesbeamtengesetzes anzuwenden. § 60 des Beamtenrechtsrahmengesetzes und entsprechendes Landesrecht bleiben unberührt.

(2) Sind Beschäftigte auf Grund konkreter Anhaltspunkte der Auffassung, daß die vom Arbeitgeber getroffenen Maßnahmen und bereitgestellten Mittel nicht ausreichen, um die Sicherheit und den Gesundheitsschutz bei der Arbeit zu gewährleisten, und hilft der Arbeitgeber darauf gerichteten Beschwerden von Beschäftigten nicht ab, können sich diese an die zuständige Behörde wenden. Hierdurch dürfen den Beschäftigten keine Nachteile entstehen. Die in Absatz 1 Satz 2 und 3 genannten Vorschriften sowie die Vorschriften der Wehrbeschwerdeordnung und des Gesetzes über den Wehrbeauftragten des Deutschen Bundestages bleiben unberührt.

Vierter Abschnitt
Verordnungsermächtigungen

§ 18
[Verordnungsermächtigungen]

(1) Die Bundesregierung wird ermächtigt, durch Rechtsverordnung mit Zustimmung des Bundesrates vorzuschreiben, welche Maßnahmen der Arbeitgeber und die sonstigen verantwortlichen Personen zu treffen haben und wie sich die Beschäftigten zu verhalten haben, um ihre jeweiligen Pflichten, die sich aus diesem Gesetz ergeben, zu erfüllen. In diesen Rechtsverordnungen kann auch bestimmt werden, daß bestimmte Vorschriften des Gesetzes zum Schutz anderer als in § 2 Abs. 2 genannter Personen anzuwenden sind.

(2) Durch Rechtsverordnungen nach Absatz 1 kann insbesondere bestimmt werden,

1. daß und wie zur Abwehr bestimmter Gefahren Dauer oder Lage der Beschäftigung oder die Zahl der Beschäftigten begrenzt werden muß,
2. daß der Einsatz bestimmter Arbeitsmittel oder -verfahren mit besonderen Gefahren für die Beschäftigten verboten ist oder der zuständigen Behörde angezeigt oder von ihr erlaubt sein muß oder besonders gefährdete Personen dabei nicht beschäftigt werden dürfen,
3. daß bestimmte, besonders gefährliche Betriebsanlagen einschließlich der Arbeits- und Fertigungsverfahren vor Inbetriebnahme, in regelmäßigen Abständen oder auf behördliche Anordnung fachkundig geprüft werden müssen,
4. daß Beschäftigte, bevor sie eine bestimmte gefährdende Tätigkeit aufnehmen oder fortsetzen oder nachdem sie sie beendet haben, arbeitsmedizinisch zu untersuchen sind und welche besonderen Pflichten der Arzt dabei zu beachten hat.

§ 19
[Rechtsakte der Europäische Gemeinschaften und zwischenstaatliche Vereinbarungen]

Rechtsverordnungen nach § 18 können auch erlassen werden, soweit dies zur Durchführung von Rechtsakten des Rates oder der Kommission der Europäischen Gemeinschaften oder von Beschlüssen internationaler Organisationen oder von zwischenstaatlichen Vereinbarungen, die Sachbereiche dieses Gesetzes betreffen, erforderlich ist, insbesondere um Arbeitsschutzpflichten für andere als in § 2 Abs. 3 genannte Personen zu regeln.

§ 20
[Regelungen für den öffentlichen Dienst]

(1) Für die Beamten der Länder, Gemeinden und sonstigen Körperschaften, Anstalten und Stiftungen des öffentlichen Rechts regelt das Landesrecht, ob und inwieweit die nach § 18 erlassenen Rechtsverordnungen gelten.

(2) Für bestimmte Tätigkeiten im öffentlichen Dienst des Bundes, insbesondere bei der Bundeswehr, der Polizei, den Zivil- und Katastrophenschutzdiensten, dem Zoll oder den Nachrichtendiensten, können das Bundeskanzleramt, das Bundesministerium des Innern, das Bundesministerium für Verkehr, das Bundesministerium der Verteidigung oder das Bundesministerium der Finanzen, soweit sie hierfür jeweils zuständig sind, durch Rechtsverordnung ohne Zustimmung des Bundesrates bestimmen, daß Vorschriften dieses Gesetzes ganz oder zum Teil nicht anzuwenden sind, soweit öffentliche Belange dies zwingend erfordern, insbesondere zur Aufrechterhaltung oder Wiederherstellung der öffentlichen Sicherheit. Rechtsverordnungen nach Satz 1 werden im Einvernehmen mit dem Bundesministerium für Arbeit und Sozialordnung und, soweit nicht das Bundesministerium des Innern selbst ermächtigt ist, im Einvernehmen mit diesem Ministerium erlassen. In den Rechtsverordnungen ist gleichzeitig festzulegen, wie die Sicherheit und der Gesundheitsschutz bei der Arbeit unter Berücksichtigung der Ziele dieses Gesetzes auf andere Weise gewährleistet werden. Für Tätigkeiten im öffentlichen Dienst der Länder, Gemeinden und sonstigen landesunmittelbaren Körperschaften, Anstalten und Stiftungen des öffentlichen Rechts können den Sätzen 1 und 3 entsprechende Regelungen durch Landesrecht getroffen werden.

Fünfter Abschnitt
Schlußvorschriften

§ 21
[Zuständige Behörden; Zusammenwirken mit den Trägern der gesetzlichen Unfallversicherung]

(1) Die Überwachung des Arbeitsschutzes nach diesem Gesetz ist staatliche Aufgabe. Die zuständigen Behörden haben die Einhaltung dieses Gesetzes und der auf Grund dieses Gesetzes erlassenen Rechtsverordnungen zu überwachen und die Arbeitgeber bei der Erfüllung ihrer Pflichten zu beraten.

(2) Die Aufgaben und Befugnisse der Träger der gesetzlichen Unfallversicherung richten sich, soweit nichts anderes bestimmt ist, nach den Vorschriften des Sozialgesetzbuchs. Soweit die Träger der gesetzlichen Unfallversicherung nach dem Sozialgesetzbuch im Rahmen ihres Präventionsauftrags auch Aufgaben zur Gewährleistung von Sicherheit und Gesundheitsschutz der Beschäftigten wahrnehmen, werden sie ausschließlich im Rahmen ihrer autonomen Befugnisse tätig.

(3) Die zuständigen Landesbehörden und die Träger der gesetzlichen Unfallversicherung wirken bei der Überwachung eng zusammen und fördern den Erfahrungsaustausch. Sie unterrichten sich gegenseitig über durchgeführte Betriebsbesichtigungen und deren wesentliche Ergebnisse.

(4) Die für den Arbeitsschutz zuständige oberste Landesbehörde kann mit Trägern der gesetzlichen Unfallversicherung vereinbaren, daß diese in näher zu bestimmenden Tätigkeitsbereichen die Einhaltung dieses Gesetzes, bestimmter Vorschriften dieses Gesetzes oder der auf Grund dieses Gesetzes erlassenen Rechtsverordnungen überwachen. In der Vereinbarung sind Art und Umfang der Überwachung sowie die Zusammenarbeit mit den staatlichen Arbeitsschutzbehörden festzulegen.

(5) Soweit nachfolgend nichts anderes bestimmt ist, ist zuständige Behörde für die Durchführung dieses Gesetzes und der auf dieses Gesetz gestützten Rechtsverordnungen in den Betrieben und Verwaltungen des Bundes die Zentralstelle für Arbeitsschutz beim Bundesministerium des Innern. Im Auftrag der Zentralstelle handelt, soweit nichts anderes bestimmt ist, die Bundesausführungsbehörde für Unfallversicherung, die insoweit der Aufsicht des Bundesministeriums des Innern unterliegt. Im öffentlichen Dienst im Geschäftsbereich des Bundesministeriums für Verkehr führen die Ausführungsbehörde für Unfallversicherung des Bundesministeriums für Verkehr und die Eisenbahn-Unfallkasse, soweit diese Träger der Unfallversicherung

ist, dieses Gesetz durch. Für Betriebe und Verwaltungen in den Geschäftsbereichen des Bundesministeriums der Verteidigung und des Auswärtigen Amtes hinsichtlich seiner Auslandsvertretungen und für die Nachrichtendienste des Bundes führen das jeweilige Bundesministerium oder das Bundeskanzleramt, soweit sie jeweils zuständig sind, oder die von ihnen jeweils bestimmte Stelle dieses Gesetz durch. Im Geschäftsbereich des Bundesministeriums für Post und Telekommunikation führt die Unfallkasse Post und Telekom dieses Gesetz durch. Die Sätze 1 bis 4 gelten auch für Betriebe und Verwaltungen, die zur Bundesverwaltung gehören, für die aber eine Berufsgenossenschaft Träger der Unfallversicherung ist. Die zuständigen Bundesministerien können mit den Berufsgenossenschaften für diese Betriebe und Verwaltungen vereinbaren, daß das Gesetz von den Berufsgenossenschaften durchgeführt wird; Aufwendungen werden nicht erstattet.

§ 22
[Befugnisse der zuständigen Behörden]

(1) Die zuständige Behörde kann vom Arbeitgeber oder von den verantwortlichen Personen die zur Durchführung ihrer Überwachungsaufgabe erforderlichen Auskünfte und die Überlassung von entsprechenden Unterlagen verlangen. Die auskunftspflichtige Person kann die Auskunft auf solche Fragen oder die Vorlage derjenigen Unterlagen verweigern, deren Beantwortung oder Vorlage sie selbst oder einen ihrer in § 383 Abs. 1 Nr. 1 bis 3 der Zivilprozeßordnung bezeichneten Angehörigen der Gefahr der Verfolgung wegen einer Straftat oder Ordnungswidrigkeit aussetzen würde. Die auskunftspflichtige Person ist darauf hinzuweisen.

(2) Die mit der Überwachung beauftragten Personen sind befugt, zu den Betriebs- und Arbeitszeiten Betriebsstätten, Geschäfts- und Betriebsräume zu betreten, zu besichtigen und zu prüfen sowie in die geschäftlichen Unterlagen der auskunftspflichtigen Person Einsicht zu nehmen, soweit dies zur Erfüllung ihrer Aufgaben erforderlich ist. Außerdem sind sie befugt, Betriebsanlagen, Arbeitsmittel und persönliche Schutzausrüstungen zu prüfen, Arbeitsverfahren und Arbeitsabläufe zu untersuchen, Messungen vorzunehmen und insbesondere arbeitsbedingte Gesundheitsgefahren festzustellen und zu untersuchen, auf welche Ursachen ein Arbeitsunfall, eine arbeitsbedingte Erkrankung oder ein Schadensfall zurückzuführen ist. Sie sind berechtigt, die Begleitung durch den Arbeitgeber oder eine von ihm beauftragte Person zu verlangen. Der Arbeitgeber oder die verantwortlichen Personen haben die mit der Überwachung beauftragten Personen bei der Wahrnehmung ihrer Befugnisse nach den Sätzen 1 und 2 zu unterstützen. Außerhalb der in Satz 1 genannten Zeiten, oder wenn die Arbeitsstätte sich in einer Wohnung befindet, dürfen die mit der Überwachung beauftragten Personen ohne Einverständ-

nis des Arbeitgebers die Maßnahmen nach den Sätzen 1 und 2 nur zur Verhütung dringender Gefahren für die öffentliche Sicherheit oder Ordnung treffen. Die auskunftspflichtige Person hat die Maßnahmen nach den Sätzen 1, 2 und 5 zu dulden. Die Sätze 1 und 5 gelten entsprechend, wenn nicht feststeht, ob in der Arbeitsstätte Personen beschäftigt werden, jedoch Tatsachen gegeben sind, die diese Annahme rechtfertigen. Das Grundrecht der Unverletzlichkeit der Wohnung (Artikel 13 des Grundgesetzes) wird insoweit eingeschränkt.

(3) Die zuständige Behörde kann im Einzelfall anordnen,

1. welche Maßnahmen der Arbeitgeber und die verantwortlichen Personen oder die Beschäftigten zur Erfüllung der Pflichten zu treffen haben, die sich aus diesem Gesetz und den auf Grund dieses Gesetzes erlassenen Rechtsverordnungen ergeben,
2. welche Maßnahmen der Arbeitgeber und die verantwortlichen Personen zur Abwendung einer besonderen Gefahr für Leben und Gesundheit der Beschäftigten zu treffen haben.

Die zuständige Behörde hat, wenn nicht Gefahr im Verzug ist, zur Ausführung der Anordnung eine angemessene Frist zu setzen. Wird eine Anordnung nach Satz 1 nicht innerhalb einer gesetzten Frist oder eine für sofort vollziehbar erklärte Anordnung nicht sofort ausgeführt, kann die zuständige Behörde die von der Anordnung betroffene Arbeit oder die Verwendung oder den Betrieb der von der Anordnung betroffenen Arbeitsmittel untersagen. Maßnahmen der zuständigen Behörde im Bereich des öffentlichen Dienstes, die den Dienstbetrieb wesentlich beeinträchtigen, sollen im Einvernehmen mit der obersten Bundes- oder Landesbehörde oder dem Hauptverwaltungsbeamten der Gemeinde getroffen werden.

§ 23
[Betriebliche Daten; Zusammenarbeit mit anderen Behörden; Jahresbericht]

(1) Der Arbeitgeber hat der zuständigen Behörde zu einem von ihr bestimmten Zeitpunkt Mitteilungen über

1. die Zahl der Beschäftigten und derer, an die er Heimarbeit vergibt, aufgegliedert nach Geschlecht, Alter und Staatsangehörigkeit,
2. den Namen oder die Bezeichnung und Anschrift des Betriebs, in dem er sie beschäftigt,
3. seinen Namen, seine Firma und seine Anschrift sowie
4. den Wirtschaftszweig, dem sein Betrieb angehört,

zu machen. Das Bundesministerium für Arbeit und Sozialordnung wird ermächtigt, durch Rechtsverordnung mit Zustimmung des Bundesrates zu bestimmen, daß die Stellen der Bundesverwaltung, denen der Arbeitgeber die in Satz 1 genannten Mitteilungen bereits auf

Grund einer Rechtsvorschrift mitgeteilt hat, diese Angaben an die für die Behörden nach Satz 1 zuständigen obersten Landesbehörden als Schreiben oder auf maschinell verwertbaren Datenträgern oder durch Datenübertragung weiterzuleiten haben. In der Rechtsverordnung können das Nähere über die Form der weiterzuleitenden Angaben sowie die Frist für die Weiterleitung bestimmt werden. Die weitergeleiteten Angaben dürfen nur zur Erfüllung der in der Zuständigkeit der Behörden nach § 21 Abs. 1 liegenden Arbeitsschutzaufgaben verwendet sowie in Datenverarbeitungssystemen gespeichert oder verarbeitet werden.

(2) Die mit der Überwachung beauftragten Personen dürfen die ihnen bei ihrer Überwachungstätigkeit zur Kenntnis gelangenden Geschäfts- und Betriebsgeheimnisse nur in den gesetzlich geregelten Fällen oder zur Verfolgung von Gesetzwidrigkeiten oder zur Erfüllung von gesetzlich geregelten Aufgaben zum Schutz der Versicherten dem Träger der gesetzlichen Unfallversicherung oder zum Schutz der Umwelt den dafür zuständigen Behörden offenbaren. Soweit es sich bei Geschäfts- und Betriebsgeheimnissen um Informationen über die Umwelt im Sinne des Umweltinformationsgesetzes handelt, richtet sich die Befugnis zu ihrer Offenbarung nach dem Umweltinformationsgesetz.

(3) Ergeben sich im Einzelfall für die zuständigen Behörden konkrete Anhaltspunkte für

1. eine Beschäftigung oder Tätigkeit von nichtdeutschen Arbeitnehmern ohne die erforderliche Erlaubnis nach § 284 Abs. 1 des Dritten Buches Sozialgesetzbuch,
2. Verstöße gegen die Mitwirkungspflicht nach § 60 Abs. 1 Nr. 2 des Ersten Buches Sozialgesetzbuch gegenüber einer Dienststelle der Bundesanstalt für Arbeit, einem Träger der gesetzlichen Kranken-, Pflege-, Unfall- oder Rentenversicherung oder einem Träger der Sozialhilfe oder gegen die Meldepflicht nach § 8a des Asylbewerberleistungsgesetzes,
3. Verstöße gegen das Gesetz zur Bekämpfung der Schwarzarbeit,
4. Verstöße gegen das Arbeitnehmerüberlassungsgesetz,
5. Verstöße gegen die Vorschriften des Vierten und Siebten Buches Sozialgesetzbuch über die Verpflichtung zur Zahlung von Sozialversicherungsbeiträgen,
6. Verstöße gegen das Ausländergesetz,
7. Verstöße gegen die Steuergesetze,

unterrichten sie die für die Verfolgung und Ahndung der Verstöße nach den Nummern 1 bis 7 zuständigen Behörden sowie die Behörden nach § 63 des Ausländergesetzes. In den Fällen des Satzes 1 arbeiten die zuständigen Behörden insbesondere mit den Arbeitsämtern, den Hauptzollämtern, den Rentenversicherungsträgern, den Krankenkassen als Einzugsstellen für die Sozialversicherungsbeiträge, den

Trägern der gesetzlichen Unfallversicherung, den nach Landesrecht für die Verfolgung und Ahndung von Verstößen gegen das Gesetz zur Bekämpfung der Schwarzarbeit zuständigen Behörden, den Trägern der Sozialhilfe, den in § 63 des Ausländergesetzes genannten Behörden und den Finanzbehörden zusammen.

(4) Die zuständigen obersten Landesbehörden haben über die Überwachungstätigkeit der ihnen unterstellten Behörden einen Jahresbericht zu veröffentlichen. Der Jahresbericht umfaßt auch Angaben zur Erfüllung von Unterrichtungspflichten aus internationalen Übereinkommen oder Rechtsakten der Europäischen Gemeinschaften, soweit sie den Arbeitsschutz betreffen.

§ 24
[Ermächtigung zum Erlaß von allgemeinen Verwaltungsvorschriften]

Das Bundesministerium für Arbeit und Sozialordnung kann mit Zustimmung des Bundesrates allgemeine Verwaltungsvorschriften erlassen

1. zur Durchführung dieses Gesetzes und der auf Grund dieses Gesetzes erlassenen Rechtsverordnungen, soweit die Bundesregierung zu ihrem Erlaß ermächtigt ist,
2. über die Gestaltung der Jahresberichte nach § 23 Abs. 4 und
3. über die Angaben, die die zuständigen obersten Landesbehörden dem Bundesministerium für Arbeit und Sozialordnung für den Unfallverhütungsbericht nach § 25 Abs. 2 des Siebten Buches Sozialgesetzbuch bis zu einem bestimmten Zeitpunkt mitzuteilen haben.

Verwaltungsvorschriften, die Bereiche des öffentlichen Dienstes einbeziehen, werden im Einvernehmen mit dem Bundesministerium des Innern erlassen.

§ 25
[Bußgeldvorschriften]

(1) Ordnungswidrig handelt, wer vorsätzlich oder fahrlässig

1. einer Rechtsverordnung nach § 18 Abs. 1 oder § 19 zuwiderhandelt, soweit sie für einen bestimmten Tatbestand auf diese Bußgeldvorschrift verweist, oder
2. a) als Arbeitgeber oder als verantwortliche Person einer vollziehbaren Anordnung nach § 22 Abs. 3 oder
   b) als Beschäftigter einer vollziehbaren Anordnung nach § 22 Abs. 3 Satz 1 Nr. 1

zuwiderhandelt.

(2) Die Ordnungswidrigkeit kann in den Fällen des Absatzes 1 Nr. 1 und 2 Buchstabe b mit einer Geldbuße bis zu zehntausend Deutsche Mark, in den Fällen des Absatzes 1 Nr. 2 Buchstabe a mit einer Geldbuße bis zu fünfzigtausend Deutsche Mark geahndet werden.

§ 26
[Strafvorschriften]

Mit Freiheitsstrafe bis zu einem Jahr oder mit Geldstrafe wird bestraft, wer

1. eine in § 25 Abs. 1 Nr. 2 Buchstabe a bezeichnete Handlung beharrlich wiederholt oder
2. durch eine in § 25 Abs. 1 Nr. 1 oder Nr. 2 Buchstabe a bezeichnete vorsätzliche Handlung Leben oder Gesundheit eines Beschäftigten gefährdet.

Kommentierung zum Arbeitsschutzgesetz

Erster Abschnitt Allgemeine Vorschriften

§ 1 [Zielsetzung und Anwendungsbereich]

(1) Dieses Gesetz dient dazu, Sicherheit und Gesundheitsschutz der Beschäftigten bei der Arbeit durch Maßnahmen des Arbeitsschutzes zu sichern und zu verbessern. Es gilt in allen Tätigkeitsbereichen.

(2) Dieses Gesetz gilt nicht für den Arbeitsschutz von Hausangestellten in privaten Haushalten. Es gilt nicht für den Arbeitsschutz von Beschäftigten auf Seeschiffen und in Betrieben, die dem Bundesberggesetz unterliegen, soweit dafür entsprechende Rechtsvorschriften bestehen.

(3) Pflichten, die die Arbeitgeber zur Gewährleistung von Sicherheit und Gesundheitsschutz der Beschäftigten bei der Arbeit nach sonstigen Rechtsvorschriften haben, bleiben unberührt. Satz 1 gilt entsprechend für Pflichten und Rechte der Beschäftigten. Unberührt bleiben Gesetze, die andere Personen als Arbeitgeber zu Maßnahmen des Arbeitsschutzes verpflichten.

(4) Bei öffentlich-rechtlichen Religionsgemeinschaften treten an die Stelle der Betriebs- oder Personalräte die Mitarbeitervertretungen entsprechend dem kirchlichen Recht.

Zielsetzung des ArbSchG ist die Sicherung und die Verbesserung der **1**
Sicherheit und des Gesundheitsschutzes der Beschäftigten bei der Arbeit durch Maßnahmen des Arbeitsschutzes. Mit dieser Regelung wird Art. 1 Abs. 1 Richtlinie 89/391/EWG umgesetzt. Aus ihr ergibt sich zugleich die **Zweckbestimmung** des ArbSchG: Arbeitsschutzmaßnahmen sollen dazu beitragen, den erreichten Arbeitsschutzstandard in den Betrieben zu sichern und Sicherheit und Gesundheitsschutz für die Beschäftigten zu verbessern. Damit wird der Arbeitsschutz eine **ständige Aufgabe aller Beteiligten** (RegE, S. 14; zu dem Begriff »Maßnahmen des Arbeitsschutzes« vgl § 2 Rn. 1 ff.).

Ergänzt wird die allgemeine Zielsetzung des ArbSchG durch die parallel **2** in das SGB VII eingefügte Erweiterung der **Aufgaben der Träger der gesetzlichen Unfallversicherung**. Sie sollen im Rahmen ihres Präventionsauftrages mit allen geeigneten Mitteln Arbeitsunfälle und Berufskrankheiten sowie arbeitsbedingte Gesundheitsgefahren verhüten (§§ 1, 14 Nr. 1 SGB VII; vgl. Einl. Rn. 44; § 21 Rn. 19; *Kittner/Pieper,* Teil IV, SGB VII; zum Zusammenwirken des staatlichen mit dem unfallversicherungsrechtlichen Arbeitsschutz vgl. § 21 Rn. 20 ff.; zum Begriff »arbeitsbedingte Gesundheitsgefahren« vgl. § 2 Rn. 5 ff.).

3 Aus der Zweckbestimmung in § 1 Abs. 1 Satz 1 können, wie z. B. auch bei der Zweckbestimmung in § 1 ArbZG, weder Arbeitgeber noch Beschäftigte eigenständige Rechte oder Pflichten für sich selbst oder die andere Seite herleiten. Die Zweckbestimmung enthält **kein materielles Recht**. Eine Bußgeldbewehrung fehlt. Die Zweckbestimmung hat jedoch zum einen Bedeutung bei der **Auslegung der Vorschriften** des ArbSchG und zum anderen für das **Ermessen der zuständigen Behörden** bei der **Ausübung ihrer Anordnungsbefugnis** (vgl. § 21 Abs. 2). Allerdings kann die zuständige Behörde aufgrund von § 1 allein keine Anordnung treffen.

4 Mit dem ArbSchG wird ein **umfassender Ansatz des Arbeitsschutzes** gesetzlich verankert. Es enthält Regelungen, die sich auf die Sicherheit und den Gesundheitsschutz der Beschäftigten (zum Begriff des Beschäftigten vgl. § 2 Rn. 11 ff.) i. S. einer **menschengerechten Gestaltung** bzw. Humanisierung der Arbeit beziehen (vgl. § 2 Rn. 8 ff.; Einl. Rn. 21). Ausgehend von diesem umfassenden Ansatz erhalten die in zahlreichen Einzelvorschriften des Arbeitsschutzrechts vorhandenen Bestimmungen zur menschengerechten Gestaltung der Arbeit einen einheitlichen, übergreifenden und allgemeinverbindlichen Rahmen.

5 Mit den Regelungen des ArbSchG sollen die erreichten Arbeitsschutzstandards in den Betrieben systematisch **gesichert** und kontinuierlich **verbessert** werden (vgl. RegE, S. 14). Das ist eine bedeutende qualitative Weiterentwicklung gegenüber der bisherigen Grundvorschrift des Arbeitsschutzes, der Regelung des § 120 a GewO, die durch die Umsetzung des EG-Rechts aufgehoben worden ist. § 120 a GewO zog die Grenze der öffentlich-rechtlichen Verpflichtung des Arbeitgebers zur Durchführung von Maßnahmen des Arbeitsschutzes an der »Natur des Betriebs«. Demgegenüber **dynamisiert** das ArbSchG diese Verpflichtung, d. h. der Arbeitgeber ist zur Gestaltung der betrieblichen Abläufe unter Berücksichtigung des Stands von Technik, Arbeitsmedizin und Arbeitshygiene sowie gesicherter arbeitswissenschaftlicher Erkenntnisse verpflichtet (§ 4 Rn. 7 ff.). Diese Regelung setzt Art. 1 Abs. 1 Richtlinie 89/391/EWG um. Die Regelung des § 1 wird durch die Grundpflichten des § 3 und die nachfolgenden Regelungen (insbesondere die in § 4 festgelegten allgemeinen Grundsätze) konkretisiert.

6 Es gilt der Grundsatz der **Transformation der öffentlich-rechtlichen Arbeitsschutznormen** in das private Arbeitsvertragsrecht. Deren Dynamisierung durch das ArbSchG erstreckt sich damit auch auf die privatrechtliche Gestaltung des Arbeitsverhältnisses, d.h. insbesondere die Auslegung der § 618 BGB und § 62 HGB. Dies betrifft nicht nur die öffentlich-rechtlichen Pflichten des Arbeitgebers, sondern auch die öffentlich-rechtlichen Pflichten der Arbeitnehmer, wie sie im ArbSchG festgelegt werden (§§ 15, 16).

Sicherheit i.S. des ArbSchG ist zu verstehen als Schutz vor technisch **7**
oder organisatorisch verursachten bzw. verhältnis- oder verhaltensbedingten Unfällen bei der Arbeit, d.h. vor arbeitsbedingten Verletzungen bis hin zur Tötung. Der Begriff der Sicherheit bezieht sich daher – für sich betrachtet – auf den »klassischen« Teil des technischen Arbeitsschutzrechts. »Sicherheit« deutet zugleich auf inhaltliche Schnittstellen zwischen dem im ArbSchG geregelten betriebsbezogenen Arbeitsschutzrecht und dem produktbezogenen Arbeitsschutzrecht hin, das in den Regelungsbereich des GSG sowie des ChemG bzw. der GefStoffV fällt.

Das Ziel des **Gesundheitsschutzes** wird überwiegend in der physischen **8**
und psychischen Integrität des Arbeitnehmers bzw. der Erhaltung solcher Integrität gegenüber Beeinträchtigungen durch medizinisch feststellbare Verletzungen oder Erkrankungen gesehen; es ergänzt das eher technisch orientierte Sicherheitsziel (Rn. 7). Der Gesundheitsbegriff des ArbSchG läßt sich insbesondere aus dem auf die Arbeitsbedingungen bezogenen **Gesundheitsbegriff der ILO** ableiten. Danach bedeutet Gesundheit »nicht nur das Freisein von Krankheit oder Gebrechen, sondern umfaßt auch die physischen und geistig-seelischen Faktoren, die sich auf die Gesundheit auswirken und die in unmittelbarem Zusammenhang mit der Sicherheit und der Gesundheit bei der Arbeit stehen« (Art. 3e ILO-Übereinkommen 155; Einl. Rn. 13). Das Übereinkommen ist in der Bundesrepublik Deutschland noch nicht ratifiziert worden (vgl. § 19 Rn. 7). In Verbindung mit der Einbeziehung der Verhütung arbeitsbedingter Gesundheitsgefahren und der menschengerechten Gestaltung der Arbeit gem. § 2 Abs. 1 (vgl. § 2 Rn. 5ff.) ist also von einem **weiten Gesundheitsbegriff des ArbSchG** auszugehen, der auch das psychische Wohlbefinden der Beschäftigten einschließt (vgl. *BVerwG* 31. 1. 1997, NZA 97, 483). Insofern kann nicht pauschal davon gesprochen werden, daß der Zweck des ArbSchG nicht die Erreichung einer Arbeitszufriedenheit oder des Wohlbefindens am Arbeitsplatz beinhaltet. Entscheidend ist vielmehr, ob z.B. das psychische Wohlbefinden durch die Gestaltung der Arbeitsverhältnisse und Bedingungen betroffen wird (vgl. BVerwG, a.a.O.). Wird davon ausgegangen, daß Arbeitszufriedenheit als ein wichtiger Indikator für die Qualität des Arbeitslebens gilt, so kann die menschengerechte Gestaltung der Arbeit, zu welcher der Arbeitgeber im Hinblick auf Maßnahmen des Arbeitsschutzes gem. § 2 Abs. 1 verpflichtet ist (vgl. § 2 Rn. 8ff.) auch hierzu Beiträge liefern und die Motivation der Beschäftigten bei der Arbeit erhöhen. Darüber hinaus kann längerfristige Arbeitsunzufriedenheit und Unwohlsein in Form von Streß, psychischer Ermüdung, Monotonie oder psychischer Sättigung zu psychischen Ge-

sundheitsgefährdungen und entsprechenden arbeitsbedingten Erkrankungen führen (vgl. § 2 Rn. 6f.). Ist dies der Fall, müssen die erforderlichen Arbeitsschutzmaßnahmen i. S. des ArbSchG getroffen werden. Die privatrechtlich verankerten positiven Handlungspflichten des Arbeitgebers, in die der öffentlich-rechtliche Gesundheitsbegriff des ArbSchG transformiert wird (vgl. Rn. 6), beziehen sich also nicht allein auf die »körperlichen Funktionen«, sondern umfassen auch die durch die Arbeitsbedingungen beeinflußbaren psychischen Befindlichkeiten, insbesondere psychosomatische Zustände (vgl. *BVerwG,* a.a.O.).

9 Zusammenhänge zwischen dem auf die Verbesserung der Arbeitsbedingungen abzielenden Gesundheitsschutz und dem **allgemeinen Gesundheitssystem** ergeben sich aus § 20 SGB V bzw. § 14 SGB VII. Diese Vorschriften regeln die **Zusammenarbeit zwischen den Krankenkassen und den Trägern der gesetzlichen Unfallversicherung** sowie deren **Aufgaben** auf dem Gebiet der Verhütung arbeitsbedingter Gesundheitsgefahren (z. B. in Form der betrieblichen Gesundheitsförderung; vgl. Einl. Rn. 54; zu weiteren Regelungen und Möglichkeiten der Kooperation im dualen Arbeitsschutzsystem vgl. § 21 Rn. 23ff.).

10 Die Kombination von Sicherheit und Gesundheitsschutz als Teilelemente des Arbeitsschutzes im ArbSchG führt zu einem **ganzheitlichen und integrierten Arbeitsschutzansatz**, der auf einen umfassenden Schutz des arbeitenden Menschen abzielt. Mit dem ArbSchG soll der innerbetriebliche Arbeitsschutz durch eine konsequent präventive Ausrichtung auf der Grundlage eines breiten Arbeitsschutzverständnisses, das auch Aspekte wie menschengerechte Gestaltung der Arbeit umfaßt, verbessert werden (RegE, S. 12).

11 **Leitbild** für den präventiven Arbeitsschutz i. S. des ArbSchG ist der Schutz (Art. 95 EGV) bzw. die Förderung (Art. 137 EGV) der **Arbeitsumwelt** (Einl. Rn. 16ff.). Dieser Begriff ersetzt jedoch nicht den des Arbeitsschutzes, sondern steht synonym für dessen ganzheitliche Ausrichtung sowie präventive und dynamische Orientierung. U. a. werden mit diesem Begriff inhaltliche Beziehungen zwischen dem betrieblichen Arbeitsschutz, dem betrieblichen Umweltschutz und der allgemeinen Gesundheitsförderung aufgezeigt. Dies kommt auch in der Regelung des § 10 ASiG zum Ausdruck, mit der das bisherige Zusammenarbeitsgebot von Betriebsärzten und Fachkräften für Arbeitssicherheit auf die anderen im Betrieb für Angelegenheiten der technischen Sicherheit, des Gesundheits- und des Umweltschutzes beauftragten Personen ausgedehnt wird (*Kittner/Pieper*, Teil IV, ASiG Rn. 113).

12 Im Rahmen des vom ArbSchG vorgegebenen ganzheitlichen und integrierten Verständnisses von Sicherheit und Gesundheitsschutz ist von einem neuen Verständnis der aktiven Rolle des Arbeitsschutzes im Rahmen des einzel- und gesamtwirtschaftlichen **Wertschöpfungsprozesses** (vgl. Einl. Rn. 8, 92ff.), aber nach wie vor auch von einem **Spannungsfeld zwischen sozialen und ökonomischen Interessen** auszugehen. An-

dererseits nehmen Aktivitäten zu, den Arbeitsschutz bzw. Sicherheit und Gesundheitsschutz nicht nur als Kosten-, sondern auch als **Produktivitätsfaktoren** zu betrachten, sie in erweiterte Wirtschaftlichkeitsberechnungen und stärker in das Management einzubeziehen. Hinzuweisen ist in diesem Zusammenhang auf den Erwägungsgrund 13 zur Richtlinie 89/391/EWG, nach dem »die Verbesserung von Sicherheit, Arbeitshygiene und Gesundheitsschutz ... Zielsetzungen dar (stellen), die keinen rein wirtschaftlichen Überlegungen untergeordnet werden dürfen«.

Die bisherige **Zersplitterung** bzw. die starke Spezialisierung des deut- **13**
schen Arbeitsschutzrechts wird durch den Rahmen, den das ArbSchG vorgibt, zwar nicht aufgehoben, aber doch inhaltlich abgemildert. Es bleibt jedoch bei der Weitergeltung zahlreicher Spezialvorschriften und insbesondere bei der dualen Struktur des Arbeitsschutzes (Einl. Rn. 26, 39). Die Zielsetzung eines umfassenden »Arbeitsschutzgesetzbuches«, wie es vom Bundesrat gefordert worden war, ist aufgrund des zum ArbSchG führenden Kompromisses mit der Bundesregierung nicht verwirklicht worden.

Das ArbSchG gilt umfassend für **alle privaten und öffentlichen Tätig-** **14**
keitsbereiche (§ 1 Abs. 1 Satz 2). Dieser weite Anwendungsbereich entspricht Art. 2 Richtlinie 89/391/EWG, die konkret die folgenden privaten und öffentlichen Tätigkeitsbereiche nennt: gewerbliche, landwirtschaftliche, kaufmännische, verwaltungsmäßige sowie dienstleistungs- oder ausbildungsbezogene, kulturelle und Freizeittätigkeiten.

Im Bereich des **öffentlichen Dienstes** gilt das EG-Arbeitsschutzrecht **15**
nach Art. 137 EGV, auch ohne seine Umsetzung in das Recht des jeweiligen Mitgliedstaates, unmittelbar (zu den Sonderregelungen für bestimmte Tätigkeiten im öffentlichen Dienst des Bundes vgl. §§ 14, 20, 21).

Vom Geltungsbereich des ArbSchG werden die **Hausangestellten in** **16**
privaten Haushalten ausgenommen (z. B. Haushaltshilfen, »Babysitter«). Zur Begründung verweist der RegE auf Art. 3 Buchst. a Richtlinie 89/391/EWG, der die Hausangestellten aus dem Begriff des Arbeitnehmers ausgrenzt (RegE, S. 14). Analog zu Erwägungsgrund 8, der davon spricht, daß »Sicherheit und Gesundheitsschutz der Arbeitnehmer am Arbeitsplatz ... in manchen Fällen auch zum Schutz der Gesundheit und gegebenenfalls zur Sicherheit der in ihrem Haushalt lebenden Personen bei(tragen)« (vgl. Einl. Rn. 96), kann hierbei von einer ähnlichen Wirkung auf die Sicherheit und den Gesundheitsschutz von Hausangestellten ausgegangen werden.

Neben den Hausangestellten in privaten Haushalten werden auch die **17**
Beschäftigten auf Seeschiffen, die Kauffahrteischiffe und nach den Vorschriften des Flaggenrechtsgesetzes zur Führung der Bundesflagge berechtigt sind (RegE, S. 14), und die **Beschäftigten im Bergbau** vom Geltungsbereich des ArbSchG ausgenommen. Das gilt allerdings nur, soweit **entsprechende Rechtsvorschriften** bestehen; ansonsten kommt

das ArbSchG subsidiär zur Anwendung. Auf die »Gleichwertigkeit« der Vorschriften kommt es hierbei nicht an; die Betriebe müssen keine wertende Einzelprüfung vornehmen, ob z. B. im Bundesberggesetz oder in der Allgemeinen Bundesbergverordnung »gleichwertige« Regelungen enthalten sind (vgl. Ausschuß, S. 3; anders noch im RegE, S. 14). Diese Rechtsvorschriften müssen sich allerdings an der EG-Richtlinie 89/391/EWG sowie an den EG-Einzelrichtlinien zu dieser Rahmenrichtlinie messen lassen. Sie sind erforderlichenfalls richtlinienkonform auszulegen. Damit wird eine vollständige Umsetzung der Rahmenrichtlinie sichergestellt und gleichzeitig die Möglichkeit eröffnet, die Anforderungen des EG-Rechts in die für diese Regelungsbereiche bestehenden besonderen Rechtsvorschriften zu übernehmen, soweit das sinnvoll und zweckmäßig erscheint (RegE, S. 14).

18 Im Bereich des **Bergrechts** sind die entsprechenden Regelungen der Rahmenrichtlinie 89/391/EWG durch die Bergverordnung für alle bergbaulichen Betriebe (Allgemeine Bundesbergverordnung – ABBergV) v. 23. 10. 1995 (BGBl. I S. 1466) in deutsches Recht umgesetzt worden. Durch die ABBergV wurden auch umgesetzt:

- die Richtlinie 92/91/EWG zur Verbesserung der Sicherheit und des Gesundheitsschutz der Arbeitnehmer in den Betrieben, in denen durch Bohrungen Mineralien gewonnen werden v. 3. 11. 1992 (ABlEG Nr. L 348, S. 8),
- die Richtlinie 92/104/EWG über Mindestvorschriften der Arbeitnehmer in übertägigen oder untertägigen mineralgewinnenden Betrieben v. 3. 12. 1992 (ABlEG Nr. L 404, S. 10) sowie
- weitere Einzelrichtlinien zur Rahmenrichtlinie (Benutzung von PSA [89/656/EWG] bzw. von Arbeitsmitteln [89/655/EWG], Sicherheits- und Gesundheitsschutzkennzeichnung [92/58/EWG]).

19 Im Bereich der **Seeschiffahrt** erfolgt eine Umsetzung der entsprechenden Bestimmungen der Rahmenrichtlinie durch die UVV »See« (VBG 108). Dies gilt z. T. auch für die Regelungen der Richtlinie 93/103/EWG für Sicherheit und Gesundheitsschutz bei der Arbeit an Bord von Fischereifahrzeugen v. 23. 11. 1993 (ABlEG Nr. L 307, S. 1).

20 Für die **Binnenschiffahrt** gilt das ArbSchG uneingeschränkt.

21 **Pflichten** des Arbeitgebers und der Arbeitnehmer **in sonstigen Rechtsvorschriften**, die sich auf die Sicherheit und den Gesundheitsschutz der Beschäftigten bei der Arbeit beziehen, bleiben unberührt (RegE, S. 14; zu den mit den Arbeitgeberpflichten korrespondierenden Pflichten der Beschäftigten aufgrund des ArbSchG vgl. §§ 15, 16). Hierzu zählt auch der vorgelagerte, produktbezogene Arbeitsschutz (Einl. Rn. 60). Da das ArbSchG im wesentlichen nur allgemeine Pflichten enthält, stellen die sondergesetzlichen Pflichten häufig gleichzeitig eine Konkretisierung dieser allgemeinen Pflichten in bezug auf die zu ergreifenden Schutzmaßnahmen bei bestimmten Gefahren für Sicherheit und Gesundheit der

Beschäftigten dar und haben insofern nach dem Grundsatz der **Spezialität** Vorrang vor den allgemeinen Pflichten (RegE, S. 14). Zu den sonstigen Rechtsvorschriften gehören insbesondere auch die UVV der Träger der gesetzlichen Unfallversicherung.

Entsprechende **Pflichten des Arbeitgebers** werden, neben ihrer Veran- 22
kerung in einer Vielzahl von Spezialvorschriften, insbesondere in den folgenden **Rechtsvorschriften** festgelegt:

- ASiG in Verbindung mit den UVV »Sicherheitsingenieure und andere Fachkräfte für Arbeitssicherheit« (VBG 122/BGV A 6) und »Betriebsärzte« (VBG 123/BGV A 7),
- UVV »Allgemeine Vorschriften« (VBG 1/BGV A 1),
- UVV »Arbeitsmedizinische Vorsorge« (VBG 100/BGV A 4),
- ArbZG,
- ArbStättV in Verbindung mit den Arbeitsstättenrichtlinien,
- GewO,
- GefStoffV,
- GenTSV,
- JArbSchG,
- MuSchG,
- GSG mit den entsprechenden Verordnungen und EG-Richtlinien,
- BetrVG sowie BPersVG und PersVG der Länder (als Regelungen des kollektiv-privatrechtlichen Bereichs, deren arbeitsschutzbezogener Inhalt und seine Auslegung von den oben genannten öffentlich-rechtlichen Vorschriften maßgeblich beeinflußt wird),
- § 618 BGB, § 62 HGB (als zentrale, privatrechtliche Vorschriften, deren Inhalt und Auslegung ebenfalls von den oben genannten öffentlich-rechtlichen Vorschriften maßgeblich beeinflußt wird).

Neben diesen gesetzlichen Pflichten steht die **Normung** auf dem Gebiet 23
des produktbezogenen Arbeitsschutzes und in uneingeschränkter Weise auch auf dem des betriebsbezogenen Arbeitsschutzes (z.B. bei der Ergonomie). Sie schafft zwar keine unmittelbaren Verpflichtungen des Arbeitgebers. Die Einhaltung von Normen führt aber zu der – widerlegbaren – Vermutung, daß vorgegebene Sicherheitsstandards eingehalten werden. Umgekehrt führt die Nichteinhaltung einer Norm zur Verschiebung der Beweislast auf den Arbeitgeber.

Mit den unter Rn. 21 f. angesprochenen Pflichten des Arbeitgebers in 24
sonstigen Rechtsvorschriften korrespondieren entsprechende **Rechte der Beschäftigten**. Diese zugleich öffentlich- und privatrechtlich verankerten Rechte richten sich z.T. an ihre Interessenvertretung (Kollektivrechte). Von besonderer Bedeutung sind hierbei das BetrVG und das BPersVG sowie die PersVG der Länder (vgl. Einl., Rn. 44, 45; ausführlich: *Kittner/Pieper,* Teil IV, BetrVG u. BPersVG; zu den Pflichten der Beschäftigten bezüglich des Arbeitsschutzes vgl. §§ 15, 16). Spezielle Rechte der Beschäftigten oder ihrer Vertretungen enthalten z.B. das ASiG und die GefStoffV.

25 Gesetzliche Verpflichtungen **anderer Personen**, neben denen des Arbeitgebers und der Beschäftigten, in bezug auf Maßnahmen des Arbeitsschutzes bleiben ebenfalls unberührt.

Zu diesen Vorschriften gehören z. B.

- GSG (Hersteller, Inverkehrbringer und Aussteller technischer Arbeitsmittel sowie Hersteller, Erbauer und Betreiber von überwachungsbedürftigen Anlagen),
- StörfallV (Betreiber gefährlicher Anlagen),
- ChemG (Hersteller, Inverkehrbringer, Händler und Verwender von Chemikalien),
- GenTG (Errichter und Betreiber gentechnischer Anlagen sowie Inverkehrbringer und Verwender gentechnischer Produkte) und die GenTSV (Projektleiter),
- AtomG i. V. mit der StrahlenschutzV und der RöntgenV (Errichter und Betreiber von Anlagen zur Erzeugung ionisierender Strahlen sowie Betreiber von Röntgenanlagen).

Diese Vorschriften verweisen auf die Schnittstellen des Arbeitsschutzes mit dem allgemeinen Gesundheitsschutz, dem Umwelt- und dem Verbraucherschutz (vgl. RegE, S. 14).

26 Das ArbSchG gilt uneingeschränkt auch für **öffentlich-rechtliche Religionsgemeinschaften**. Abs. 4 berücksichtigt lediglich die Tatsache, daß das BetrVG und die Personalvertretungsgesetze in derartigen Betrieben keine Anwendung finden (RegE, S. 15). An die Stelle von Betriebsrat bzw. Personalrat tritt die jeweilige **Mitarbeitervertretung**.

§ 2
[Begriffsbestimmungen]

(1) Maßnahmen des Arbeitsschutzes im Sinne dieses Gesetzes sind Maßnahmen zur Verhütung von Unfällen bei der Arbeit und arbeitsbedingten Gesundheitsgefahren einschließlich Maßnahmen der menschengerechten Gestaltung der Arbeit.

(2) Beschäftigte im Sinne dieses Gesetzes sind:

1. Arbeitnehmerinnen und Arbeitnehmer,
2. die zu ihrer Berufsbildung Beschäftigten,
3. arbeitnehmerähnliche Personen im Sinne des § 5 Abs. 1 des Arbeitsgerichtsgesetzes, ausgenommen die in Heimarbeit Beschäftigten und die ihnen Gleichgestellten,
4. Beamtinnen und Beamte,
5. Richterinnen und Richter,
6. Soldatinnen und Soldaten,
7. die in Werkstätten für Behinderte Beschäftigten.

(3) Arbeitgeber im Sinne dieses Gesetzes sind natürliche und juristische Personen und rechtsfähige Personengesellschaften, die Personen nach Absatz 2 beschäftigen.

(4) Sonstige Rechtsvorschriften im Sinne dieses Gesetzes sind Regelungen über Maßnahmen des Arbeitsschutzes in anderen Gesetzen, in Rechtsverordnungen und Unfallverhütungsvorschriften.

(5) Als Betriebe im Sinne dieses Gesetzes gelten für den Bereich des öffentlichen Dienstes die Dienststellen. Dienststellen sind die einzelnen Behörden, Verwaltungsstellen und Betriebe der Verwaltungen des Bundes, der Länder, der Gemeinden und der sonstigen Körperschaften, Anstalten und Stiftungen des öffentlichen Rechts, die Gerichte des Bundes und der Länder sowie die entsprechenden Einrichtungen der Streitkräfte.

Als **Maßnahmen des Arbeitsschutzes** i. S. des ArbSchG werden bestimmt **1**

- Maßnahmen zur Verhütung von Unfällen bei der Arbeit sowie
- Maßnahmen zur Verhütung von arbeitsbedingten Gesundheitsgefahren
- einschließlich Maßnahmen zur menschengerechten Gestaltung der Arbeit (Abs. 1).

Dieser Katalog unterstreicht die gesetzliche Verankerung eines umfassenden Arbeitsschutzansatzes. Er hebt zwar die bisherige Trennung in die verschiedenen Bereiche des Arbeitsschutzrechts nicht auf, verschafft ihnen jedoch einen gemeinsamen Handlungsrahmen zur Umsetzung auf der betrieblichen Ebene (§ 1 Rn. 4; Einl. Rn. 21). So gehen z. B. Maßnahmen zur Verhütung von Unfällen bei der Arbeit über rein technische und am Schutz des einzelnen Beschäftigten orientierte Lösungen hinaus und müssen im Zusammenhang mit Arbeitszeit-, Arbeitsorganisations- und Arbeitsgestaltungsmaßnahmen gesehen werden. Die drei im ArbSchG vorgeschriebenen Arten von Maßnahmen müssen daher in ihrer **Wechselbezüglichkeit** verwirklicht werden. Dies entspricht dem umfassenden Verständnis der Richtlinie 89/391/EWG und setzt die entsprechenden Art. 5 Abs. 1, Art. 6 Abs. 1 Unterabs. 2, Abs. 2 Buchst. d um.

Parallel zu den Regelungen im ArbSchG über staatlich festgelegte Maßnahmen auf dem Gebiet des Arbeitsschutzes bestehen die ebenfalls öffentlich-rechtlichen, aber autonomen Aufgaben der **gesetzlichen Unfallversicherung** im SGB VII. Danach haben die Unfallversicherungsträger im Rahmen ihres Präventionsauftrages mit allen geeigneten Mitteln Arbeitsunfälle und Berufskrankheiten sowie arbeitsbedingte Gesundheitsgefahren zu verhüten sowie den Ursachen von arbeitsbedingten Gefahren für Leben und Gesundheit nachzugehen (§§ 1, 14 Abs. 1 SGB VII; vgl. *Kittner/Pieper,* Teil IV, SGB VII Rn. 4 ff.). **2**

Unter **Unfall bei der Arbeit** i. S. des ArbSchG versteht man ein Ereignis, das während der Arbeit durch von außen wirkende Faktoren plötzlich und ungewollt einen körperlichen Schaden bewirkt. Dieser Begriff ist enger **3** als der Unfallbegriff des Unfallversicherungsrechts, bei dem auch Wegeunfälle kraft gesetzlicher Definition als »Arbeitsunfälle« gelten (§ 8 Abs. 2 SGB VII). **Maßnahmen zur Verhütung von Unfällen bei der Arbeit** i.S. des ArbSchG beziehen sich deshalb z.B. nicht auf die in § 8 Abs. 2 SGB VII als Arbeitsunfälle definierten Wegeunfälle (RegE, S. 15).

4 Die offizielle **Statistik** für Arbeitsunfälle und Berufskrankheiten wurde seit dem Unfallversicherungs-Neuregelungsgesetz (UVNG) v. 30. 4. 1963 (BGBl. I S. 241) regelmäßig als »Unfallverhütungsbericht der Bundesregierung« dem Bundestag vorgelegt (§ 722 Abs. 1 RVO). Aufgrund des SGB VII wird nunmehr ein dem neuen ganzheitlichen und integrierten Arbeitsschutzverständnis entsprechender **»Bericht über den Stand von Sicherheit und Gesundheit bei der Arbeit und über das Unfall- und Berufskrankheitsgeschehen in der Bundesrepublik Deutschland«** verlangt. Er faßt die berufsgenossenschaftliche und die staatliche Berichterstattung zusammen und wird durch die neuen Präventionsregelungen im ArbSchG sowie im SGB VII aufgewertet (vgl. § 25 SGB VII i.V.m. § 23 Abs. 4 ArbSchG; § 23 Rn. 7; *Kittner/Pieper,* Teil IV, SGB VII Rn. 37).

5 Maßnahmen zur Verhütung von **arbeitsbedingten Gesundheitsgefahren** gehen über die Verhütung von Unfällen bei der Arbeit hinaus und beziehen sich auf alle anderen Gefahren für die Sicherheit und die Gesundheit der Beschäftigten, die durch die Arbeitsbedingungen verursacht werden. Zur Verhütung arbeitsbedingter Gesundheitsgefahren zählt auch die Verhütung von Berufskrankheiten (RegE, S. 15), die vor allem zum Aufgabenbereich der Träger der gesetzlichen Unfallversicherung gehört (vgl. § 21 Rn. 19ff.; *Kittner/Pieper,* Teil IV, SGB VII, Rn. 5f.). Damit wird der Präventionsauftrag der Träger der **gesetzlichen Unfallversicherung** über die Verhütung von Arbeitsunfällen und Berufskrankheiten i.S. des Unfallversicherungsrechts hinaus erweitert (§ 14 Abs. 1 Satz 1 SGB VII).

6 Arbeitsbedingte Gesundheitsgefahren i.S. des ArbSchG können insbesondere zu **arbeitsbedingten Erkrankungen** führen. Der Begriff der arbeitsbedingten Erkrankungen wurde – im Rahmen der Festlegung der Aufgaben der Betriebsärzte – durch § 3 Abs. 1 Satz 2 Nr. 3 Buchst. c ASiG erstmals gesetzlich verankert. Anders als der klar festgelegte Begriff der »Berufskrankheiten« (§ 9 SGB VII) ist dieser Begriff allerdings nicht ausdrücklich gesetzlich definiert. Arbeitsbedingte Erkrankungen umfassen Erkrankungen, »die durch Arbeitseinflüsse verursacht oder mitverursacht, bzw. die als außerberuflich erworbene Erkrankungen durch Arbeitsverhältnisse in ihrem Verlauf ungünstig beeinflußt werden« (BMA, BAnz. Nr. 116 v. 14. 6. 1993, geändert durch BAnz Nr. 97 v. 11. 5. 1995). Arbeitsbedingte Erkrankungen umfassen sowohl die **»Berufskrankheiten«** wie auch **»andere arbeitsbedingte Erkrankungen«**, die nicht den Anforderungen des Berufskrankheitenrechts entsprechen.

7 **Andere arbeitsbedingte Erkrankungen** sind typischerweise **multikausal** verursacht und können durch betriebliche Einflüsse, Risiken des Arbeitsplatzes oder durch die jeweiligen Arbeitstätigkeiten hervorgerufen

oder verstärkt werden, z.B. durch einseitige und übermäßige Beanspruchungen des Muskel- und Skelettsystems, durch Erkrankungen der Atemwege oder des Kreislaufs, durch psycho-mentale Belastungen (vgl. *BVerwG* v. 31. 1. 1997, NZA 97, 483). Sie führen zu erheblichen Fehlzeiten und häufig auch zur Berufs- und Erwerbsunfähigkeit.

Das ArbSchG schließt in die Maßnahmen des Arbeitsschutzes zur Un- **8**
fallverhütung und zur Verhütung von arbeitsbedingten Gesundheitsgefahren ausdrücklich die **menschengerechte Gestaltung der Arbeit** ein. Damit hat der Arbeitgeber i.S. der Prävention schon bei der Gestaltung der Arbeitsplätze sowie bei der Auswahl von Arbeitsmitteln und von Arbeits- und Fertigungsverfahren auch ergonomische, arbeitspsychologische und arbeitsmedizinische Kenntnisse zu beachten. Diese Regelung unterstreicht den erweiterten Gesundheitsbegriff des ArbSchG (*BVerwG* v. 31. 1. 1997, NZA 97, 483; vgl. § 1 Rn. 8). Das gleiche ist gemeint, wenn von »Humanisierung der Arbeit« gesprochen wird.

Ziel der menschengerechten Gestaltung der Arbeit ist eine Verbesserung **9**
der Bedingungen, unter denen die Arbeit zu leisten ist. **Beispiele** für menschengerechte Arbeitsgestaltung sind:

- Achtung der Menschenwürde der Beschäftigten und Gewährleistung ihrer körperlichen und geistig-seelischen Gesundheit, sowie ihrer Arbeitsfähigkeit über ein normales Erwerbsleben hindurch;
- Förderung der Persönlichkeit der Beschäftigten im Beschäftigungsverhältnis i.S. von mehr individueller Freiheit, persönlicher Unversehrtheit und Lebensqualität;
- Reduzierung bis hin zur Beseitigung von gesundheitsschädlichen Auswirkungen bei der Gestaltung von Arbeitsplätzen sowie bei der Auswahl von Arbeitsmitteln und Arbeits- und Fertigungsverfahren – vor allem im Hinblick auf eine Erleichterung bei eintöniger Arbeit und bei maschinenbestimmtem Arbeitsrhythmus (vgl. RegE, S. 15; damit wird zugleich Art. 6 Abs. 2 Buchst. d Richtlinie 89/391/EWG umgesetzt; vgl. zu den entsprechenden Grundsätzen des Arbeitsschutzes § 4);
- Berücksichtigung der individuellen Belastbarkeit und individueller Beeinträchtigungen aufgrund körperlicher Behinderungen oder besonderer Lebenssituationen (z.B. jugendliches Alter, Schwangerschaft; RegE, S. 15);
- Kommunikation mit anderen Beschäftigten;
- Möglichkeit, sich im Rahmen des Beschäftigungsverhältnisses weiter zu qualifizieren oder die Arbeitsleistung den Schwankungen der Leistungskraft anzupassen.

Der Grundsatz der **menschengerechten Gestaltung der Arbeit** ist, vor **10**
allem in den siebziger Jahren, zunächst im BetrVG (§§ 90, 91) und dann in einer Reihe von gesetzlichen Arbeitsschutz- bzw. sich auf den Arbeitsschutz beziehenden Vorschriften verankert worden (Beispiele: § 6 Satz 1 ASiG, § 19 Abs. 1 Satz 1 ChemG). Diese Regelungen erhalten durch das ArbSchG nunmehr einen gemeinsamen Bezugspunkt. Sie werden durch

die allgemeinen Grundpflichten und Grundsätze der §§ 3 und 4 konkretisiert. Dazu dient insbesondere die Verpflichtung des Arbeitgebers, bei Arbeitsschutzmaßnahmen gesicherte arbeitswissenschaftliche Erkenntnisse zu beachten (§ 4 Nr. 3; vgl. auch § 28 Abs. 1 Satz 2 JArbSchG, § 3 Abs. 1 Nr. 1 ArbStättV, § 17 Abs. 1 Satz 2 GefStoffV; vgl. § 4 Rn. 11 ff.). Die Erweiterung des Arbeitsschutzansatzes durch den Grundsatz der menschengerechten Gestaltung der Arbeit erstreckt sich nun auf den gesamten Bereich des betrieblichen Arbeitsschutzes.

11 Zielgruppe für Maßnahmen des Arbeitsschutzes sind Beschäftigte (Abs. 2). Auf sie bezieht sich der **persönliche Geltungsbereich** des Gesetzes (ausgehend von Art. 3 Buchst. a Richtlinie 89/391/EWG). Der Beschäftigtenbegriff des ArbSchG geht über den allgemeinen arbeitsrechtlichen bzw. betriebsverfassungsrechtlichen Begriff des Arbeitnehmers (vgl. ausführlich *Kittner/Pieper,* Teil I, § 2 ArbSchG Rn. 11 ff.) hinaus. Der Begriff »Beschäftigte« als Sammelbegriff für alle diejenigen Personen, die durch die Arbeitsschutzvorschriften geschützt werden sollen, findet sich bereits in verschiedenen Rechtsvorschriften (§ 19 ChemG, § 30 GenTG, § 11 GSG). Diese Regelung bedeutet eine wesentliche Verbesserung gegenüber dem bisher geltenden Recht, das gerade hier eine große Rechtszersplitterung aufwies.

12 Mit der Definition des Begriffs **»Beschäftigte«** sind diejenigen Personen gemeint, die aufgrund einer rechtlichen Beziehung zum Arbeitgeber (u. a. Arbeitsvertrag, Dienstvertrag, öffentlich-rechtliches Dienstverhältnis, Arbeitnehmerüberlassung) Dienstleistungen erbringen und durch Arbeitsschutzmaßnahmen vor Gesundheitsgefahren geschützt werden sollen. Wegen der Vielfalt der rechtlichen Gestaltungsmöglichkeiten ist der Begriff »Beschäftigte« der geeignete Oberbegriff (vgl. RegE, S. 15).

Erfaßt werden:

1. Arbeitnehmer,
2. Auszubildende,
3. arbeitnehmerähnliche Personen i. S. des § 5 Abs. 1 ArbGG, ausgenommen Heimarbeiter und ihnen gleichgestellte Personen,
4. Beamte,
5. Richter,
6. Soldaten,
7. die in Werkstätten für Behinderte Beschäftigten.

Abs. 2 Nr. 1 bis 3 und 7 lehnt sich inhaltlich, mit Ausnahme der Heimarbeiter und ihnen gleichgestellter Personen, an § 5 Abs. 1 ArbGG an (RegE, S. 15). Danach sind Arbeitnehmer »Arbeiter und Angestellte sowie die zu ihrer Berufsausbildung Beschäftigten. Als Arbeitnehmer i. S. des ArbGG gelten auch die in Heimarbeit Beschäftigten und die ihnen Gleichgestellten (§ 1 HAG) sowie sonstige Personen, die wegen ihrer wirtschaftlichen Unselbständigkeit als arbeitnehmerähnliche Personen anzusehen sind«.

Die Hauptgruppe der zu schützenden Beschäftigten wird durch die **Arbeitnehmer** gebildet (Nr. 1). Nach h. M. ist Arbeitnehmer, wer aufgrund eines Arbeitsvertrages im Dienst eines anderen zur Leistung fremdbestimmter Arbeit in persönlicher Abhängigkeit verpflichtet ist (std. Rspr., *BAG* v. 13. 11. 1991, 27. 3. 1991, 9. 5. 1984 und 13. 1. 1983, AP Nrn. 60, 53, 45 und 42 zu § 611 BGB Abhängigkeit). Wichtiges Kriterium – auch für die betriebliche Arbeitsschutzorganisation (vgl. Rn. 30) – ist, daß die Arbeitsleistung innerhalb der betrieblichen Organisation erbracht wird. Das kann auch Arbeitnehmer einschließen, die **Telearbeit und Außendiensttätigkeiten** ausüben (vgl. Rn. 56 zur Telearbeit). Als Arbeitnehmer gelten auch Personen, die aufgrund eines **Eingliederungsvertrages** gem. § 54a AFG beschäftigt sind (§ 54a Abs. 5 AFG (seit 1. 1. 1998: § 231 SGB III). 13

Teilzeitarbeitnehmer finden in § 6 Abs. 1 besondere Berücksichtigung, indem sie bei der Feststellung der Zahl der Beschäftigten gem. Satz 3, nach dem Arbeitgeber mit zehn und weniger Beschäftigten keine Dokumentation der Beurteilung der Arbeitsbedingungen nach § 5 vornehmen müssen, bei einer regelmäßigen wöchentlichen Arbeitszeit von nicht mehr als 20 Stunden mit 0,5 und nicht mehr als 30 Stunden mit 0,75 einbezogen werden. Als Ziel dieser Regelung wird angegeben, daß die Beschäftigung von Teilzeitbeschäftigten nicht behindert wird (vgl. BT-Drs. 13/5107, S. 31 f.; zur analogen Änderung im Hinblick auf die Einrichtung des Arbeitsschutzausschusses nach § 11 ASiG vgl. *Kittner/Pieper,* Teil IV, ASiG Rn. 129). 14

Besondere Vorschriften über Sicherheit und Gesundheitsschutz sieht das ArbSchG für **Leiharbeitnehmer** sowie für **befristet Beschäftigte** vor (vgl. § 12 Rn. 17; zur Anpassung sonstiger Arbeitsschutzbestimmungen vgl. § 2 Abs. 2 ASiG; § 11 Abs. 1 Satz 2 Nr. 3 und Abs. 6 AÜG). Damit werden Regelungen der Richtlinie 91/383/EWG zur Ergänzung der Maßnahmen zur Verbesserung der Sicherheit und des Gesundheitsschutzes von Arbeitnehmern mit befristetem Arbeitsverhältnis oder Leiharbeitsverhältnis in das deutsche Arbeitsschutzrecht umgesetzt. 15

Auszubildende sind Beschäftigte i. S. des ArbSchG (Nr. 2). Dazu gehören sowohl Auszubildende in einem Berufsausbildungsverhältnis als auch Personen i. S. des § 19 BBiG, z. B. Praktikanten, die gegen Vergütung beschäftigt werden (RegE, S. 15). 16

Zu den »Beschäftigten« i. S. des ArbSchG gehören auch sonstige Personen i. S. des § 5 Abs. 1 ArbGG, die wegen ihrer wirtschaftlichen Unselbständigkeit als **arbeitnehmerähnliche Personen** anzusehen sind (Nr. 3). Zu den arbeitnehmerähnlichen Personen zählen z. B. selbständige Erfinder, Lehrbeauftragte an Hochschulen, Personen, die gutachterliche und schiedsrichterliche Aufgaben erfüllen, Theaterintendanten, freie Mitarbeiter beim Fernsehen (zu den Beteiligungsrechten des Betriebs- bzw. Personalrats für diesen Personenkreis vgl. *Kittner/Pieper,* Teil V, BetrVG Rn. 42, BPersVG Rn. 22). 17

18 Ausgenommen sind **Heimarbeiter** und die ihnen Gleichgestellten, deren Sicherheit und Gesundheitsschutz weiterhin im Heimarbeitsgesetz (HAG) geregelt wird (RegE, S. 15). Die auf Sicherheit und Gesundheitsschutz bezogenen Vorschriften des HAG (§§ 12ff. HAG) sind in bezug auf die auf Art. 118a EGV beruhenden Richtlinien, insbesondere die Rahmenrichtlinie 89/391/EWG, richtlinienkonform auszulegen (vgl. *Kittner/ Pieper,* Teil II, § 2 ArbSchG Rn. 23).

19 **Beamte** sind ausdrücklich in den Geltungsbereich des ArbSchG einbezogen (Nr. 4). Diese Regelung beruht auf Art. 2 Abs. 1 i.V.m. § 3 Buchst. a Richtlinie 89/391/EWG sowie aus Nr. 8 der Erklärungen für das Ratsprotokoll zur Richtlinie 89/391/EWG (RegE, S. 15). Beamter i.S. des Beamtenrechts ist, wer zu einem Dienstherrn, d.h. zu einem mit Dienstherrnfähigkeit ausgestatteten Träger öffentlicher Verwaltung, in einem öffentlich-rechtlichen Dienst- und Treueverhältnis (Beamtenverhältnis) steht. Unerheblich für die umfassende Geltung des ArbSchG ist dagegen die Ausgrenzung der Beamten aus dem Arbeitnehmerbegriff in § 5 Abs. 2 ArbGG.

20 **Richter** sind gem. § 1 DRiG Berufsrichter und ehrenamtliche Personen, die die rechtsprechende Gewalt ausüben (Nr. 5; vgl. § 1 DRiG).

21 **Soldat** ist gem. § 1 Abs. 1 Satz 1 SoldG, wer aufgrund der Wehrpflicht oder freiwilliger Verpflichtung in einem Wehrdienstverhältnis steht (Nr. 6; vgl. § 1 SoldG).

22 **In Werkstätten für behinderte Beschäftigte** sind Beschäftigte i.S. des ArbSchG, auch wenn sie gem. § 5 Abs. 2 Nr. 4 BetrVG nicht als Arbeitnehmer gelten (Nr. 7).

23 **Arbeitgeber** sind natürliche und juristische Personen und rechtsfähige Personengesellschaften, die Personen i.S. von § 2 Abs. 2 beschäftigen (Abs. 3). Das entspricht dem allgemeinen arbeitsrechtlichen Arbeitgeberbegriff. In der entsprechenden Regelung des Art. 3 Buchst. b Richtlinie 89/391/EWG heißt es: »Arbeitgeber: jede natürliche oder juristische Person, die als Vertragspartei des Beschäftigungsverhältnisses mit dem Arbeitnehmer die Verantwortung für das Unternehmen bzw. den Betrieb trägt«. Jedes **Unternehmen**, das in Vertragsbeziehung mit mindestens einem Beschäftigten i.S. des Abs. 2 steht, ist Arbeitgeber (zum Begriff des Betriebes bzw. des Unternehmens i.S. des ArbSchG vgl. Rn. 26ff.). Neben dem Arbeitgeber, als in erster Linie Verantwortlichem für die Durchführung von Maßnahmen i.S. des ArbSchG (§ 3 Rn. 1), werden weitere Personen für Verpflichtungen, die sich aus dem zweiten Abschnitt des ArbSchG ergeben, verantwortlich gemacht (vgl. § 13).

24 Das ArbSchG erfaßt mit dem Begriff **»sonstige Rechtsvorschriften«** Regelungen über Maßnahmen des Arbeitsschutzes in anderen Gesetzen, Rechtsverordnungen und Unfallverhütungsvorschriften (Abs. 4; vgl. § 1 Abs. 3). Zu betonen ist insbesondere die Einbeziehung der **Unfallverhütungsvorschriften** als sonstige Rechtsvorschriften i.S. des ArbSchG

(RegE, S. 15; vgl. *Kittner/Pieper,* Teil IV, SGB VII, Rn. 10ff.). Für den Bereich des öffentlichen Dienstes stehen den Unfallverhütungsvorschriften allgemeine Verwaltungsvorschriften, insbesondere nach § 115 Abs. 3 SGB VII, gleich (RegE, S. 15).

Im öffentlichen Dienst gilt die **Dienststelle** als »Betrieb« i.S. des ArbSchG (Abs. 5, zum Betriebsbegriff vgl. Rn. 27ff.; zum Unternehmensbegriff vgl. Rn. 32f.). Abs. 5 Satz 2 zählt die darunter fallenden Einrichtungen auf. Danach sind Dienststellen die einzelnen Behörden, Verwaltungsstellen und Betriebe der Verwaltungen des Bundes, der Länder, der Gemeinden und der sonstigen Körperschaften, Anstalten und Stiftungen des öffentlichen Rechts, die Gerichte des Bundes und der Länder sowie die entsprechenden Einrichtungen der Streitkräfte. Die Regelung des Abs. 5 dient der rechtstechnischen Vereinfachung (RegE, S. 15). Der Dienststellenbegriff des ArbSchG entspricht dem des Personalvertretungsrechts (vgl. § 6 BPersVG sowie die PersVG der Länder). Mit der Gleichsetzung der Dienststellen der öffentlichen Verwaltungen mit den Betrieben wird die Geltung der Bestimmungen des ArbSchG auch für den öffentlichen Dienst unterstrichen (vgl. § 1 Rn. 15; zu weiteren Regelungen für den öffentlichen Dienst vgl. § 20). **25**

Das ArbSchG enthält keine eigene Definition des **Betriebs-** sowie des **Unternehmensbegriffs**. Es geht vielmehr vom allgemeinen arbeitsrechtlichen Begriff des Arbeitgebers aus (Rn. 23). Zugleich wird allerdings als Verpflichtung des Arbeitgebers in der Richtlinie 89/391/EWG festgelegt, daß die vom Arbeitgeber getroffenen Arbeitsschutzmaßnahmen »in alle Tätigkeiten des Unternehmens bzw. des Betriebes und auf allen Führungsebenen einbezogen werden« (Art. 6 Abs. 3 Buchst. a Satz 2 zweiter Spiegelstrich). Diese Regelung wurde bei der Umsetzung in das ArbSchG sprachlich auf die »betrieblichen Führungsstrukturen« verkürzt (vgl. § 3 Rn. 5; der ArbSchRGE hatte noch in § 4 Abs. 2 Nr. 1 die »Beachtung auf jeder Führungsebene« vorgesehen, wobei allerdings in der Begründung von »betrieblichen Ebenen« die Rede war). Mit ihr soll jedoch dasselbe Ziel erreicht werden (vgl. RegE, S. 16, der ausdrücklich auf Art. 6 Abs. 3 Buchst. a Satz 2 zweiter Spiegelstrich Richtlinie 89/391/EWG hinweist). Außerdem bezieht sich § 13 Abs. 1 Nr. 4 auf Personen, die entweder das Unternehmen oder den Betrieb leiten. **26**

Als **»Betrieb«** wird nach h.M. die **technisch-organisatorische Einheit** verstanden, »innerhalb derer ein Arbeitgeber allein oder mit seinen Arbeitnehmern mit Hilfe von technischen oder immateriellen Mitteln bestimmte arbeitstechnische Zwecke fortgesetzt verfolgt, die sich nicht in der Befriedigung von Eigenbedarf erschöpfen (std. Rspr. *BAG* 14. 9. 1988, 7. 8. 1986, AP Nrn. 9, 5 zu § 1 BetrVG vgl. *Kittner/Pieper,* Teil II, § 2 ArbSchG Rn. 34 m.w.N.). Ein Betrieb liegt vor, wenn die in einer Betriebsstätte vorhandenen materiellen oder immateriellen Betriebsmittel für den oder die verfolgten arbeitstechnischen Zwecke zusammengefaßt, geordnet und gezielt eingesetzt werden und der Einsatz **27** der menschlichen Arbeitskraft von einem einheitlichen Leitungsapparat gesteuert wird (*BAG* 25. 9. 1986, DB 87, 1202, 1203). Auf die Art des verfolgten Zwecks kommt es nicht an, ebensowenig, ob der Arbeitgeber wirtschaftliche Zwecke verfolgt. Entscheidend ist, daß arbeitstechnische Zwecke vorliegen. Das ArbSchG gilt wie das BetrVG für die Breite aller in Frage kommenden arbeitstechnischen Einheiten. Betriebe können deshalb sein: Produktions- und Dienstleistungsbetriebe, Verwaltungen (zum öffentlichen Dienst Rn. 25). Büros, Ladengeschäfte, Bühnen, Kanzleien, Krankenhäuser. Anders als beim BetrVG kommt es nicht darauf an, ob die Organisation des Betriebes auf eine gewisse Dauer eingerichtet ist, da die Verpflichtung zu Arbeitsschutzmaßnahmen i. S. des ArbSchG grundsätzlich jeden Arbeitgeber trifft; Saison- und Kampagnebetriebe sind daher Betriebe i. S. des ArbSchG. Außerhalb der Betriebsstätte Beschäftigte (z. B. Außendienstmitarbeiter, Monteure) gehören zum Betrieb i. S. des ArbSchG. Privathaushalte sind keine Betriebe i. S. des ArbSchG (vgl. § 2 Rn. 16).

28 Ein Betrieb kann zu mehreren selbständigen Unternehmen (Rn. 32) gehören **(»Gemeinschaftsbetrieb«)**. Solche Betriebe kommen besonders häufig (aber nicht nur) in mehrstufigen Konzernen vor. Die den Arbeitgeber aus dem ArbSchG treffenden Pflichten müssen von allen am Gemeinschaftsbetrieb beteiligten Unternehmen erfüllt werden. Privatrechtlich sind sie jeweils den Beschäftigten gegenüber verpflichtet, mit denen sie einen Vertrag geschlossen haben. Für diese Arbeitgeber gilt ergänzend die Zusammenarbeitspflicht des § 8 Abs. 1.

29 Das ArbSchG befaßt sich nicht ausdrücklich mit der Frage, wie **Nebenbetriebe und Betriebsteile** zu behandeln sind. Es erscheint zweckmäßig und den Intentionen des Gesetzes entsprechend, gem. § 4 BetrVG zu verfahren: Betriebsteile gelten als selbständige Betriebe, wenn sie die Voraussetzungen des § 1 BetrVG erfüllen und

1. räumlich weit vom Hauptbetrieb entfernt sind oder
2. durch Aufgabenbereich und Organisation eigenständig sind. Soweit Nebenbetriebe die Voraussetzungen des § 1 BetrVG nicht erfüllen, sind sie dem Hauptbetrieb zuzuordnen.

30 **Betriebsteile** sind organisatorisch abgrenzbare Teile eines Betriebes, die wegen ihrer Eingliederung in den Betrieb allein nicht bestehen können (*BAG* v. 23. 9. 1960, AP Nr. 4 zu § 3 BetrVG 1952). Typisches Strukturmerkmal eines Betriebsteils ist eine erkennbar von der Aufgabe des Hauptbetriebs oder anderer Betriebsteile abweichende, dieser aber dienenden Aufgabe (z. B. Druckerei eines Zeitungs- oder sonstigen Betriebes; Lackiererei eines Produktionsunternehmens; Reparaturwerkstatt eines Spediteurs, Schiff eines Binnenschiffahrtbetriebs; Landwirtschaft eines Krankenhauses; betriebseigene Schule; Auslieferungslager). Solange es sich im Wortsinne um »Teile eines Betriebes« handelt und keine der Besonderheiten des § 4 BetrVG vorliegt, gehören sie im betriebsverfassungsrechtlichen wie arbeitsschutzrechtlichen Sinne zum Betrieb.

Bestehen in den verschiedenen Betriebsteilen unterschiedliche Arten und Grade von Gefährdungen für die Sicherheit und die Gesundheit der Beschäftigten, kann dies lediglich Konsequenzen im Hinblick auf die Arbeitsschutzorganisation und die Differenziertheit der Arbeitsschutzmaßnahmen haben. Ist ein Betriebsteil **räumlich weit vom Hauptbetrieb entfernt** oder sind der Aufgabenbereich und die Organisation **relativ eigenständig**, so gilt der Betriebsteil gem. § 4 Satz 1 BetrVG als eigenständiger Betrieb mit der Folge, daß für ihn ein eigener Betriebsrat zu wählen ist. Ein solcher Betrieb wird überwiegend auch i. S. des ASiG als eigenständiger Betrieb angesehen. Das kann dazu führen, daß in einem Unternehmen (Rn. 32) eine Vielzahl kleiner Betriebe existiert mit der Folge, daß alle oder viele von ihnen die Mindestzahl von Beschäftigten für die Regeleinsatzzeiten der sicherheitstechnischen und der betriebsärztlichen Betreuung (UVV VBG 122/BGV A 6, 123 BGV A 7; vgl. jedoch zu alternativen Modellen der Betreuung *Kittner/Pieper,* Teil IV, ASiG Rn. 41 ff.) nicht erreichen. Dieses Ergebnis ist nicht zwingend. Zum einen spricht schon der Wortsinn dafür, daß es sich nur um den Teil eines Betriebes handelt, was nach allgemein arbeitsrechtlichen Kriterien nicht zu dessen Absonderung führt (*BAG* 30. 5. 1958, AP Nr. 13 zu § 13 KSchG mit Anm. *Tophoven*). Zum anderen ist der unterschiedliche **Schutzbereich** beider Gesetze zu berücksichtigen. Das BetrVG läßt die Verselbständigung eines Betriebsteils zu, wenn eine einheitliche Interessenvertretung nicht mehr organisierbar ist (vgl. *LAG Düsseldorf* v. 16. 9. 1971, BB 71, 2069, 2070). Das hat mit der Frage der Effektivität des Arbeitsschutzes nichts zu tun, die im Gegenteil gerade diese Zuordnung zum Betrieb erfordern kann. Wenn in diesem Sinne ein betriebsverfassungsrechtlich selbständiger Betriebsteil mit eigenem Betriebsrat arbeitsschutzrechtlich weiterhin als Bestandteil des Betriebs behandelt wird, so sind die Einsatzzeiten des ASiG sowie die Arbeitsschutzmaßnahmen des ArbSchG am Betrieb insgesamt auszurichten. Um ungeachtet rechtlicher Kontroversen der »Betreuung« aller Arbeitnehmer gerecht zu werden, haben viele Unfallversicherungsträger auf Initiative des BMA damit begonnen, das sogenannte **»Unternehmermodell«** einzuführen, das insbesondere die Arbeitsschutzorganisation in Kleinst- und Kleinbetrieben verbessern soll (vgl. *Kittner/Pieper,* a.a.O.). Ähnliches gilt für die **betriebsärztliche Betreuung** in Kleinbetrieben, wobei sich hier der Grad der Betreuung in Zukunft stärker an betrieblichen Gefährdungsbeurteilungen bzw. -analysen ausrichten wird (vgl. *BMA,* BArbBl. 7–8/1992, 66 ff.; zum Begriff der Gefährdungsbeurteilung bzw. Gefährdungsanalyse vgl. § 5).

Anders liegen die Dinge bei **Nebenbetrieben**. Es handelt sich um organisatorisch selbständige Betriebe, die unter einer eigenen Leitung einen eigenen Betriebszweck verfolgen, jedoch mit der Besonderheit, daß ihre Aufgabenstellung auf die Hilfsleistung für einen Hauptbetrieb ausgerichtet ist. Nebenbetriebe erfüllen alle Voraussetzungen eines Betriebes, sowohl i. S. des BetrVG als auch des ASiG und des ArbSchG. Lediglich dann, wenn sie nicht i. S. des § 1 BetrVG betriebsratsfähig sind, d. h. **31** weniger als fünf wahlberechtigte und drei wählbare Arbeitnehmer beschäftigen, werden sie dem Hauptbetrieb zugeordnet. Es spricht nichts dagegen, sie in einem solchen Falle auch arbeitsschutzrechtlich dem Hauptbetrieb zuzuordnen (weitergehend *Schelter,* § 2 Anm. V: Zuordnung aller Nebenbetriebe zum Hauptbetrieb).

32 Ein **Unternehmen** ist die organisatorische Einheit, mit welcher der Unternehmer seine wirtschaftlichen oder ideellen Zwecke verfolgt (*BAG* 5. 3. 1987, AP Nr. 30 zu § 15 KSchG 1969, 7. 8. 1986; AP Nr. 5 zu § 1 BetrVG). Ein Unternehmen setzt die Einheit des Rechtsträgers voraus, weshalb Gesellschaften (AG, GmbH, OHG, KG) identisch mit dem Unternehmen sind (vgl. *BAG* 13. 6. 1985, AP Nr. 7 zu § 47 BetrVG). Sofern ein Unternehmen aus mehreren Betrieben besteht – und nur dann ist eine arbeitsschutzrechtliche Unterscheidung zwischen Betrieb und Unternehmen von Bedeutung – ist auf der Unternehmensebene die Leitungsfunktion hinsichtlich dieser Betriebe angesiedelt. Schon das ASiG kennt unternehmensbezogene Organisations- und Handlungsstrukturen: § 8 ASiG räumt dem Betriebsarzt das Recht zur Einschaltung der Unternehmensleitung ein und kennt den auf Unternehmensebene angesiedelten »leitenden Betriebsarzt« bzw. die »leitende Fachkraft für Arbeitssicherheit«. Unter Bezugnahme auf die Regelung der Richtlinie 89/391/EWG, die durchgängig von Sicherheit und Gesundheitsschutz »im Unternehmen bzw. Betrieb« spricht, müssen Maßnahmen des Arbeitsschutzes auch auf der Unternehmensebene beachtet werden (vgl. § 3 Rn. 5f.). Das hat rechtserhebliche Konsequenzen für die Unternehmensorganisation und von dort aus Rückwirkungen auf die Effizienz von Arbeitsschutzmaßnahmen insgesamt.

33 Das ArbSchG ist – anders als das ASiG – auch **unternehmensübergreifend** angelegt: § 8 Abs. 1 verpflichtet Arbeitgeber, deren Beschäftigte an einem Arbeitsplatz tätig sind, zur Zusammenarbeit (zum Gemeinschaftsbetrieb mehrerer selbständiger Unternehmen vgl. Rn. 28). Auf die Rechtsform und Intensität dieser Zusammenarbeit kommt es nicht an. Es kann sich um vertragsloses Zusammenwirken, Arbeitsgemeinschaften, Zusammenwirken durch Leiharbeitnehmer, Gemeinschaftsunternehmen oder Konzernzusammenarbeit handeln (zu Einzelheiten vgl. § 8).

Zweiter Abschnitt
Pflichten des Arbeitgebers

§ 3
[Grundpflichten des Arbeitgebers]

(1) Der Arbeitgeber ist verpflichtet, die erforderlichen Maßnahmen des Arbeitsschutzes unter Berücksichtigung der Umstände zu treffen, die die Sicherheit und Gesundheit der Beschäftigten bei der Arbeit beeinflussen. Er hat die Maßnahmen auf ihre Wirksamkeit zu überprüfen und erforderlichenfalls sich ändernden Gegebenheiten anzupassen. Dabei hat er eine Verbesserung von Sicherheit und Gesundheitsschutz der Beschäftigten anzustreben.

(2) Zur Planung und Durchführung der Maßnahmen nach Absatz 1 hat der Arbeitgeber unter Berücksichtigung der Art der Tätigkeiten und der Zahl der Beschäftigten

1. **für eine geeignete Organisation zu sorgen und die erforderlichen Mittel bereitzustellen sowie**
2. **Vorkehrungen zu treffen, daß die Maßnahmen erforderlichenfalls bei allen Tätigkeiten und eingebunden in die betrieblichen Führungsstrukturen beachtet werden und die Beschäftigten ihren Mitwirkungspflichten nachkommen können.**

(3) Kosten für Maßnahmen nach diesem Gesetz darf der Arbeitgeber nicht den Beschäftigten auferlegen.

Die Pflicht zu Arbeitsschutzmaßnahmen in Betrieben trifft unmittelbar **1** und in erster Linie den **Arbeitgeber** (Abs. 1; RegE, S. 16; vgl. § 13 Abs. 1). Mit der Verpflichtung des Arbeitgebers, unter **Berücksichtigung der Umstände**, die die Sicherheit und die Gesundheit der Beschäftigten betreffen, die **erforderlichen Maßnahmen** (vgl. § 2 Rn. 1 ff.) zu treffen, wird eine umfassende und prospektive Handlungspflicht festgelegt; damit wird Art. 5 Abs. 1 Richtlinie 89/391/EWG umgesetzt. Diese Verpflichtung geht über den Inhalt des früheren, nur für die gewerbliche Wirtschaft geltenden § 120 a GewO hinaus, der die Grenze für solche Maßnahmen an der »Natur des Betriebes« zog. Der **dynamisch** wirkende Charakter dieser Regelung wird durch Erwägungsgrund 14 zur Richtlinie 89/391/EWG untermauert, wonach die Arbeitgeber verpflichtet sind, sich unter Berücksichtigung der in ihrem Unternehmen bestehenden Risiken über den neuesten Stand der Technik (vgl. § 4 Rn. 8) zu informieren und diese Kenntnisse an die Arbeitnehmervertreter, die im Rahmen dieser Richtlinie Mitbestimmungsrechte ausüben, weiterzugeben (vgl. *Kittner/Pieper,* Teil IV, BetrVG Rn. 6 ff., BPersVG Rn. 3 ff.), um eine bessere Sicherheit und einen besseren Gesundheitsschutz der Arbeitnehmer gewährleisten zu können (zu den Informationsrechten der einzelnen Beschäftigten vgl. § 14 und a. a. O., BetrVG Rn. 47).

2 Der Arbeitgeber ist verpflichtet, seine Arbeitsschutzmaßnahmen einer **Wirksamkeitsüberprüfung** zu unterziehen und sie gegebenenfalls **anzupassen;** dadurch wird Art. 6 Abs. 1 Satz 2 Richtlinie 89/391/EWG umgesetzt. Der Regierungsentwurf nennt als veränderte Gegebenheiten, die eine Anpassung verlangen: »eine geänderte Gefahrenbeurteilung aufgrund neuer Erkenntnisse, bessere Schutzmöglichkeiten aufgrund neuer Techniken, aber auch eine Änderung in der Belastungsfähigkeit betroffener Arbeitnehmer, insbesondere durch gesundheitliche Beeinträchtigungen« (RegE, S. 16). Bei der Anpassung der Arbeitsschutzmaßnahmen ist durch den Arbeitgeber grundsätzlich eine **Verbesserung von Sicherheit und Gesundheitsschutz** der Beschäftigten anzustreben; dadurch wird Art. 6 Abs. 3 Buchst. a Satz 2 erster Spiegelstrich Richtlinie 89/391/EWG umgesetzt. Hieraus ergibt sich eine dynamische Anpassungsverpflichtung, die sich an den Grundsätzen des § 4 orientieren muß.

3 Die Verpflichtung des Arbeitgebers, für eine **geeignete Organisation** des Arbeitsschutzes zu sorgen, zielt auf eine effiziente Planung und Durchführung der Arbeitsschutzmaßnahmen ab und unterstützt insofern die Verwirklichung der Zielsetzungen des ArbSchG (Abs. 2). Sie verweist zum einen auf die Aufbau- und Ablauforganisation im Betrieb und bezieht sich zu anderen auf die entsprechenden Regelungen zur betrieblichen Arbeitsschutzorganisation des ASiG sowie des SGB VII und wird aufgrund dieser konkretisiert. Ausgehend vom Grundsatz des § 1 ASiG ist der Arbeitgeber verpflichtet, **Fachkräfte für Arbeitssicherheit** (§ 6 ASiG) sowie **Betriebsärzte** (§ 3 ASiG) zu bestellen. Diese allgemeinen Verpflichtungen werden durch die UVV VBG 122 und 123 (BGV A 6 und A 7) branchenbezogen konkretisiert (vgl. *Kittner/Pieper,* Teil IV, ASiG Rn. 3 f.). Von Bedeutung für die betriebliche Arbeitsschutzorganisation ist auch die Regelung zur Bestellung von **Sicherheitsbeauftragten** durch den Arbeitgeber mit regelmäßig mehr als 20 Beschäftigten gem. § 22 SGB VII (vgl. a. a. O., SGB VII Rn. 29 ff.). Die Organisation des betrieblichen Arbeitsschutzes wird durch die **Beteiligungsrechte** des Betriebsrats bzw. des Personalrats sowie die Rechte der einzelnen Beschäftigten in diesen und anderen Rechtsvorschriften komplettiert.

4 Verbunden mit einer entsprechenden Organisation des Arbeitsschutzes, hat der Arbeitgeber die entsprechenden **Mittel** zur Planung und Durchführung der Arbeitsschutzmaßnahmen bereitzustellen. Hierzu gehört die Bereitstellung von finanziellen und sächlichen Mitteln, wobei der Arbeitgeber den Arbeitsschutz schon bei der Aufstellung von Unternehmensleitlinien sowie bei seinen Investitionsentscheidungen zu berücksichtigen hat (zu entsprechenden Möglichkeiten erweiterter Wirtschaftlichkeitsbetrachtungen vgl. Einl. Rn. 8, 92 ff.).

5 Der Grundsatz der Verantwortlichkeit des Arbeitgebers (vgl. § 13) für den Arbeitsschutz wird durch dessen Verpflichtung unterstrichen, **Vorkehrungen** dafür zu treffen, daß die Arbeitsschutzmaßnahmen erforderlichenfalls bei allen Tätigkeiten und eingebunden in die **betrieblichen**

Führungsstrukturen beachtet werden. Damit wird der Regelung des Art. 6 Abs. 3 Buchst. a Satz 2 zweiter Spiegelstrich Richtlinie 89/391/ EWG Rechnung getragen, die allerdings von einer Einbeziehung auf **allen Führungsebenen des Unternehmens bzw. des Betriebes** spricht; darüber hinaus spricht die Richtlinie durchgehend von Sicherheit und Gesundheitsschutz »im Unternehmen bzw. Betrieb« (zum Begriff des »Betriebs« bzw. des »Unternehmens« vgl. § 2 Rn. 26 ff.). Diese Regelung wurde bei der Umsetzung in das ArbSchG sprachlich auf die »betrieblichen Führungsstrukturen« verkürzt (der ArbSchRGE hatte noch in § 4 Abs. 2 Nr. 1 die »Beachtung auf jeder Führungsebene« vorgesehen, wobei allerdings in der Begründung von »betrieblichen Ebenen« die Rede war). Da mit ihr offensichtlich dasselbe Ziel erreicht werden soll (vgl. RegE, S. 16, der ausdrücklich auf Art. 6 Abs. 3 Buchst. a Satz 2 zweiter Spiegelstrich Richtlinie 89/391/EWG hinweist), ist Abs. 2 sowohl unternehmens- als auch betriebsbezogen anzuwenden, wobei auf das jeweils zu erreichende Schutz- oder Gestaltungsziel abzustellen ist. Dies ist schon deshalb notwendig, um die vom ArbSchG verlangte ganzheitliche und integrierte Gestaltung des Arbeitsschutzes verwirklichen zu können (Einl. Rn. 12 ff.).

Arbeitsschutzmaßnahmen, die die konkrete Gestaltung der Arbeitsbedin- **6**
gungen zum Inhalt haben, dürften im Regelfall auf der **betrieblichen Ebene** umzusetzen sein; dies gilt auch für die betriebliche Arbeitsschutzorganisation i. S. des ASiG. Das **Unternehmen** bietet sich dagegen als Ebene für programmatische Festlegungen (Sicherheit und Gesundheitsschutz als Unternehmensziele), für die mittel- und langfristige Planung des Arbeitsschutzes im Unternehmen und seinen Betrieben sowie für die Koordinierung von Überprüfungen der Effizienz der getroffenen betrieblichen Arbeitsschutzmaßnahmen (erweiterte Wirtschaftlichkeitsrechnungen, Arbeitssystemanalysen; Einl., Rn. 8, 105 ff.) an. Zunehmende Bedeutung gewinnt in diesem Zusammenhang die Einrichtung von **Umweltmanagement-Systemen** aufgrund der Umwelt-Audit-VO Nr. 1836/ 93 v. 29. 6. 1993 (AblEG 1993 Nr. L 168) bzw. dem entsprechenden Umweltauditgesetz v. 7. 12. 1995 (BGBl. I S. 1569). Eine vergleichbare Diskussion findet in Zusammenhang mit der Bedeutung und Sinnhaftigkeit von **Arbeitsschutzmanagementsystemen** statt (vgl. *BMA* u. a., Eckpunkte zur Entwicklung und Bewertung von Arbeitsschutzmanagementsystemen, *Kittner/Pieper,* Teil II, § 3 ArbSchG Rn. 11).

Der Arbeitgeber muß die Voraussetzungen schaffen, daß die Beschäftig- **7**
ten ihren **Mitwirkungspflichten** nachkommen können. Hierzu gehört vor allem die Entwicklung von tätigkeits- und arbeitsplatzbezogenen Qualifizierungskonzepten, die ein eigenständiges, selbstverantwortliches Handeln der Beschäftigten in Sachen Sicherheit und Gesundheitsschutz ermöglichen (vgl. im einzelnen §§ 15 und 16). Eine entsprechende Förderungspflicht ergibt sich bereits aus § 8 VBG 1/BGV A 1). Den Mitwirkungspflichten korrespondieren die Mitwirkungs- und weitere Beteili-

gungsrechte der Beschäftigten und ihrer Vertretungen, die in § 17 und in sonstigen Rechtsvorschriften verankert sind. Entsprechende Rechtsansprüche für einzelne Beschäftigte ergeben sich aus der Transformation der entsprechenden Regelungen des ArbSchG in das private Arbeitsvertragsrecht (Einl. Rn. 30ff.).

8 Den Beschäftigten dürfen aufgrund von Arbeitsschutzmaßnahmen **keine Kosten** entstehen; hierdurch wird Art. 6 Abs. 5 Richtlinie 89/391/EWG umgesetzt. Im deutschen Arbeitsschutzrecht fehlte bislang eine derartige generelle Regelung (z.B. zur Verpflichtung des Arbeitgebers zur Übernahme der Kosten für persönliche Schutzausrüstung *BAG* 18. 8. 1982, AP Nr. 18 zu § 618 BGB). In der Begründung zum RegE wird ergänzend auf »rechtlich abgesicherte Kostenübernahmevereinbarungen oder sonstige spezielle Regelungen« hingewiesen, mit denen dieser im Regelfall geltende Grundsatz modifiziert werden kann (RegE, S. 16). Durch die Formulierung in der Richtlinie 89/391/EWG, nach der die Kosten »auf keinen Fall zu Lasten der Arbeitnehmer gehen dürfen«, wird der Spielraum für derartige Sonderregelungen jedoch sehr stark eingeengt.

§ 4
[Allgemeine Grundsätze]

Der Arbeitgeber hat bei Maßnahmen des Arbeitsschutzes von folgenden allgemeinen Grundsätzen auszugehen:

1. **Die Arbeit ist so zu gestalten, daß eine Gefährdung für Leben und Gesundheit möglichst vermieden und die verbleibende Gefährdung möglichst gering gehalten wird;**
2. **Gefahren sind an ihrer Quelle zu bekämpfen;**
3. **bei den Maßnahmen sind der Stand von Technik, Arbeitsmedizin und Hygiene sowie sonstige gesicherte arbeitswissenschaftliche Erkenntnisse zu berücksichtigen;**
4. **Maßnahmen sind mit dem Ziel zu planen, Technik, Arbeitsorganisation, sonstige Arbeitsbedingungen, soziale Beziehungen und Einfluß der Umwelt auf den Arbeitsplatz sachgerecht zu verknüpfen;**
5. **individuelle Schutzmaßnahmen sind nachrangig zu anderen Maßnahmen;**
6. **spezielle Gefahren für besonders schutzbedürftige Beschäftigtengruppen sind zu berücksichtigen;**
7. **den Beschäftigten sind geeignete Anweisungen zu erteilen;**
8. **mittelbar oder unmittelbar geschlechtsspezifisch wirkende Regelungen sind nur zulässig, wenn dies aus biologischen Gründen zwingend geboten ist.**

1 Die Grundpflichten des Arbeitgebers in § 3 werden, ausgehend vom ganzheitlichen Grundansatz des ArbSchG für Sicherheit und Gesundheitsschutz, durch **allgemeine Grundsätze bei Maßnahmen des Ar-**

beitsschutzes konkretisiert. Diese Grundsätze enthalten generelle Vorgaben für die Planung, Gestaltung und Organisation der Arbeitsschutzmaßnahmen und setzen Art. 6 Abs. 2 Buchst. a, b, c, e, f, g, h und i Richtlinie 89/391/EWG um (zur Umsetzung von Buchst. d vgl. § 2 Rn. 8ff.). Sie geben dem Arbeitsschutz auf der gesetzlichen Ebene die Leitbilder, die durch mehr als zwei Jahrzehnte arbeitswissenschaftlicher Vorbereitung, u.a. im Rahmen von staatlichen Forschungs- und Forschungsanwendungsprogrammen wie z.B. »Humanisierung des Arbeitslebens« – bzw. »Arbeit und Technik« –, anhand vieler Beispiele praktisch erprobt worden (vgl. Einl. Rn. 40) sind.

Bei der Umsetzung der Grundsätze der **Gefahrenverhütung** ist zentral von den Begriffen »Gefahr« und »Gefährdung« auszugehen (vgl. RegE, S. 16). Unter **Gefahr** wird im Arbeitsschutz wie auch im allgemeinen Recht der Gefahrenabwehr eine Sachlage verstanden, die bei ungehindertem Ablauf des objektiv zu erwartenden Geschehens zu einem Schaden führt, wobei für den Schadenseintritt eine hinreichende Wahrscheinlichkeit verlangt wird und von einem Schaden erst gesprochen werden kann, wenn eine nicht unerhebliche Beeinträchtigung vorliegt (RegE, S. 16; zu besonderen Gefahren vgl. § 9). **2**

Der Begriff der **Gefährdung** bezeichnet im Gegensatz zur »Gefahr« die Möglichkeit eines Schadens oder einer gesundheitlichen Beeinträchtigung ohne bestimmte Anforderungen an deren Ausmaß oder Eintrittswahrscheinlichkeit. Als quantitative Größe für eine Gefährdung steht das **Risiko** als Produkt aus Eintrittswahrscheinlichkeit und Ausmaß des möglichen Schadens. Gefahr in dem zuvor beschriebenen Sinne läßt sich als nicht mehr akzeptables Risiko definieren. Welcher Grad an Wahrscheinlichkeit dabei hinreichend ist, wird entsprechend dem Verhältnismäßigkeitsgrundsatz nach der Art der betroffenen Rechtsgüter bestimmt. Wo es, wie im Arbeitsschutz, um Leben oder Gesundheit der Arbeitnehmer geht, kann ein geringeres Maß an Wahrscheinlichkeit verlangt werden als bei der Gefährdung von Sachgütern. Eine absolute Sicherheit bei der Arbeit i.S. eines Ausschlusses jedweder Gefährdung ist zwar nicht möglich. Ein hinnehmbares (akzeptables) Risiko muß jedoch entsprechend dem Verhältnismäßigkeitsgrundsatz einen um so geringeren Grad an Wahrscheinlichkeit haben, je schwerwiegender die möglichen Folgen sind. Eine hohe Eintrittswahrscheinlichkeit für einen schweren Schaden verpflichtet zu besonderen Vorkehrungen (vgl. § 9). **3**

Arbeitsschutzmaßnahmen dürfen sich nicht nur auf die Bekämpfung schon eingetretener Gefahren beschränken. Eine wirksame **Prävention** muß früher ansetzen (RegE, S. 16) und daher bestehende Gefährdungspotentiale abschätzen und einbeziehen (zur Beurteilung der Arbeitsbedingungen vgl. § 5). Zu betonen ist hierbei die Notwendigkeit einer prozeßhaften, dynamischen Vorgehensweise (vgl. § 3 Rn. 1f.). Oberstes Leitbild ist hierbei die menschengerechte Gestaltung der Arbeit als Grundsatz für einen zeitgemäßen Arbeitsschutz (vgl. § 2 Rn. 8ff.). **4**

5 Die Arbeit ist so zu gestalten, daß eine Gefährdung für Leben und Gesundheit möglichst vermieden und die verbleibende Gefährdung möglichst gering gehalten wird. Damit, und aus der Abfolge der Grundsätze, wird eine allgemeine **Rangfolge von Schutzmaßnahmen**, vergleichbar mit der Regelung in § 19 GefStoffV, festgelegt. Der Gesetzgeber verlangt zwar nicht die optimale Lösung; es sollen Gefährdungen »möglichst« vermieden bzw. verbleibende Gefährdungen möglichst verringert werden. Allerdings ist der Arbeitgeber allgemein verpflichtet, eine Verbesserung des betrieblichen Arbeitsschutzes anzustreben (§ 3 Rn. 2) und dabei den Stand von Technik, Arbeitsmedizin und Arbeitshygiene sowie sonstige gesicherte arbeitswissenschaftliche Erkenntnisse zu berücksichtigen (Rn. 7 ff.). Im Rahmen von Investitions- und Reorganisationsentscheidungen ist der Arbeitgeber daher verpflichtet, provisorische Lösungen bei der Sicherheit und dem Gesundheitsschutz zu optimieren.

6 Der Grundsatz der **Gefahrenbekämpfung an der Quelle** steht in der Rangfolge bei der Festlegung von Schutzmaßnahmen an erster Stelle. Er bezieht sich im Rahmen des ArbSchG auf Maßnahmen des betrieblichen Arbeitsschutzes. Es geht darum, nicht die Folgen einer Gefahr zu verhindern oder zu begrenzen, sondern präventiv ihre Ursachen zu beseitigen; die Regelung korrespondiert mit dem Grundsatz des Vorrangs von kollektiven gegenüber individuellen Schutzmaßnahmen (Rn. 18). Die »Gefahrenbekämpfung an der Quelle« stellt auch inhaltliche Bezüge zum **vorgelagerten, produktbezogenen Arbeitsschutz** her (GSG; ChemG; GefStoffV). Beim vorgelagerten Arbeitsschutz geht es um Regelungen, durch die »gegen die Gefahren ein viel lückenloserer Damm errichtet wird, als wenn den Gefahren an jeder einzelnen Arbeitsstätte besonders nachgegangen werden müßte« *(Herschel,* BB 67, 933). Bei den Herstellern »befindet sich ja die Quelle der abzuwehrenden Gefahren« (a. a. O., Einl. Rn. 60). Die Gefahrenbekämpfung bezieht sich nicht allein auf mögliche, technisch bedingte Betriebsstörungen, die zu Gefahren führen können (so *Nöthlichs,* 4016, S. 5), sondern auch auf mögliche Gefahren, die sich aus **organisatorischen Mängeln** im Betrieb und **psycho-sozialen Gefährdungen** ergeben können (zur entsprechenden, ganzheitlichen Planung von Arbeitsschutzmaßnahmen vgl. § 3 Rn. 1 ff.).

7 Bei der Planung, Durchführung und der Überprüfung von Arbeitsschutzmaßnahmen hat der Arbeitgeber **den Stand der Technik, der Arbeitsmedizin und der Arbeitshygiene** sowie sonstige **gesicherte arbeitswissenschaftliche Erkenntnisse** zu berücksichtigen. Dies bezieht sich insbesondere auf den Grundsatz der Gefahrenbekämpfung an der Quelle, aber auch auf alle anderen Arbeitsschutzmaßnahmen (RegE, S. 16). Aus dem Wort **»berücksichtigen«** kann nicht pauschal abgeleitet werden, daß der Grundsatz nicht verbindlich ist oder kein Sicherheitsgrad bestimmt wird, der nicht unterschritten werden darf. Dies würde der Grundpflicht des Arbeitgebers widersprechen, die Arbeitsschutzmaßnahmen veränderten Gegebenheiten anzupassen und eine Verbesserung von Sicherheit und

Gesundheitsschutz der Beschäftigten anzustreben (§ 3 Rn. 2). Gerade auf diese allgemeinen Verpflichtungen bezieht sich aber der Grundsatz zur Berücksichtigung des Standes der Erkenntnisse in § 4 Nr. 3. Im Unterschied zum Störfallrecht (§ 3 Abs. 4 StörfallV) oder zum Gefahrstoffrecht (vgl. § 36 Abs. 3 Satz 2 GefStoffV), die den »Stand der Technik« als Orientierung verbindlich vorschreiben (»Beachtung«), ermöglicht die »Berücksichtigung« des jeweiligen Standes »eine differenzierte Anwendung«, die sich an Intensität und Umfang der jeweiligen Gefahren orientiert. Dies entspricht der üblichen Verwendung des rechtlichen Terminus »berücksichtigen«, der in Normen verwandt wird, in denen dem Arbeitgeber ein gewisser Wertungsspielraum zukommt (§§ 90 BetrVG, 1 Abs. 3 KSchG), ohne jedoch die rechtliche Verbindlichkeit einer solchen Orientierung in Frage zu stellen. Im Rahmen der betrieblichen Arbeitsschutzorganisation können die Beschäftigten bzw. der Betriebs- oder Personalrat darauf hinwirken, daß neueste Erkenntnisse aus den in Nr. 4 genannten Bereichen bei den Arbeitsschutzmaßnahmen berücksichtigt werden.

Unter **Stand der Technik** ist ein Entwicklungsstand fortschrittlicher 8
Verfahren, Einrichtungen und Betriebsweisen zu verstehen, der die praktische Eignung einer Maßnahme zur Erreichung des in der jeweiligen Rechtsvorschrift vorgegebenen Sicherheits- oder Schutzziels als gesichert erscheinen läßt. Gem. § 3 Abs. 6 BImSchG ist Stand der Technik der Entwicklungsstand fortschrittlicher Verfahren, Einrichtungen oder Betriebsweisen, der die praktische Eignung einer Maßnahme zur Begrenzung von Emissionen gesichert erscheinen läßt, er findet sich außerdem in § 2 Abs. 3 StörfallV, § 11 Abs. 1 Nr. 3 GSG, § 3 Abs. 2 Nr. 5 RöntgenV, §§ 3 Abs. 9, 19 GefStoffV und § 19 GenTSV. Den Stand der Technik geben insbesondere auch die harmonisierten europäischen Normen wieder, die eine wichtige – wenn auch rechtlich nicht bindende – Konkretisierung der allgemeinen sicherheitstechnischen Anforderungen bedeuten, die in den EG-Richtlinien zur technischen Harmonisierung festgelegt sind (vgl. Einl. Rn. 66 ff.). Der Begriff des Stands der Technik geht weiter als der Begriff **»allgemein anerkannte Regeln der Technik«**, weil dafür weder eine allgemeine Anerkennung durch die Fachwelt noch eine allgemeine praktische Erprobung und Bewährung vorliegen muß. Regeln der (Sicherheits-) Technik beziehen sich auf alle technischen Maßnahmen, u. a. Beschaffenheit, Einrichtungen, Verfahren, Betriebsweisen, um Gesundheitsschäden für Arbeitnehmer und Dritte sowie ggf. auch Schäden für die Umwelt vorzubeugen (Rn. 11). Sie gelten dann als allgemein anerkannt, wenn ihre Anerkennung durch die Fachwelt erfolgt ist, sowie, wenn sie in der Fachpraxis erprobt und bewährt sind.

Der **Stand der Arbeitsmedizin** bezieht sich zum einen auf die entspre- 9
chenden arbeitsmedizinischen Regeln, die alle Maßnahmen, Mittel und Einrichtungen betreffen, um besondere arbeitsbedingte Gesundheitsschäden zu erkennen und zu verhüten, u. a. auch durch arbeitsmedizinische Untersuchungen (vgl. § 11). Wie beim Stand der Technik (Rn. 8) muß

dafür jedoch zum anderen weder eine allgemeine Anerkennung durch die Fachwelt noch eine allgemeine praktische Erprobung und Bewährung vorliegen.

10 Der **Stand der Arbeitshygiene** bezieht sich zum einen auf Regeln, die Maßnahmen im Betrieb zum Gegenstand haben, die sich u.a. auf die Verhütung übertragbarer Krankheiten, die Ernährung im Betrieb, die Arbeitskleidung, die Reinhaltung der Arbeitsstätte sowie auf sanitäre und soziale Einrichtungen beziehen. Wie beim Stand der Technik (Rn. 8) muß dafür jedoch zum anderen weder eine allgemeine Anerkennung durch die Fachwelt noch eine allgemeine praktische Erprobung und Bewährung vorliegen.

11 Der Begriff der **gesicherten arbeitswissenschaftlichen Erkenntnisse** ist in der Richtlinie 89/391/EWG nicht ausdrücklich, aber – aufgrund des dort verankerten ganzheitlichen und integrierten Arbeitsschutzbegriffs – implizit enthalten. Im deutschen Arbeitsschutzrecht findet sich der Begriff in einer Reihe von anderen Rechtsvorschriften des Arbeitsschutzes. Er wurde erstmals in das BetrVG 1972 eingeführt (§§ 90, 91 BetrVG) und findet sich in § 6 Abs. 1 ArbZG: »die Arbeitszeit der Nacht- und Schichtarbeiter ist nach den gesicherten arbeitswissenschaftlichen Erkenntnissen über die menschengerechte Gestaltung der Arbeit festzulegen« (vgl. weiterhin § 28 Abs. 1 Satz 2 JArbSchG, § 95 Abs. 1 SeemannsG, § 61 Abs. 1 Satz 1 BBergG, § 3 Abs. 1 Nr. 1 ArbStättV, § 17 Abs. 1 Satz 2 GefStoffV, § 8 Abs. 1 GenTSV; § 3 Abs. 1 UVV »Lärm« [VBG 121/BGV B 3]).

12 Eine **gesetzliche Definition** des Begriffs »arbeitswissenschaftliche Erkenntnisse« **besteht nicht**. Auch das ArbSchG liefert keine Definition; allerdings finden sich in den Grundsätzen für Maßnahmen des Arbeitsschutzes (§ 4) zentrale Erkenntnisse und Gestaltungsziele der Arbeitswissenschaften.

13 **Grundaufgabe** der Arbeitswissenschaft ist es, Erkenntnisse zu sammeln und anzuwenden, um sicherzustellen, daß Eigenschaften und Bedürfnisse der Menschen bei der Gestaltung von Arbeit berücksichtigt werden können. Dies betrifft sowohl die Neugestaltung von Arbeit als auch die Beurteilung bereits bestehender Arbeitsbedingungen.

14 Aufgrund der Vielzahl der Einzeldisziplinen kann von »der« **Arbeitswissenschaft** als einheitlicher Disziplin nicht gesprochen werden. Unter »Arbeitswissenschaft« ist daher eine Vielzahl von Fachdisziplinen zu verstehen, die naturwissenschaftliche und geisteswissenschaftliche Disziplinen sowie solche mit einschließt, die eine Mittelstellung zwischen Natur- und Geisteswissenschaft einnehmen (so die Arbeitspsychologie oder Arbeitssoziologie). Zu diesen Disziplinen gehören z.B. die Medizin, die Sozialwissenschaften, speziell die Psychologie, die Soziologie, die Pädagogik, die Wirtschaftswissenschaften, die Rechtswissenschaften und die Ingenieurwissenschaften.

Gesichert ist eine arbeitswissenschaftliche Erkenntnis dann, wenn sie den Methoden der Erkenntnisgewinnung der betreffenden Einzeldisziplin entspricht, es sei denn, sie wird durch Erkenntnis einer anderen arbeitswissenschaftlichen Disziplin generell oder bei der konkreten Anwendung auf die Arbeitsgestaltung des Betriebs widerlegt (falzifiziert) oder als ergänzungsbedürftig ausgewiesen. Zu den gesicherten arbeitswissenschaftlichen Erkenntnissen gehören: 15

- **Gestaltungsrichtlinien**, wenn über sie in Fachkreisen eine überwiegende Meinung dahin besteht, daß sie der Zielsetzung der menschengerechten Arbeitsgestaltung entsprechen, ihre Anwendung zweckmäßig und mit angemessenen Mitteln durchführbar ist. Dazu gehören DIN-Normen, Sicherheitsregeln der BG sowie die Arbeitsstättenrichtlinien des BMA (ASR) zur ArbStättV.
- **Übereinstimmende Aussagen zu Gestaltungszielen** auf Grund von Forschung und Forschungsanwendung, z.B. in Forschungs- und Forschungsanwendungsberichten und anderen Veröffentlichungen (z.B. Broschüren zu den Themenfeldern Technik, Gesundheitsschutz, Qualifizierung und Organisation oder der Reihe »Arbeitswissenschaftliche Erkenntnisse – Forschungsergebnisse für die Praxis«) der Bundesanstalt für Arbeitsschutz und Arbeitsmedizin, in entsprechenden Veröffentlichungen der Unfallversicherungsträger, in den Veröffentlichungen des Projektträgers »Arbeit und Technik«, in den arbeitswissenschaftlichen Veröffentlichungen der Arbeitsschutzinstitute der Länder, in Beschlüssen der BASI/LASI oder in Forschungs- und Forschungsanwendungsberichten öffentlicher und privater, wissenschaftlicher Institutionen.

Durch die **Verknüpfung** des Stands der Technik, der Arbeitsmedizin und der Arbeitshygiene mit den sonstigen gesicherten arbeitswissenschaftlichen Erkenntnissen wird – vergleichbar mit dem Begriff »Stand von Wissenschaft und Technik« in Rechtsvorschriften, die sich auf Technologien mit besonderen Risiken für Sicherheit, Gesundheit und Umwelt beziehen – eine weiterreichende Verpflichtung des Arbeitgebers als allein mit dem Begriff »Stand der Technik« verankert. Die erforderlichen Arbeitsschutzmaßnahmen müssen im Rahmen des Grundsatzes nach § 4 Nr. 3 mit der arbeitswissenschaftlichen und technischen Entwicklung Schritt halten und ein Höchstmaß an Sicherheit und Gesundheitsschutz gewährleisten (zur dynamischen Anpassung der Arbeitsschutzmaßnahmen mit dem Ziel der Verbesserung von Sicherheit und Gesundheitsschutz vgl. § 3 Rn. 2). Das Maß des Erforderlichen in bezug auf die allgemeinen Grundsätze bei Maßnahmen des Arbeitsschutzes bestimmt sich insbesondere nach dem neuesten arbeitswissenschaftlichen Erkenntnisstand. 16

Arbeitsschutzmaßnahmen nach dem ArbSchG gehen von einem ganzheitlichen Arbeitsschutzbegriff aus (vgl. § 1 Rn. 10; Einl. Rn. 9ff.) und umfassen die Verpflichtung zur Planung von Maßnahmen mit dem Ziel der 17

sachgerechten Verknüpfung von Technik, Arbeitsorganisation, sozialen Beziehungen und Einfluß der Umwelt auf den Arbeitsplatz. Eine rein technische Ausrichtung von Arbeitsschutzmaßnahmen reicht nicht aus.

18 Grundsätzlich haben **kollektive Schutzmaßnahmen**, die sich auf die Gestaltung und Organisation des Arbeitsprozesses und der Arbeitsmittel beziehen, **Vorrang gegenüber individuellen Schutzmaßnahmen**, die insbesondere durch den Einsatz von persönlichen Schutzausrüstungen bestimmt sind; z. B. Nachrüstung von Holzbearbeitungsmaschinen statt individuelle Verwendung von Atemschutzmasken oder Einsatz lärmarmer Maschinen statt Verwendung von Gehörschutz. Der Arbeitgeber hat in erster Linie bauliche, technische und organisatorische Schutzmaßnahmen zu versuchen. Dies entspricht den Grundsätzen der Gefahrenbekämpfung an der Quelle (Rn. 6) sowie der vom Arbeitgeber einzuhaltenden Rangfolge von Schutzmaßnahmen (Rn. 7).

19 Gefahren, die speziell **besonders schutzbedürftige Beschäftigtengruppen** betreffen können, sind bei den Arbeitsschutzmaßnahmen zu berücksichtigen. Besonders schutzbedürftig sind u. a. Jugendliche, werdende und stillende Mütter sowie behinderte Beschäftigte (RegE, S. 16; vgl. § 7 zur Verpflichtung des Arbeitgebers, bei der Übertragung von Aufgaben auf Beschäftigte ihre Befähigung zu berücksichtigen). Mit der Regelung wird Art. 15 Richtlinie 89/391/EWG umgesetzt. Aus diesem Grundsatz ergeben sich Bezüge zum sozialen Arbeitsschutz (JArbSchG, MuSchG; SchwbG; vgl. Einl. Rn. 57). Dabei ist zu berücksichtigen, daß die entsprechenden Spezialvorschriften einen engeren Geltungsbereich besitzen als das ArbSchG. Von Bedeutung ist die Regelung insbesondere für ältere, leistungsgewandelte Arbeitnehmer, da das geltende Recht bislang nur wenige Vorschriften zu ihrem speziellen Schutz kennt.

20 Zur Durchführung der Arbeitsschutzmaßnahmen muß der Arbeitgeber den Beschäftigten **geeignete Anweisungen** erteilen. Dies ist eine wichtige Voraussetzung für ein aktives Mitwirken der Beschäftigten zur Sicherung und Verbesserung des betrieblichen Arbeitsschutzes (zu den Pflichten und Rechten der Beschäftigten vgl. §§ 15, 16, 17). Die Form, in der diese Anweisung zu erfolgen hat, ist gesetzlich nicht festgeschrieben. Sie sollte an den Grad der Gefährdung angepaßt sein, die sich aufgrund der Arbeitsbedingungen für die jeweiligen Beschäftigten ergibt. Dieser Grundsatz wird durch die gesetzliche Verankerung von schriftlichen Anweisungen in speziellen Arbeitsschutzvorschriften gestützt (z. B. durch die Betriebsanweisung gem. § 20 GefStoffV). Aus der Verpflichtung der Arbeitgeber mit mehr als 10 Vollzeitbeschäftigten eine Dokumentation der Beurteilung der Arbeitsbedingungen vorzunehmen (vgl. § 6), ergibt sich die Notwendigkeit und die Möglichkeit einer systematisierenden Zusammenführung der allgemeinen und speziellen Anweisungen für die Beschäftigten zur Durchführung von Arbeitsschutzmaßnahmen (zur weitergehenden Unterweisung vgl. § 12).

Mittelbar oder unmittelbar **geschlechtsspezifisch wirkende Regelungen** sind nur dann zulässig, wenn dies aus biologischen Gründen zwingend geboten ist. Dieser Grundsatz wurde durch die Ausschußberatungen in das ArbSchG eingefügt und soll verhindern, daß die Beschäftigung von Frauen in bestimmten Beschäftigungsbereichen indirekt oder direkt erschwert oder verhindert und die Frauenerwerbstätigkeit negativ beeinflußt wird (Ausschuß, S. 3). Dies gilt z. B. für die Beschäftigung von Frauen in der Bauwirtschaft. Die technische Entwicklung in diesem Bereich, z. B. bei der Entwicklung und dem Einsatz ergonomischer Arbeitsmittel und Bauprodukte, läßt bestehende biologische Hinderungsgründe für eine Beschäftigung auch von Frauen in den Hintergrund treten. Andererseits schließt der Grundsatz nicht aus, daß der Arbeitgeber bei Arbeiten, die für weibliche Beschäftigte besondere Gefährdungen mit sich bringen (z. B. Heben und Tragen von schweren Lasten), geschlechtsspezifische Unterschiede zu berücksichtigen hat (vgl. § 7 zur Verpflichtung des Arbeitgebers, bei der Übertragung von Aufgaben auf Beschäftigte ihre Befähigung zu berücksichtigen). Der Arbeitgeber ist allerdings i. S. von § 3 Abs. 1 Satz 3 dazu angehalten, eine Verbesserung von Sicherheit und Gesundheitsschutz der Beschäftigten anzustreben, was eine Beseitigung derartiger Hinderungsgründe, auch i. S. einer menschengerechten Gestaltung der Arbeit, mit einschließt. 21

§ 5
[Beurteilung der Arbeitsbedingungen]

(1) Der Arbeitgeber hat durch eine Beurteilung der für die Beschäftigten mit ihrer Arbeit verbundenen Gefährdung zu ermitteln, welche Maßnahmen des Arbeitsschutzes erforderlich sind.

(2) Der Arbeitgeber hat die Beurteilung je nach Art der Tätigkeiten vorzunehmen. Bei gleichartigen Arbeitsbedingungen ist die Beurteilung eines Arbeitsplatzes oder einer Tätigkeit ausreichend.

(3) Eine Gefährdung kann sich insbesondere ergeben durch

1. **die Gestaltung und die Einrichtung der Arbeitsstätte und des Arbeitsplatzes,**
2. **physikalische, chemische und biologische Einwirkungen,**
3. **die Gestaltung, die Auswahl und den Einsatz von Arbeitsmitteln, insbesondere von Arbeitsstoffen, Maschinen, Geräten und Anlagen sowie den Umgang damit,**
4. **die Gestaltung von Arbeits- und Fertigungsverfahren, Arbeitsabläufen und Arbeitszeit und deren Zusammenwirken,**
5. **unzureichende Qualifikation und Unterweisung der Beschäftigten.**

Erst aufgrund **einer Beurteilung der Arbeitsbedingungen**, insbesondere 1
der Ermittlung der Gefährdungen für Sicherheit und Gesundheit der Beschäftigten (im folgenden »**Gefährdungsbeurteilung**«), läßt sich erkennen, welche Arbeitsschutzmaßnahmen i. S. von § 2 Abs. 1 erforderlich

sind (Abs. 1, vgl. RegE, S. 16). Das Instrument der Gefährdungsbeurteilung ist daher eine wichtige Voraussetzung für die betriebliche Umsetzung und Kontrolle der Pflichten des Arbeitgebers nach §§ 3 und 4 und bedeutet eine erhebliche Unterstützung zur Realisierung eines präventiven Arbeitsschutzes. Mit § 5 Abs. 1 wird Art. 6 Abs. 3 Buchst. a Richtlinie 89/391/EWG umgesetzt. Vergleichbare, wenngleich speziellere bzw. nicht so weit gehende Bestimmungen enthalten § 16 GefStoffV, § 7 StörfallV sowie § 45 Abs. 1 UVV »Allgemeine Vorschriften« (VBG 1/BGV A 1).

2 Eine Gefährdungsbeurteilung beginnt damit, daß der **Ist-Zustand** der Arbeitsbedingungen festzustellen ist, d. h. der Arbeitgeber muß die Arbeitsbedingungen im Betrieb hinsichtlich möglicher Gefährdungen für Sicherheit und Gesundheit der Beschäftigten überprüfen. Auf der Grundlage dieser Gefährdungsermittlung muß der Arbeitgeber diesen Ist-Zustand von Sicherheit und Gesundheitsschutz im Betrieb bewerten und **mit dem Soll-Zustand vergleichen**, der sich aus den Schutzzielen und den entsprechenden Maßnahmen des ArbSchG zur Erreichung dieser Ziele ergibt (vgl. §§ 2 Abs. 1, 3, 4). Die Gefährdungsbeurteilung und die auf ihrer Basis getroffenen Arbeitsschutzmaßnahmen i. S. von § 2 Abs. 1 sind gem. § 3 Abs. 1 Satz 2 auf ihre Wirksamkeit zu überprüfen **(Erfolgskontrolle)**. Dies schließt eine regelmäßige und ggf. außerordentliche Revision der Gefährdungsbeurteilung mit ein.

3 Die Gefährdungsbeurteilung gem. § 5 Abs. 1 muß **in allen Betrieben**, unabhängig von ihrer Größe und ihrem Zweck durchgeführt werden (zur Kleinbetriebsregelung bei der Dokumentation der Gefährdungsbeurteilung vgl. § 6 Rn. 6 ff.). Handlungshilfen stellen insbesondere die BAuA und die Berufsgenossenschaften zur Verfügung (vgl. *Kittner/Pieper,* Teil II, § 5 ArbSchG Rn. 14).

4 Vom Inhalt her vergleichbar, aber mit einer anderen Zielsetzung verknüpft, hat in Zusammenhang mit der Realisierung der **sicherheitstechnischen und betriebsärztlichen Betreuung** aller Beschäftigten die Verpflichtung zur Beurteilung der Arbeitsbedingungen insbesondere in Kleinst- und Kleinbetrieben an Bedeutung zugenommen (vgl. *Kittner/Pieper,* Teil IV, ASiG Rn. 41 ff.). Die Beurteilung dient hier zur Bestimmung des Umfangs und der Art der Betreuung. Bezogen auf die sicherheitstechnische Betreuung gilt dies insbesondere bei der Anwendung des sogenannten **»Unternehmermodells«**. So heißt es z. B. in der Durchführungsanweisung zu der entsprechenden Regelung des § 2 Abs. 4 UVV VBG 122/BGV A 6 der Maschinenbau- und Metall-BG: »Basis für die bedarfsgerechte mehrstündige Beratung ist eine im Betrieb durchgeführte Gefährdungsanalyse.« Nicht ausgeführt wird, wer diese Analyse verantwortlich durchzuführen hat (bei der **Regelbetreuung** ist hierfür die vom Arbeitgeber bestellte Fachkraft für Arbeitssicherheit verantwortlich, vgl. Durchführungsanweisung zu § 2 UVV VBG 122/BGV A 6, Nr. 2 Abs. 2). Die Bedeutung des Begriffs »Gefährdungs-/Belastungsanalyse«

im Rahmen des »Unternehmermodells« deckt sich nicht mit seiner Bedeutung als Instrument einer besonders komplexen Gefährdungsbeurteilung (Rn. 5). Zu ihrer Durchführung werden in Anhang 4 der zitierten UVV VGB 122/BGV A 6 Hinweise gegeben, die auch ein Ablaufschema enthalten.

Von der Gefährdungsbeurteilung wird die **Gefährdungsanalyse** unter- 5
schieden. Sie bezieht sich auf ganz bestimmte differenzierte und umfassende Instrumente einer Gefährdungsbeurteilung, die im Einzelfall, insbesondere bei großen Industrieanlagen, im Sinne einer umfangreichen und komplexen Gefährdungsbeurteilung erforderlich sein können (zur Bedeutung des Begriffs der Gefährdung-/Belastungsanalyse im Rahmen der betriebsärztlichen und sicherheitstechnischen Betreuung vgl. Rn. 4).

Hinzuweisen ist auch auf die **Gefahrenanalyse im Rahmen des vorge-** 6
lagerten, produktbezogenen Arbeitsschutzes, die der Hersteller von Maschinen zu erstellen hat (Anhang 1, Vorbemerkung Nr. 3 EG-Maschinenrichtlinie 89/392/EWG). Sie bezieht sich allerdings in erster Linie auf das Gerätesicherheitsrecht und ist für die betriebliche Durchführung des ArbSchG nur von mittelbarer Bedeutung (zur Wechselwirkung des produktbezogenen mit dem betriebsbezogenen Arbeitsschutz vgl. Einl. Rn. 61). Mit der Gefahrenanalyse hat der Hersteller alle mit seiner Maschine verbundenen Gefahren zu ermitteln; er muß die Maschine dann unter Berücksichtigung seiner Analyse bauen.

Zur Gefährdungsbeurteilung gehört, daß eine Gefährdung als solche **er-** 7
kannt und hinsichtlich ihrer Schwere (Art und Umfang des möglichen Schadens) **bewertet** wird (Abs. 2, RegE, S. 16). Hierbei können insbesondere auch der Stand der Technik und gesicherte arbeitswissenschaftliche Erkenntnisse sowie branchenspezifische Erfahrungen herangezogen werden (vgl. § 4 Rn. 7 ff.).

Die Gefährdungsbeurteilung ist **je nach Art der Tätigkeit** durchzufüh- 8
ren. Bei **gleichartigen Arbeitsbedingungen** muß der Arbeitgeber eine Beurteilung nur einmal vornehmen, weil in diesem Fall die Vermutung eines vergleichbaren Ergebnisses der Gefährdungsbeurteilung berechtigt ist. Auch die Heranziehung von Standardbeurteilungen wird damit ermöglicht (RegE, S. 16).

Weitere **Hilfen** zur Beurteilung können z. B. sein (vgl. hierzu die Gemein- 9
samen Grundsätze zur Erstellung von Handlungshilfen, BArbBl. 11/1997, 74; *Kittner/Pieper,* Teil II, § 5 ArbSchG Rn. 15 u. Anhang Nr. 4):

- die im Betrieb anzuwendenden bzw. angewandten Arbeitsschutzvorschriften,
- Informationsschriften und branchenspezifische Kataloge typischer Gefährdungen (Checklisten) (vgl. z. B. Checklisten des HVBG und der Einzelberufsgenossenschaften für ausgewählte Tätigkeitsbereiche; Veröffentlichungen der BAuA),

- UVV/BGV oder Durchführungsanweisungen zu UVV/BGV,
- die Arbeitsschutzfachliteratur,
- Gespräche und der Erfahrungsaustausch mit den betrieblichen und überbetrieblichen Arbeitsschutzakteuren (vgl. zu dem neuen gesetzlichen Beratungsauftrag für die staatlichen Arbeitsschutzbehörden § 21 Rn. 8; vgl. *Kittner/Pieper,* Teil IV, SGB VII, Rn. 19 zum Beratungsauftrag der Unfallversicherungsträger).

Aufgabe der **Betriebsärzte** und der **Fachkräfte für Arbeitssicherheit** ist es, den Arbeitgeber bei der Durchführung der Beurteilung der Arbeitsbedingungen zu beraten (vgl. §§ 3 Abs. 1 Nr. 1 Buchst. g, 6 Abs. 1 Nr. 1 Buchst. e ASiG; vgl. a. a. O., ASiG Rn. 68).

10 Als konkretisierende und beispielhafte, d. h. nicht abschließende **Hinweise zur Durchführung der Gefährdungsbeurteilung** werden im ArbSchG genannt:

1. die Gestaltung und Einrichtung der Arbeitsstätte und des Arbeitsplatzes,
2. physikalische, chemische und biologische Einwirkungen,
3. die Gestaltung, Auswahl und Einsatz von Arbeitsmitteln,
4. die Gestaltung von Arbeits- und Fertigungsverfahren, Arbeitsabläufen und Arbeitszeit und deren Zusammenwirkung,
5. die »unzureichende« Qualifikation und Unterweisung der Beschäftigten (Abs. 2).

Die Aufzählung dient als Anhaltspunkt für die vom Arbeitgeber nach Abs. 1 vorzunehmende Gefährdungsbeurteilung (RegE, S. 16). Sonstige Rechtsvorschriften enthalten konkrete Vorgaben und Verpflichtungen des Arbeitgebers zur Umsetzung dieser Hinweise.

§ 6
[Dokumentation]

(1) Der Arbeitgeber muß über die je nach Art der Tätigkeiten und der Zahl der Beschäftigten erforderlichen Unterlagen verfügen, aus denen das Ergebnis der Gefährdungsbeurteilung, die von ihm festgelegten Maßnahmen des Arbeitsschutzes und das Ergebnis ihrer Überprüfung ersichtlich sind. Bei gleichartiger Gefährdungssituation ist es ausreichend, wenn die Unterlagen zusammengefaßte Angaben enthalten. Soweit in sonstigen Rechtsvorschriften nichts anderes bestimmt ist, gilt Satz 1 nicht für Arbeitgeber mit zehn oder weniger Beschäftigten; die zuständige Behörde kann, wenn besondere Gefährdungssituationen gegeben sind, anordnen, daß Unterlagen verfügbar sein müssen. Bei der Feststellung der Zahl der Beschäftigten nach Satz 3 sind Teilzeitbeschäftigte mit einer regelmäßigen wöchentlichen Arbeitszeit von nicht mehr als 20 Stunden mit 0,5 und nicht mehr als 30 Stunden mit 0,75 zu berücksichtigen.

(2) Unfälle in seinem Betrieb, bei denen ein Beschäftigter getötet oder so verletzt wird, daß er stirbt oder für mehr als drei Tage völlig oder teilweise arbeits- oder dienstunfähig wird, hat der Arbeitgeber zu erfassen.

Mit der Pflicht des Arbeitgebers zur **Dokumentation der Gefährdungsbeurteilung** werden die Grundpflichten der §§ 3 und 5 um den wichtigen Aspekt der Transparenz der betrieblichen Arbeitsschutzsituation ergänzt (RegE, S. 17). Dies dient der betrieblichen Durchführung des Arbeitsschutzes, insbesondere den für den Arbeitsschutz verantwortlichen Personen, den Fachkräften für Arbeitssicherheit, Betriebsärzten und Sicherheitsbeauftragten, den Betriebs- und Personalräten sowie auch den zuständigen Aufsichtsstellen. Kontinuierliche betriebliche Arbeitsschutzpolitik ist sinnhaft nur bei einer gewissen Dokumentation der Entscheidungsgrundlagen möglich. Die Verantwortlichen im Betrieb, d. h. der Arbeitgeber oder verantwortliche Personen nach § 13 ArbSchG und die für die Überwachung zuständigen Stellen (vgl. §§ 21, 22), sind auf Unterlagen angewiesen, die ihnen Auskunft darüber geben, wie Gefährdungssituationen eingeschätzt werden, welche Schutzmaßnahmen auf der Grundlage von § 5 i. V. m. §§ 3, 4 getroffen sind und ob und mit welchem Ergebnis nach § 3 Abs. 1 Satz 2 ihre Wirksamkeit überprüft wurde. § 6 Abs. 1 Satz 1 verpflichtet den Arbeitgeber, entsprechende Unterlagen verfügbar zu halten. 1

Bei **gleichartiger Gefährdungssituation** werden **zusammengefaßte Aussagen** als ausreichend betrachtet. Der Arbeitgeber muß nicht notwendigerweise für jeden einzelnen Arbeitsplatz eine gesonderte Dokumentation vornehmen (RegE, S. 17). Es bleibt also dem Arbeitgeber überlassen, wie er der Dokumentationspflicht nach Satz 1 nachkommt (RegE, S. 17). Bei gleicher Gefährdungssituation ist vielmehr nach Satz 2 eine schematisierte Erfassung ausreichend, die mehrere Arbeitsplätze zusammenfaßt (a. a. O.). 2

Bei der **Erstellung der Dokumentation** kann auch auf die Berichte der betrieblichen Sicherheitsexperten zurückgegriffen werden (RegE, S. 17). Es ist weiterhin davon auszugehen, daß, wie bei der Durchführung der Gefährdungsbeurteilung, auch bei ihrer Dokumentation die für die Überwachung des Arbeitsschutzes zuständigen Stellen ihre beratende und unterstützende Funktion entsprechend ihrer Verpflichtungen in § 21 bzw. in § 17 SGB VII verstärkt wahrnehmen (vgl. § 5 Rn. 7, § 21 Rn. 8). 3

Vergleichbare, wenngleich **speziellere Bestimmungen** zur Dokumentation der Beurteilung von Arbeitsbedingungen enthalten § 16 Abs. 1 Satz 3 GefStoffV, § 6 Abs. 2 und 3 und §§ 7 bis 9 StörfallV sowie § 16 DruckluftV und § 11 UVV »Arbeitsmedizinische Vorsorge« (VBG 100/BGV A 4). 4

Arbeitgeber mit **10 oder weniger Beschäftigten** müssen über **keine Dokumentation** i. S. des § 6 Abs. 1 Satz 1 verfügen, soweit in sonstigen 5

Rechtsvorschriften nichts anderes bestimmt ist oder die zuständige Behörde aufgrund besonderer Gefährdungen eine entsprechende Anordnung trifft (§ 6 Abs. 1 Satz 3; vgl. Rn. 7ff.). Diese Kleinbetriebsregelung soll die dort regelmäßig vorherrschenden Entscheidungsstrukturen berücksichtigen (RegE, S. 17). Durch diese Ausnahmeregelung entfällt im Bereich der Kleinst- und Kleinbetriebe die generelle Verpflichtung, vorhandene Gefährdungen an den Arbeitsplätzen von mehreren Millionen Arbeitnehmern sowie die entsprechenden Schutzmaßnahmen und ihre Wirksamkeitsüberprüfung zu dokumentieren (nach Angaben der Bundesanstalt für Arbeit waren zum 31. 3. 1995 in Betrieben mit bis zu 9 Beschäftigten 4757368 Arbeitnehmer in 1586824 derartigen Betrieben beschäftigt; dazu kommen noch die Beschäftigten in Betrieben mit 10 Beschäftigten sowie die Betriebe, die unter die Teilzeit-Klausel von § 6 Abs. 1 Satz 4 fallen; vgl. Rn. 6). Die **Beurteilung der Arbeitsbedingungen** nach § 5 muß, unabhängig von der Frage ihrer Dokumentation, auch in diesen Betrieben vom Arbeitgeber durchgeführt werden (§ 5 Rn. 3).

6 Zur **Bestimmung des Begriffs** »Betriebe mit 10 oder weniger Beschäftigten« sind die Regelungen des § 9 BetrVG analog anzuwenden. Voraussetzung für die Dokumentationspflicht ist daher die Beschäftigung von in der Regel mehr als 10 Beschäftigten i.S. des ArbSchG (vgl. § 2 Rn. 12ff.). Auch nur **vorübergehend Beschäftigte** werden daher mitgezählt (a.a.O.). Im Unterschied zu § 9 BetrVG kommt es auf die Zahl der **Beschäftigten im Unternehmen** an, da sich das ArbSchG auf den Arbeitgeber und nicht auf den Betrieb bezieht (vgl. § 2 Rn. 26). Gem. § 6 Abs. 1 Satz 4 sind **Teilzeitbeschäftigte** bei der Feststellung der Zahl der Beschäftigten nach Satz 3 mit einer regelmäßigen wöchentlichen Arbeitszeit von nicht mehr als 20 Stunden mit 0,5 und nicht mehr als 30 Stunden mit 0,75 zu berücksichtigen. Mit dieser Regelung soll sichergestellt werden, daß die Beschäftigung von Teilzeitbeschäftigten nicht behindert wird (vgl. BT-Drs. 13/5107, S. 31f.; zur analogen Änderung des § 11 ASiG im Hinblick auf die Bildung des Arbeitsschutzausschusses vgl. *Kittner/Pieper,* Teil IV, ASiG Rn. 132). Mit Gesetz vom 19. 12. 1998 (BGBl. I, 3843, 3849) ist diese Regelung insoweit modifiziert worden, als Beschäftigte mit nicht mehr als 10 Stunden nicht mehr gesondert angerechnet werden können.

7 In **sonstigen Rechtsvorschriften** kann geregelt werden, daß eine Dokumentation der Gefährdungsbeurteilung auch in Betrieben mit 10 oder weniger Beschäftigten zu erfolgen hat. Eine derartige Regelung besteht in Form der Erstellung einer Betriebsanweisung (vgl. § 12 Rn. 4), z.B. in **§ 20 GefStoffV**, die sich allerdings nur auf den Umgang mit Gefahrstoffen bezieht. Die Regelung zur Dokumentation einer Sicherheitsanalyse durch die Betreiber von besonders risikobehafteten Anlagen in **§ 7 StörfallV** dürfte Betriebe mit 10 oder weniger Beschäftigten kaum erfassen. Von weitaus größerer Bedeutung, allerdings mit einer anderen Zielsetzung als § 6 Abs. 1 verbunden, sind Regelungen zur Dokumentation in Zusammenhang mit der Ermittlung der betriebsbezogenen Gefährdungen und Belastungen im Rahmen der gegenwärtig erfolgenden Neufassungen der **UVV »Fachkräfte für Arbeitssicherheit« (VBG 122/BGV A 6)** und der **UVV »Betriebsärzte« (VBG 123/BGV A 7)**, die sonstige Rechtsvorschriften i. S. des ArbSchG sind (vgl. § 2 Rn. 24). So werden z. B. in Anhang 4 (zu »Bedarfsgerechte Beratung«) der UVV VBG 122/BGV A 6 der Maschinenbau- und Metall-BG in Zusammenhang mit der Erstellung und dem Inhalt der Gefährdungs- und Belastungsanalyse, die der Ermittlung von Art und Umfang der sicherheitstechnischen Betreuung im Rahmen des »Unternehmermodells« dient (§ 5 Rn. 4), Hinweise gegeben, die auch ihre Dokumentation vorsehen.

Bei besonderen Gefährdungssituationen muß auf **Anordnung der zuständigen Behörde** eine Dokumentation der Beurteilung der Arbeitsbedingungen nach § 5 auch in Betrieben mit 10 oder weniger Beschäftigten erfolgen. Diese Regelung trägt der Tatsache Rechnung, daß die Zahl der Beschäftigten nichts über die Gefährdung von Sicherheit und Gesundheit im Betrieb aussagt. Die Praxis der Durchführung des ArbSchG wird zeigen, ob von dieser Vorschrift ausreichend Gebrauch gemacht werden wird. Jedenfalls wird auch aus **fachlicher Sicht** geltend gemacht, daß eine Dokumentation der Gefährdungsbeurteilung zumindest auch bei solchen Betrieben wünschenswert ist, bei denen die Art der Tätigkeit nicht nur sehr geringe Gesundheitsgefahren mit sich bringen kann. An die Dokumentation in Kleinbetrieben sind natürlich nicht die gleichen Anforderungen wie in Großbetrieben zu stellen. Unter Umständen reicht eine Bezugnahme auf die für den Arbeitsplatz einschlägigen Arbeitsschutz- und Unfallverhütungsvorschriften aus. Genutzt werden können Berichte der Fachkräfte für Arbeitssicherheit und der Betriebsärzte, bzw. der entsprechenden überbetrieblichen Dienste sowie Arbeitsmittel betreffende Herstellerunterlagen. Schließlich ist auf die Beratungspflicht der für den Arbeitsschutz zuständigen Stellen (vgl. § 21 Rn. 8; § 17 Abs. 1 SGB VII) und die Erarbeitung spezieller, auf die besonderen Bedürfnisse von Kleinbetrieben ausgerichteten Arbeitshilfen der Arbeitsschutzinstitutionen insgesamt zu verweisen (vgl. § 5 Rn. 7). 8

Ein wichtiges Argument für die freiwillige Dokumentation der Beurteilung der Arbeitsbedingungen nach § 5 auch von Arbeitgebern mit 10 oder weniger Beschäftigten ergibt sich aus der hierdurch bewirkten **Erleichterung der Darlegungs- und Beweislast** bei arbeits- oder sozialgerichtlichen Verfahren. Den Arbeitgeber, der über keine Dokumentation verfügt, trifft die volle Beweislast bei Ansprüchen der Beschäftigten, die sich aus Pflichtverletzungen des Arbeitgebers gegen Regelungen des ArbSchG ergeben. 9

Die Pflicht zur Erfassung und damit **Dokumentation von Unfällen**, bei denen ein Beschäftigter **getötet** oder so verletzt wird, daß er stirbt oder für mehr als drei Tage völlig oder teilweise **arbeits- oder dienstunfähig** wird, gilt für alle Arbeitgeber unabhängig von der Zahl der Personen, die 10 sie beschäftigen. Durch diese Regelung wird Art. 9 Abs. 1 Buchst. c und d i. V. mit Abs. 2 Richtlinie 89/391/EWG umgesetzt (Abs. 2). Sie steht in Einklang mit § 193 Abs. 1 Satz 1 SGB VII (RegE, S. 17).

§ 7
[Übertragung von Aufgaben]

Bei der Übertragung von Aufgaben auf Beschäftigte hat der Arbeitgeber je nach Art der Tätigkeiten zu berücksichtigen, ob die Beschäftigten befähigt sind, die für die Sicherheit und den Gesundheitsschutz bei der Aufgabenerfüllung zu beachtenden Bestimmungen und Maßnahmen einzuhalten.

1 Der Arbeitgeber muß bei der Übertragung von Aufgaben auf Beschäftigte berücksichtigen, ob diese **befähigt** sind, die für die Sicherheit und den Gesundheitsschutz bei der Aufgabenerfüllung zu beachtenden Bestimmungen und Maßnahmen einzuhalten. Notwendig ist insbesondere die Prüfung der körperlichen (z. B. der Hör- und Sehfähigkeit) und geistigen Befähigung (z. B. der Auffassungsgabe; RegE, S. 18). Durch diese Regelung wird Art. 6 Abs. 3 Buchst. b Richtlinie 89/391/EWG umgesetzt.

2 Die Regelung ist eine **nachrangige Arbeitsschutzmaßnahme** i. S. des § 4 Nr. 5; sie kommt nur in Betracht, wenn der Schutz des Beschäftigten nicht schon durch technische oder organisatorische Maßnahmen gewährleistet werden kann, die sich aus den Grundsätzen der Gefahrenverhütung gem. § 4 i. V. mit den allgemeinen Pflichten des Arbeitgebers gem. § 3 ergeben. Diese Maßnahmen stehen stets im Vordergrund.

§ 8
[Zusammenarbeit mehrerer Arbeitgeber]

(1) Werden Beschäftigte mehrerer Arbeitgeber an einem Arbeitsplatz tätig, sind die Arbeitgeber verpflichtet, bei der Durchführung der Sicherheits- und Gesundheitsschutzbestimmungen zusammenzuarbeiten. Soweit dies für die Sicherheit und den Gesundheitsschutz der Beschäftigten bei der Arbeit erforderlich ist, haben die Arbeitgeber je nach Art der Tätigkeiten insbesondere sich gegenseitig und ihre Beschäftigten über die mit den Arbeiten verbundenen Gefahren für Sicherheit und Gesundheit der Beschäftigten zu unterrichten und Maßnahmen zur Verhütung dieser Gefahren abzustimmen.

(2) Der Arbeitgeber muß sich je nach Art der Tätigkeit vergewissern, daß die Beschäftigten anderer Arbeitgeber, die in seinem Betrieb tätig werden, hinsichtlich der Gefahren für ihre Sicherheit und Gesundheit während ihrer Tätigkeit in seinem Betrieb angemessene Anweisungen erhalten haben.

1 Eine **besondere Gefährdungslage** kann daraus resultieren, daß Beschäftigte auf einer **Arbeitsstätte mehrerer Arbeitgeber tätig** sind. Sie äußert sich insbesondere in folgenden drei Aspekten:

- Das Hinzutreffen anderer, vielfach wechselnder Beschäftigter birgt ein eigenes Gefährdungspotential.
- Dem steht keine eingespielte Arbeitsschutzorganisation für den spezifischen Arbeitszusammenhang gegenüber.
- Zwar ist jeder Arbeitgeber für die Arbeitssicherheit der eigenen Beschäftigten verantwortlich. Jedoch besteht die Gefahr, daß jeder Arbeitgeber sich auf einen anderen verläßt mit der Folge von Arbeitsschutzlücken.

§ 8 soll auch bei der Zusammenarbeit mehrerer Arbeitgeber einen umfassenden Arbeitsschutz für alle Beschäftigten sicherstellen. Die beteiligten Arbeitgeber werden daher einer **neuartigen Zusammenarbeitspflicht** unterworfen. Ergänzende Regelungen können in Rechtsverordnungen und Unfallverhütungsvorschriften getroffen werden (RegE, S. 17).

- Für den Bereich der **Baustellen** legt die BaustellV ergänzende Regelungen zur Koordinierung von Sicherheit und Gesundheitsschutz bei der Planung der Ausführung und der Ausführung von Bauvorhaben fest (vgl. *Kittner/Pieper,* Teil III, BauStellV).
- Eine vergleichbare, wenngleich nicht so umfassende Verpflichtung enthält § 6 **UVV »Allgemeine Vorschriften«** (VBG 1/BGV A 1). Danach hat der Unternehmer, wenn dieser Aufträge übernimmt, deren Durchführung zeitlich und örtlich mit Aufträgen anderer Unternehmer zusammenfällt, sich mit den anderen Unternehmern abzustimmen, soweit dies zur Vermeidung einer gegenseitigen Gefährdung erforderlich ist (§ 6 Abs. 2 UVV VBG 1/BGV A 1).

Zwar bleiben die beteiligten Arbeitgeber **individualrechtlich** gem. § 618 **2**
BGB nur gegenüber den jeweils **eigenen Beschäftigten** zum Arbeitsschutz verpflichtet (vgl. Einl. Rn. 30). Jedoch ist § 8 im Verhältnis zu den Beschäftigten der anderen Arbeitgeber ein Schutzgesetz i. S. des § 823 Abs. 2 BGB. Kommen daher Beschäftigte wegen unterlassener oder ungenügender Zusammenarbeit der Arbeitgeber zu Schaden, haben sie gegen alle beteiligten Arbeitgeber einen Schadensersatzanspruch. Gegenüber dem eigenen Arbeitgeber ist er gem. § 104 SGB VII auf Vorsatz beschränkt. Gegenüber den übrigen Arbeitgebern besteht er dagegen auch bei leichter Fahrlässigkeit. Die Arbeitgeber haften als Gesamtschuldner (§ 830 BGB). Kann der Geschädigte darlegen und ggf. beweisen, daß eine Schädigung im Rahmen einer von § 8 Abs. 1 erfaßten Zusammenarbeit erfolgt ist, trägt der Arbeitgeber die Darlegungs- und Beweislast dafür, daß er seine Zusammenarbeitspflichten erfüllt hat bzw. deren Unterlassung für den Schaden nicht ursächlich war. Gem. § 106 Abs. 3 SGB VII gelten die Haftungsbeschränkungen gem. §§ 104, 105 SGB VII auch für die Ersatzpflicht der für die beteiligten Unternehmen Tätigen untereinander. Diese Versicherten bilden eine »Zwangsgefahrengemeinschaft«. Die Haftung der Unternehmer selbst wird von § 106 Abs. 3 SGB VII nicht betroffen.

3 Für den Fall der **Tätigkeit von Beschäftigten mehrerer Arbeitgeber an einem Arbeitsplatz** besteht eine unternehmensübergreifende Verpflichtung des jeweiligen Arbeitgebers zur Zusammenarbeit mit den anderen beteiligten Arbeitgebern bei der Durchführung von Arbeitsschutzbestimmungen. Diese Regelung bezieht sich sowohl auf **Betriebe**, in denen Beschäftigte von »Fremdfirmen« tätig sind (vgl. Rn. 10ff.), als auch auf **Arbeitsstätten außerhalb des eigentlichen Betriebes**, z. B. auf Baustellen und Montagearbeiten. Der Begriff des »Arbeitsplatzes« ist an der Zielsetzung des ArbSchG zu messen: Es handelt sich um die räumliche Umgebung, innerhalb derer ein Beschäftigter im Rahmen seiner vertraglichen Verpflichtungen tätig wird und bezüglich derer die Arbeitgeber Arbeitsschutzpflichten treffen. Sobald Beschäftigte anderer Arbeitgeber in derselben räumlichen Umgebung tätig werden, werden die Pflichten des Abs. 1 ausgelöst. Eine (arbeitsteilige) Zusammenarbeit mit Beschäftigten des anderen Arbeitgebers ist nicht erforderlich. Für den Bereich der Baustellen legt die BaustellV ergänzende, weitergehende Regelungen fest (vgl. Einl. Rn. 102; § 8 Abs. 1 setzt Art. 6 Abs. 4 und Art. 10 Abs. 2 Richtlinie 89/391/EWG um).

4 Die beteiligten Arbeitgeber müssen sich über mögliche Gefahrenpotentiale bei der Arbeit **gegenseitig unterrichten** und entsprechende **Maßnahmen der Gefahrenverhütung abstimmen**. Voraussetzung für die gegenseitige Unterrichtung und Abstimmung ist, daß sich jeder Arbeitgeber, schon im Rahmen seiner Verpflichtung zur Beurteilung der Arbeitsbedingungen nach § 5, **vorab darüber informiert**, welche sonstigen Arbeitgeber in bzw. auf der Arbeitsstätte tätig werden, deren Beschäftigte zeitlich und örtlich zusammen an einem Arbeitsplatz tätig sind. Die **gegenseitige Unterrichtung** umfaßt die von den jeweiligen Arbeitgebern vorgesehenen Arbeitstätigkeiten und insbesondere die möglichen Gefährdungen für Sicherheit und Gesundheit der Beschäftigten. Sie faßt insoweit die Ergebnisse der Beurteilung der Arbeitsbedingungen, die jeder der beteiligten Arbeitgeber gem. § 5 durchzuführen hat, zusammen. Das Vorhandensein einer Dokumentation gem. § 6 Abs. 1 Satz 1 ist hierfür eine wichtige Voraussetzung, die – gegebenenfalls durch Anordnung der zuständigen Behörde – auch von Arbeitgebern mit zehn und weniger Beschäftigten vorgehalten werden sollte (vgl. § 6 Abs. 1 Satz 3). Die gegenseitige Unterrichtung dient der Entwicklung und Abstimmung von, den jeweiligen Gefährdungen angemessenen, Schutzmaßnahmen. Diese können z. B. in der Bestellung von Aufsichtspersonen und Koordinatoren für die Sicherheit und den Gesundheitsschutz der Beschäftigten bestehen.

5 Eine **Dokumentation** der gegenseitigen Unterrichtung und der Abstimmung ist zwar als solche nicht vorgeschrieben (zur Anordnungsbefugnis der zuständigen Behörde s. § 22 Rn. 11 ff.). Kommen jedoch Beschäftigte bei einer von Abs. 1 erfaßten Zusammenarbeit zu Schaden, kann der Arbeitgeber ohne eine entsprechende Dokumentation seiner **Darlegungs- und Beweislast** praktisch nicht nachkommen. Gehen von der Zusammen-

arbeit mit anderen Arbeitgebern spezifische Gefährdungen aus bzw. erhöht sich dadurch ein vorhandenes Gefährdungspotential, ist dies in jedem Falle gem. § 5 zu beurteilen und gem. § 6 zu dokumentieren.

In die gegenseitige Unterrichtung sind die **Beschäftigten** einzubeziehen. 6
Sie sind auch über die aus der Abstimmung der Arbeitgeber resultierenden Schutzmaßnahmen zu unterrichten. Ergänzende Unterrichtungs- und Unterweisungsrechte der Beschäftigten ergeben sich aus den §§ 9 und 12 ArbSchG sowie aus § 81 BetrVG (vgl. *Kittner/Pieper,* Teil IV, BetrVG Rn. 47 ff.; zum öffentlichen Dienst § 14).

Die gegenseitige Unterrichtung hat **vor Tätigwerden** am gemeinsamen 7
Arbeitsplatz zu erfolgen.

Für die Zusammenarbeitspflicht mehrerer Arbeitgeber ist es unerheblich, 8
aus welchem **Grunde** sie ihre Beschäftigten an einem Arbeitsplatz tätig werden lassen. Eine **rechtliche Bindung** zwischen ihnen ist nicht erforderlich. Es reicht die bloße Tatsache, daß Beschäftigte an einem Arbeitsplatz eingesetzt werden.

Das Gesetz schreibt **keine Mindestdauer** für das Tätigwerden der Be- 9
schäftigten an einem Arbeitsplatz vor. Auch ein einmaliger Arbeitseinsatz löst die Zusammenarbeitspflicht der beteiligten Arbeitgeber aus. Der Umfang der notwendigen Abstimmung ergibt sich jeweils aus der konkreten Beurteilung der Arbeitsbedingungen (§ 5).

Für den Fall, daß in **einem Betrieb Beschäftigte anderer Arbeitgeber** 10
tätig werden, muß der für den Betrieb verantwortliche Arbeitgeber über die Pflicht der Zusammenarbeit mit dem Fremdunternehmen gem. Abs. 1 hinaus je nach Art der Tätigkeit überprüfen, ob diese Beschäftigten eine **adäquate Unterweisung** über entsprechende Gefahren für Sicherheit und Gesundheit erhalten haben (Abs. 2). Dies entspricht den Regelungen in Art. 10 Abs. 2 und 12 Abs. 2 Richtlinie 89/391/EWG.

Es geht hierbei nicht nur darum, daß Beschäftigte des einen Arbeitgebers 11
Beschäftigte des anderen gefährden können. Vielmehr geht es um die **besonderen Gefahren**, die von der Arbeitsstätte und den vorhandenen Einrichtungen ausgehen. Von dieser Regelung wird insbesondere der **Einsatz von Fremdfirmen** in Produktionsanlagen, Verkehrsbetrieben, Werkstätten, Laboratorien oder Krankenhäusern erfaßt, z. B. bei Reinigungs- und Reparaturarbeiten. Hier ist häufig die Unkenntnis über die von der Arbeitsstätte ausgehenden Gefahren bereits ein zusätzliches vermeidbares Gefahrenmoment. Art und Weise sowie Umfang der Erfüllung der Pflicht, sich über eine angemessene Unterrichtung zu vergewissern, richten sich entsprechend dem Verhältnismäßigkeitsgrundsatz nach der Gefährlichkeit der in dem Betrieb anfallenden Tätigkeit (RegE, S. 17).

Voraussetzung für die Überprüfung der Unterweisung der Fremdfirmen- 12
beschäftigten ist, daß sich der Arbeitgeber, schon im Rahmen seiner Verpflichtung zur Beurteilung der Arbeitsbedingungen nach § 5, darüber informiert, welche Beschäftigten anderer Arbeitgeber in seinem Betrieb

tätig werden und welche Gefährdungen hiervon für Sicherheit und Gesundheit seiner eigenen Beschäftigten ausgehen. Das Vorhandensein einer Dokumentation gem. § 6 Abs. 1 Satz 1 ist hierfür eine wichtige Bedingung, die – gegebenenfalls durch Anordnung der zuständigen Behörde – auch von Arbeitgebern mit zehn und weniger Beschäftigten vorgehalten werden sollte (vgl. § 6 Abs. 1 Satz 3).

13 § 8 Abs. 2 begründet – abgesehen von unmittelbaren erheblichen Gefahren nach § 9 Abs. 2 Satz 2 – zwar **keine öffentlich-rechtliche Verpflichtung** des Arbeitgebers, für den Schutz der in seinem Betrieb tätig werdenden Fremdfirmenbeschäftigte zu sorgen. Die unmittelbare Verantwortung für die Schutzmaßnahmen nach § 3 i. V. m. § 4 auf der Basis der Beurteilung der Arbeitsbedingungen nach § 5 und ihrer Dokumentation nach § 6 trifft vielmehr den Fremdarbeitgeber. § 8 Abs. 2 ist jedoch ein **Schutzgesetz** zugunsten der Fremdfirmenbeschäftigten i. S. des § 823 Abs. 2 BGB. Ist die fehlende Vergewisserung des Arbeitgebers gem. Abs. 2 (mit-)ursächlich für eine spätere Schädigung, so haftet der Arbeitgeber hierfür gegenüber dem Fremdfirmenbeschäftigten.

14 Die Zusammenarbeit mehrerer Arbeitgeber unterliegt der Mitbestimmung des **Betriebsrats** bzw. **Personalrats** (Einzelheiten *Kittner/Pieper,* Teil IV, BetrVG Rn. 43 f.; BPersVG Rn. 24 f.).

§ 9
[Besondere Gefahren]

(1) Der Arbeitgeber hat Maßnahmen zu treffen, damit nur Beschäftigte Zugang zu besonders gefährlichen Arbeitsbereichen haben, die zuvor geeignete Anweisungen erhalten haben.

(2) Der Arbeitgeber hat Vorkehrungen zu treffen, daß alle Beschäftigten, die einer unmittelbaren erheblichen Gefahr ausgesetzt sind oder sein können, möglichst frühzeitig über diese Gefahr und die getroffenen oder zu treffenden Schutzmaßnahmen unterrichtet sind. Bei unmittelbarer erheblicher Gefahr für die eigene Sicherheit oder die Sicherheit anderer Personen müssen die Beschäftigten die geeigneten Maßnahmen zur Gefahrenabwehr und Schadensbegrenzung selbst treffen können, wenn der zuständige Vorgesetzte nicht erreichbar ist; dabei sind die Kenntnisse der Beschäftigten und die vorhandenen technischen Mittel zu berücksichtigen. Den Beschäftigten dürfen aus ihrem Handeln keine Nachteile entstehen, es sei denn, sie haben vorsätzlich oder grob fahrlässig ungeeignete Maßnahmen getroffen.

(3) Der Arbeitgeber hat Maßnahmen zu treffen, die es den Beschäftigten bei unmittelbarer erheblicher Gefahr ermöglichen, sich durch sofortiges Verlassen der Arbeitsplätze in Sicherheit zu bringen. Den Beschäftigten dürfen hierdurch keine Nachteile entstehen. Hält die unmittelbare erhebliche Gefahr an, darf der Arbeitgeber die Beschäftigten nur in besonders begründeten Ausnahmefällen auffordern, ihre

Tätigkeit wiederaufzunehmen. Gesetzliche Pflichten der Beschäftigten zur Abwehr von Gefahren für die öffentliche Sicherheit sowie die §§ 7 und 11 des Soldatengesetzes bleiben unberührt.

Für **besondere Gefahren**, die sich für Sicherheit und Gesundheit der 1
Beschäftigten ergeben können, werden spezielle Regelungen getroffen (zum Begriff der »Gefahr« vgl. § 4 Rn. 2). Damit werden Art. 8 Abs. 3 bis 5 und Art. 6 Abs. 3 Buchst. d Richtlinie 89/391/EWG umgesetzt. **Die Größe einer Gefahr** ergibt sich im allgemeinen durch die Schwere des möglichen Schadens und seine Eintrittswahrscheinlichkeit (RegE, S. 18). Zur Konkretisierung des Begriffs der besonderen Gefahr wird im ArbSchG der Begriff der **»unmittelbaren erheblichen Gefahr«** verwendet. Mit ihm wird eine Sachlage bezeichnet, »bei der der Eintritt des Schadens sehr wahrscheinlich ist oder sein Eintritt nicht mehr abgewendet werden kann und der Schaden nach Art oder Umfang besonders schwer ist« (a. a. O.).

Besondere Gefahren **ermittelt** der Arbeitgeber durch die Beurteilung der 2
Arbeitsbedingungen gem. § 5 Abs. 1, um hieraus die Arbeitsschutzmaßnahmen i. S. des § 2 Abs. 1 zur Erfüllung der allgemeinen Pflichten nach § 3 festlegen zu können. Die Grundsätze nach § 4 sind hierbei zu beachten. Im Sinne des präventiven Arbeitsschutzverständnisses des ArbSchG hat der Arbeitgeber die besonderen Gefahren möglichst zu vermeiden bzw. gering zu halten und sie an der Quelle zu bekämpfen (§ 4 Nr. 1, 2).

Der Arbeitgeber hat Maßnahmen zu treffen, daß nur solche Beschäftigte 3
Zugang zu besonders gefährlichen Arbeitsbereichen haben, die zuvor geeignete Anweisungen erhalten haben (Abs. 1). **Gefährliche Arbeitsbereiche** sind Bereiche, in denen Beschäftigte Gefahren ausgesetzt sind, bei denen die Unterweisung nach § 12 und nach sonstigen Rechtsvorschriften nicht ausreicht.

Die vom Arbeitgeber zu treffenden **Schutzmaßnahmen** sind darauf ge- 4
richtet, die Faktoren, die die Größe einer Gefahr bestimmen (vgl. Rn. 1), so zu beeinflussen, daß das verbleibende Risiko akzeptabel bleibt. Je schwerer ein möglicher Schaden für den Beschäftigten sein kann, desto stärker müssen die Maßnahmen sein, die seinen Eintritt verhindern (RegE, S. 18). Zu diesen Maßnahmen kann es daher auch gehören, daß die Beschäftigten für die Bewältigung irregulärer Betriebsabläufe besonders ausgebildet sein müssen oder daß zur Bewältigung von Notfällen nur **besonders befähigte Beschäftigte** zum Einsatz kommen dürfen.

Art und Umfang der **geeigneten Anweisungen** richten sich ebenfalls nach 5
der Art und Größe der besonderen Gefahr. Die Anweisungen des Arbeitgebers begründen Pflichten der Beschäftigten i. S. von § 15.

Der Arbeitgeber hat gegenüber den Beschäftigten eine **Unterrichtungs-** 6
pflicht, wenn diese unmittelbaren erheblichen Gefahren (zum Begriff vgl. Rn. 1) ausgesetzt sind (Abs. 2). Die Unterrichtung setzt voraus, daß der Arbeitgeber seinen Verpflichtungen aus den §§ 5, 3 und 4 nachkommt

(vgl. Rn. 2). Sie hat **frühzeitig** zu erfolgen, d.h. so, daß dem Beschäftigten von ihm selbst zu leistende Verhaltensweisen möglich sind, und jedenfalls vor dem Eintritt einer Schädigung von Leben und Gesundheit der Beschäftigten. Die Unterrichtung muß Informationen über die getroffenen bzw. über die zu treffenden **Schutzmaßnahmen** enthalten. Schutzmaßnahmen können beispielsweise sein: das Bereitstellen von Notrufeinrichtungen, Brandbekämpfungs- und Rettungsmittel, das Vorhalten von Notfall- und Rettungsplänen.

7 Wenn der zuständige Vorgesetzte nicht erreichbar ist, müssen Möglichkeiten für eine **eigenständige Gefahrenabwehr und Schadensbegrenzung** durch die Beschäftigten gegeben sein. **Maßnahmen der Schadensbegrenzung** sind Maßnahmen, die geeignet sind, nach dem Eintritt des Schadens, insbesondere wenn Leben und Gesundheit der Beschäftigten oder anderer Personen (z.B. Fremdfirmenbeschäftigte, Lieferanten, Kunden) betroffen sind, die Auswirkungen oder Folgen zu minimieren. Der Arbeitgeber muß dabei die vorhandenen technischen Mittel sowie die Kenntnisse der Beschäftigten, was ihre Befähigung zu eigenständiger Gefahrenabwehr mit einschließt, berücksichtigen. Gegebenenfalls sind geeignete Anweisungen i.S. von § 9 Abs. 1 zu erteilen.

8 Durch die Ausübung der eigenständigen Gefahrenabwehr dürfen den Beschäftigten **keine Nachteile** entstehen. Nachteil ist eine Schlechterstellung im Betrieb jeder Art, z.B. ungünstigere Arbeitsbedingungen, geringere Entlohnung, Verhinderung von Aufstiegschancen bis hin zur Kündigung. Das Benachteiligungsverbot gilt nicht, wenn die Beschäftigten **vorsätzlich oder grob fahrlässig** ungeeignete Maßnahmen getroffen haben. Grobe Fahrlässigkeit liegt vor, wenn die im Verkehr erforderliche Sorgfalt in besonders schwerem Maße verletzt worden ist. Diese Regelung läßt die Grundsätze unberührt, die in der arbeitsgerichtlichen Rechtsprechung für die **Haftung der Arbeitnehmer** für den dem Arbeitgeber in Ausübung der Arbeit entstandenen Schaden entwickelt worden sind (RegE, S. 18). Danach haftet der Arbeitnehmer bei leichter Fahrlässigkeit nicht. Bei normaler Fahrlässigkeit wird der Schaden unter Berücksichtigung aller Umstände zwischen Arbeitgeber und Arbeitnehmer aufgeteilt (vgl. *BAG-GS* 12. 6. 1992, NZA 1993, 547). In diesem Zusammenhang ist die Haftungsregelung des § 78 Abs. 1 Bundesbeamtengesetz zu sehen. Hiernach haften Beamten dem Dienstherrn generell nur noch dann, wenn sie vorsätzlich oder grob fahrlässig ihre Dienstpflicht verletzt haben. Diese beamtenrechtliche Regelung gilt kraft tarifvertraglicher Verweisung auch für die Arbeitnehmer im öffentlichen Dienst des Bundes (RegE, S. 18).

9 Der Arbeitgeber muß Maßnahmen ergreifen, die es den Beschäftigten bei unmittelbarer erheblicher Gefahr (zum Begriff vgl. Rn. 1) ermöglichen, sich durch sofortiges Verlassen der Arbeitsplätze in Sicherheit zu bringen. Damit wird Art. 8 Abs. 3 Buchst. b Rahmenrichtlinie 89/391/EWG umgesetzt. **Maßnahmen** i.S. dieser Regelung sind die Festlegung der Voraus-

setzungen, unter denen die Beschäftigten das Recht haben, den Arbeitsplatz zu verlassen, z. B. das Bereithalten von Rettungseinrichtungen und die Sicherung des Fluchtweges (vgl. §§ 19, 52 ff. ArbStättV; § 30 UVV »Allgemeine Vorschriften« [VBG 1/BGV A 1]).

Mit § 9 Abs. 3 Satz 1 wird ein allgemeines, arbeitsschutzrechtliches **Entfernungsrecht** des Beschäftigten verankert. Dieses Recht bringt zum Ausdruck, daß die Beschäftigten durch das ArbSchG befähigt werden sollen, »selbst als handelndes Subjekt am Arbeitsplatz aufzutreten und nicht als passives Objekt hoheitlicher Arbeitsschutzmaßnahmen zu fungieren«. Dieses Entfernungsrecht ist eine Konkretisierung der allgemeinen Einrede der Unzumutbarkeit der Arbeitsleistung bei erster Gefahr, die sich aus § 242 BGB ergibt. 10

Das Entfernungsrecht setzt nicht voraus, daß die unmittelbare erhebliche Gefahr vom **Arbeitgeber selbst verursacht** worden ist. Durch die Verknüpfung mit dem Begriff der unmittelbaren erheblichen Gefahr ist das Entfernungsrecht an eine **objektiv bestehende Gefahrenlage** geknüpft. Eine bloß subjektive, nur nach der Meinung des Beschäftigten bestehenden Gefahrenlage ist von der Regelung nicht gedeckt. Dies war noch in § 9 Abs. 4 ArbSchRGE vorgesehen gewesen: »Dies gilt auch dann, wenn eine solche Gefahrenlage tatsächlich nicht bestanden hat, die Beschäftigten aber unter Berücksichtigung aller Umstände von einer solchen Gefahr ausgehen konnten.« Demgegenüber gilt für den Bereich der **Bauwirtschaft** Art. 12 Nr. 1 des Übereinkommens Nr. 167 der IAO über den Arbeitsschutz im Bauwesen (von der Bundesrepublik Deutschland durch Gesetz v. 12. 1. 1988 ratifiziert; BGBl. II, S. 94). Danach »(hat) ein Arbeitnehmer das Recht …, sich außer Gefahr zu bringen, wenn er guten Grund zu der Annahme hat, daß eine unmittelbare und erhebliche Gefahr für seine Sicherheit oder Gesundheit besteht«. Hier ist das Entfernungsrecht sowohl an die objektiv bestehende Gefahrenlage als auch an die subjektive Einschätzung der Arbeitnehmer geknüpft. Das noch nicht ratifizierte Übereinkommen Nr. 155 der IAO über Arbeitsschutz und Arbeitsumwelt enthält in Art. 13 ein vergleichbares, generelles Entfernungsrecht für die Beschäftigten. 11

Den Beschäftigten dürfen aus der Wahrnehmung des Entfernungsrechts **keine Nachteile** (z. B. bei künftigen Arbeitseinsätzen oder Beförderungen) entstehen (vgl. Rn. 8). Damit wird Art. 8 Abs. 4 Rahmenrichtlinie 89/391/EWG umgesetzt. Für die Zeit einer zulässigen Entfernung von der Arbeit bleibt der **Entgeltanspruch bestehen**. 12

Irrt sich der Beschäftigte über das Vorliegen der Voraussetzungen des Entfernungsrechts, so ist zu unterscheiden: 13

– Ist der Irrtum vom Beschäftigten **verschuldet**, so ist dies nach allgemeinen Grundsätzen hinsichtlich der Verletzung von Vertragspflichten zu beurteilen; der Beschäftigte verliert gem. § 325 BGB seinen Entgeltanspruch für die Dauer der Entfernung. Eine mögliche Scha-

densersatzpflicht ist nach den Grundsätzen der Arbeitnehmerhaftung (Rn. 8) zu beurteilen.
- Hat der Beschäftigte den Irrtum **nicht verschuldet**, scheidet eine Schadensersatzpflicht aus. Grundsätzlich verliert er jedoch den Anspruch auf Arbeitsentgelt gem. § 323 BGB.
- Hat der **Arbeitgeber den Irrtum veranlaßt** (z.B. wegen ungenügender Information gem. §§ 7, 8 oder 9), so behält der Beschäftigte seinen Entgeltanspruch (§ 324 BGB).

14 Beim **Anhalten der unmittelbaren erheblichen Gefahr** darf der Arbeitgeber die Beschäftigten nur in begründeten Ausnahmefällen auffordern, ihre Tätigkeit wiederaufzunehmen (§ 9 Abs. 3 Satz 1 bis 3). Damit wird Art. 8 Abs. 3 Buchst. c Rahmenrichtlinie 89/391/EWG umgesetzt. Die Begründung des Arbeitgebers muß an der Größe der Gefahr, der sich die Beschäftigten bei Wiederaufnahme der Tätigkeit aussetzen, und ihrem Zweck orientieren. Die Aufforderung des Arbeitgebers kann z.B. berechtigt sein, wenn die Tätigkeiten des Beschäftigten erforderlich sind, um folgende Ziele zu verfolgen:

- die Rettung von Beschäftigten und anderen Personen, deren Leben und Gesundheit bedroht ist;
- die Begrenzung eines eingetretenen Schadens, wenn zu erwarten ist, daß die Gefahr und die Folgen der Gefahr, insbesondere für Leben und Gesundheit, sich noch weiter vergrößern;
- die Beseitigung von Störfällen;
- die Durchführung von Reparaturarbeiten, um die Arbeitsbereiche wieder betretbar zu machen, insbesondere wenn Leben und Gesundheit von Beschäftigten oder anderen Personen dadurch gesichert werden können.

Voraussetzung ist jedoch in jedem Falle, daß die vom Arbeitgeber verlangten Tätigkeiten **im Rahmen der vertraglichen Pflichten** des Beschäftigten liegen. Das Aufforderungsrecht des Arbeitgebers führt nicht zu einer Erweiterung des Direktionsrechts. Die Beschäftigten können die Wiederaufnahme der Tätigkeit ablehnen, insbesondere wenn dadurch ihr eigenes Leben und ihre eigene Gesundheit gefährdet würden.

15 Das allgemeine Entfernungsrecht in § 9 Abs. 3 wird ergänzt durch die **speziellere Regelung in § 21 Abs. 6 Satz 2 GefStoffV**, die ausdrücklich von einem Arbeitsverweigerungsrecht des einzelnen Arbeitnehmers spricht, allerdings den gleichen Zweck verfolgt. Nach dieser Regelung kann ein Arbeitnehmer die Arbeit verweigern, wenn durch die **Überschreitung bestimmter Konzentrations- oder Toleranzwerte eine unmittelbare Gefahr für Leben und Gesundheit** besteht (*BAG* 8. 5. 1996, DB 96, 2446). Hierbei geht es um den Schutz vor **arbeitsspezifischen Gefahren**, nicht aber vor den Gefahren, die jedem Menschen drohen (a.a.O.). Neben dem eigentlichen Umgang mit Gefahrstoffen sollen die Tätigkeiten erfaßt sein, die zwar kein Umgang im definierten Sinne sind, die aber im Gefahrenbereich des Umgangs erfolgen. Die §§ 15a bis 15e

und der Fünfte Abschnitt der GefStoffV schützen daher auch den Arbeitnehmer, der in der Nähe eines anderen tätig wird, der selbst mit Gefahrstoffen umgeht, dagegen nicht den Arbeitnehmer, der in belasteten Gebäuden arbeitet (a. a. O.). § 21 Abs. 6 GefStoffV normiert wie § 9 Abs. 3 eine Teilmenge an den Fällen des § 242 BGB.

Das allgemeine zivilrechtliche Recht zur **Zurückbehaltung bzw. Leistungsverweigerung** gem. § 273 Abs. 1 BGB bleibt von dem Entfernungsrecht des § 9 Abs. 3 Satz 1 unberührt. **Zweck** des Leistungsverweigerungsrechts ist nicht vorrangig der Arbeitsschutz, sondern die Einhaltung des vertraglichen Pflichtgefüges. Es setzt eine Pflichtverletzung des Gläubigers – hier also des Arbeitgebers als Gläubiger der Arbeitsleistung – voraus, ohne daß deswegen beim Schuldner – hier also dem Beschäftigten – eine unmittelbare erhebliche Gefahr für dessen Sicherheit und Gesundheit erwachsen müßte. Das Leistungsverweigerungsrecht bei der **Nichteinhaltung der Arbeitsschutzvorschriften** durch den Arbeitgeber ergibt sich aufgrund seiner vertraglichen Pflichten gegenüber den Beschäftigten, die einen Anspruch auf Erfüllung dieser Pflichten haben. Es bedarf einer objektiven Verletzung des Erfüllungsanspruchs des Beschäftigten. Hierfür genügt es, daß der Arbeitsschutzverstoß geeignet ist, Leben oder Gesundheit des Beschäftigten zu gefährden. Da dieses Ziel jedenfalls mittelbar allen Arbeitsschutzvorschriften zugrunde liegt, sind sie alle grundsätzlich geeignet, im Falle ihrer Verletzung das Leistungsverweigerungsrecht auszulösen. Ein Recht zur Arbeitseinstellung ergibt sich parallel aus § 134 BGB, nämlich dann, wenn eine **bestimmte Norm die Arbeit untersagt** oder eine Weisung des Arbeitgebers zur Durchführung von Arbeiten in gefährlichen Situationen untersagt (vgl. insbesondere § 26 Abs. 4 GefStoffV). 16

Im Hinblick auf den **Umgang mit Gefahrstoffen** i. S. der GefStoffV folgt aus § 618 BGB die Pflicht des Arbeitgebers, die Arbeitsplätze möglichst frei von gesundheitsschädlichen Chemikalien und sonstigen Gefahrstoffen zu halten (*BAG* 8. 5. 1996, DB 1996, 2447). Diese Pflicht ist aber durch die Ubiquität, also durch das allgemeine Vorhandensein dieser Stoffe in der Umwelt begrenzt (a. a. O.). Die Kausalität zwischen der Überschreitung bestimmter Konzentrationen oder Toleranzwerte und der Gesundheitsgefährdung ist zu verneinen, wenn sich die Gefahrstoffbelastung im Rahmen der üblichen Umweltbelastung hält (a. a. O.). Innerhalb dieser Grenzen besteht kein Leistungsverweigerungsrecht aus § 273 Abs. 1 BGB. Das Arbeitsschutzrecht soll die Arbeitnehmer vor erhöhten Gefahren schützen, die ihnen durch die Arbeit drohen, nicht aber gegen das allgemeine Lebensrisiko aller Menschen (a. a. O.). Für den Arbeitgeber ergibt sich allerdings aus §§ 3, 4 ArbSchG die Verpflichtung zu einer dynamischen Verbesserung des Arbeitsschutzes, die sich nicht mehr an der Natur des Betriebes oder der Dienstleistung, wie noch in der durch das ArbSchG abgelösten Regelung des § 120 a GewO oder in § 618 BGB 16a festgelegt, orientiert (so noch das *BAG*, a. a. O.). Dieser Grundsatz bezieht sich auch auf die Arbeitsschutzregelungen der GefStoffV.

17 Verletzt der Arbeitgeber eine Arbeitsschutzvorschrift, die den Charakter einer **Schutzzielbestimmung** hat, so besteht das Leistungsverweigerungsrecht des Beschäftigten nur so lange, bis der Arbeitgeber geeignete Maßnahmen trifft und dabei sein Ermessen fehlerfrei ausübt. Handelt es sich um eine ausfüllungsbedürftige **Rahmenvorschrift** i. S. von § 87 Abs. 1 Nr. 7 (Einl. Rn. 44) bzw. § 75 Abs. 3 Nr. 11 BPersVG (Einl. Rn. 45), besteht es nur so lange, bis der Arbeitgeber die Initiative ergreift, um mit dem Betriebsrat bzw. Personalrat zu einer Regelung zu kommen. Diese Einschränkungen gelten dann nicht, wenn für den Beschäftigten eine **unmittelbare Gefahr für Leben und Gesundheit** besteht, so daß der Arbeitgeber sofort handeln muß.

18 Das Leistungsverweigerungsrecht gem. § 273 Abs. 1 BGB darf **nicht unverhältnismäßig** ausgeübt werden. Es gilt § 242 BGB, wonach der Beschäftigte als Schuldner der Arbeitsleistung die Arbeitsleistung so zu bewirken hat, wie Treu und Glauben mit Rücksicht auf die Verkehrspflicht es erfordern. Das Leistungsverweigerungsrecht kann deshalb bei geringfügigen und kurzfristigen Pflichtverstößen entfallen, die keinen nachhaltigen Schaden bewirken können. Vor Ausübung seines Leistungsverweigerungsrechts muß der Beschäftigte den Arbeitgeber im Regelfall auffordern, die arbeitsschutzwidrige Situation zu bereinigen.

19 Wie beim Entfernungsrecht nach § 9 Abs. 3 dürfen dem Beschäftigten aus der Wahrnehmung des Leistungsverweigerungsrechts nach § 273 Abs. 1 BGB **keine Nachteile** entstehen (Rn. 8). Der **Entgeltanspruch** bleibt für die Dauer der berechtigten Wahrnehmung des Leistungsverweigerungsrechts bestehen.

20 Das Entfernungsrecht in § 9 Abs. 3 Satz 1 bezieht sich nur auf Situationen mit besonderen Gefahren für Sicherheit und Gesundheit der Beschäftigten. Besteht darüber hinaus auch eine **besondere Gefahr für andere bedeutende Rechtsgüter**, so können zusätzlich gesetzliche Pflichten greifen, die Beschäftigten in solchen Fällen besondere Pflichten auferlegen. Solche Pflichten der Beschäftigten zur Abwehr von Gefahren für die öffentliche Sicherheit (vgl. z. B. die Bordanwesenheitspflicht und die besonderen Dienstleistungspflichten für Seeleute nach §§ 28, 29 SeemannsG) gehen in jedem Fall vor. Das gleiche gilt für die soldatenrechtlichen Regelungen der Treue- und Gehorsamspflicht nach §§ 7 und 11 SoldG (RegE, S. 18).

21 Soweit für Beschäftigte eine allgemeine gesetzliche oder arbeitsvertragliche Pflicht zum Tätigwerden besteht, kann daraus eine **Garantenstellung im strafrechtlichen Sinne** erwachsen. Unterlassene Hilfeleistung kann dann je nach Rechtsgutverletzung zur Verwirklichung eines Straftatbestands führen.

§ 10
[Erste Hilfe und sonstige Notfallmaßnahmen]

(1) Der Arbeitgeber hat entsprechend der Art der Arbeitsstätte und der Tätigkeiten sowie der Zahl der Beschäftigten die Maßnahmen zu treffen, die zur Ersten Hilfe, Brandbekämpfung und Evakuierung der Beschäftigten erforderlich sind. Dabei hat er der Anwesenheit anderer Personen Rechnung zu tragen. Er hat auch dafür zu sorgen, daß im Notfall die erforderlichen Verbindungen zu außerbetrieblichen Stellen, insbesondere in den Bereichen der Ersten Hilfe, der medizinischen Notversorgung, der Bergung und der Brandbekämpfung eingerichtet sind.

(2) Der Arbeitgeber hat diejenigen Beschäftigten zu benennen, die Aufgaben der Ersten Hilfe, Brandbekämpfung und Evakuierung der Beschäftigten übernehmen. Anzahl, Ausbildung und Ausrüstung der nach Satz 1 benannten Beschäftigten müssen in einem angemessenen Verhältnis zur Zahl der Beschäftigten und zu den bestehenden besonderen Gefahren stehen. Vor der Benennung hat der Arbeitgeber den Betriebs- oder Personalrat zu hören. Weitergehende Beteiligungsrechte bleiben unberührt. Der Arbeitgeber kann die in Satz 1 genannten Aufgaben auch selbst wahrnehmen, wenn er über die nach Satz 2 erforderliche Ausbildung und Ausrüstung verfügt.

Entsprechend der Art der Arbeitsstätte und der Tätigkeiten sowie der Zahl 1
der Beschäftigten hat der Arbeitgeber **Maßnahmen zur Sicherstellung der Ersten Hilfe, der Brandbekämpfung und der Evakuierung der Beschäftigten** zu treffen (Abs. 1 Satz 1). Der Anwesenheit anderer Personen, d.h. Personen, die nicht im Betrieb beschäftigt werden, z.B. Kunden und Besucher (RegE, S. 18), muß Rechnung getragen werden (Abs. 1 Satz 2). Bei Zusammenarbeit mit anderen Arbeitgebern ist den daraus erwachsenden Gesamtanforderungen gem. § 8 Rechnung zu tragen.

Der Arbeitgeber muß auch sicherstellen, daß im Notfall die erforderlichen 2
Verbindungen zu **außerbetrieblichen Stellen** eingerichtet sind und nach Zahl, Ausbildung und Ausrüstung ausreichendes Personal für die Notfallmaßnahmen im Betrieb zur Verfügung steht. Berücksichtigt werden muß auch die Befähigung von Beschäftigten, die gegebenenfalls Aufgaben im Rahmen von § 10 übernehmen sollen (vgl. § 7). Mit diesen Regelungen wird Art. 8 Abs. 1 Richtlinie 89/391/EWG umgesetzt. Maßnahmen i.S. von § 10 nach sonstigen Rechtsvorschriften, z.B. UVV/BGV (vgl. UVV VBG 109/BGV A 5), bleiben unberührt.

Zur Erfüllung der Aufgaben in Abs. 1 hat der Arbeitgeber **Beschäftigte zu** 3
benennen (Abs. 2 Satz 1). Ihre Anzahl, Ausbildung und Ausrüstung müssen in einem angemessenen Verhältnis zur Zahl der Beschäftigten und zu den bestehenden besonderen Gefahren stehen. Diese Regelung setzt Art. 8 Abs. 2 Richtlinie 89/391/EWG um.

4 Vor der Benennung dieser Beschäftigten hat der Arbeitgeber den **Betriebs- oder Personalrat anzuhören** (Abs. 2 Satz 2). Diese Regelung setzt Art. 11 Abs. 2 Buchst. b Richtlinie 89/391/EWG um. § 25 Abs. 2 SchwbG, wonach die Schwerbehindertenvertretung vom Arbeitgeber in allen Angelegenheiten, die einen einzelnen Schwerbehinderten oder die Schwerbehinderten als Gruppe berühren, rechtzeitig und umfassend zu unterrichten und vor einer Entscheidung zu hören ist, bleibt unberührt (RegE, S. 19). Bemerkenswert ist, daß insoweit ausdrücklich eine Betriebsrats- oder Personalratszuständigkeit auch für Personen begründet wird, die nicht Arbeitnehmer i. S. des § 5 BetrVG sind (näher *Kittner/Pieper*, Teil IV, BetrVG Rn. 42).

5 Der **Arbeitgeber** kann die Aufgaben der Ersten Hilfe, Brandbekämpfung und Evakuierung **selbst übernehmen**, wenn er über die erforderliche Ausbildung und Ausrüstung verfügt (Abs. 2 Satz 3). Hierzu gehört auch die Einrichtung von Betriebsfeuerwehren, die sich aus Vorschriften der Länder ergibt.

§ 11
[Arbeitsmedizinische Vorsorge]

Der Arbeitgeber hat den Beschäftigten auf ihren Wunsch unbeschadet der Pflichten aus anderen Rechtsvorschriften zu ermöglichen, sich je nach den Gefahren für ihre Sicherheit und Gesundheit bei der Arbeit regelmäßig arbeitsmedizinisch untersuchen zu lassen, es sei denn, auf Grund der Beurteilung der Arbeitsbedingungen und der getroffenen Schutzmaßnahmen ist nicht mit einem Gesundheitsschaden zu rechnen.

1 Die **besondere arbeitsmedizinische Vorsorge** des § 11 umfaßt Beratung und Untersuchung (RegE, S. 19). Von umfangreichen Bestimmungen zur arbeitsmedizinischen Vorsorge, wie sie noch im ArbSchRGE vorgesehen waren (§§ 20 bis 25 ArbSchRGE), wird abgesehen; der Gesetzgeber beschränkt sich auf die buchstabengetreue Umsetzung von Art. 14 Abs. 2 Richtlinie 89/391/EWG.

2 Allgemein sind unter **arbeitsmedizinischer Vorsorge** medizinische Maßnahmen zum Personenschutz zu verstehen, die ähnlich wie die Verwendung persönlicher Schutzausrüstungen die grundsätzlich vorrangigen technischen und organisatorischen Schutzmaßnahmen ergänzen sollen.

3 **Zweck** des § 11 ist es, dem Beschäftigten die Möglichkeit zu geben, sich arbeitsmedizinisch daraufhin untersuchen zu lassen, ob die für ihn vorgesehene oder die ihm übertragene Arbeit mit einer Gesundheitsgefährdung verbunden sein kann. Einen vergleichbaren Zweck verfolgt § 3 Abs. 1 Nr. 2 ASiG (vgl. *Kittner/Pieper,* Teil IV, ASiG Rn. 80 ff.), wonach der vom Arbeitgeber gem. § 2 ASiG zu bestellende **Betriebsarzt** die Arbeitnehmer zu untersuchen, arbeitsmedizinisch zu beurteilen und zu beraten sowie die Untersuchungsergebnisse zu erfassen und auszuwerten

hat. Die Regelung begründet im Unterschied zu § 11 keinen öffentlich-rechtlichen Anspruch der Beschäftigten auf arbeitsmedizinische Vorsorge gegenüber dem Arbeitgeber.

Hervorzuheben ist die Bestimmung, nach der der Arbeitgeber die besondere arbeitsmedizinische Vorsorgeuntersuchung gem. § 11 nicht von sich aus, sondern **nur auf Wunsch des Beschäftigten** zu ermöglichen hat. Um einen Mißbrauch der arbeitsmedizinischen Vorsorge zu unterbinden, wird sie außerdem unmittelbar an die Beurteilung der Arbeitsbedingungen nach § 5 und an die danach zu ergreifenden Schutzmaßnahmen gem. § 3 i. V. m. § 4 geknüpft (vgl. RegE, S. 19). Der Arbeitgeber kann also nicht losgelöst vom betrieblichen Gefährdungspotential und dem Zweck des ArbSchG Untersuchungen nach § 11 ermöglichen. **4**

Die Untersuchungen dienen ausschließlich der **Beratung des Arbeitnehmers** und haben ohne dessen Einwilligung keine arbeitsrechtlichen Konsequenzen (Umsetzung an einen anderen Arbeitsplatz) zur Folge. Zur Weitergabe der Untersuchungsergebnisse an den Arbeitgeber muß der Beschäftigte den untersuchenden Arzt von dessen **Schweigepflicht entbinden**. Eine arbeitsrechtliche Verpflichtung hierzu besteht nicht. **5**

Der Arbeitgeber ist zur Ermöglichung der arbeitsmedizinischen Vorsorge nur dann nicht verpflichtet, wenn aufgrund der Beurteilung der Arbeitsbedingungen nach § 5 und der getroffenen Schutzmaßnahmen **nicht mit einem Gesundheitsschaden zu rechnen ist**. Ein Betrieb ohne Gefährdungen ist freilich kaum vorstellbar. Durch die Anknüpfung an die Gefährdungsbeurteilung und die getroffenen Schutzmaßnahmen werden objektive und leicht zugängliche Kriterien eingeführt, die geeignet sind, auch hier Mißbrauch zu verhindern (RegE, S. 19). Dieses Argument unterstreicht indirekt die fachliche Notwendigkeit einer – entsprechend angepaßten – freiwilligen Dokumentation der Gefährdungsbeurteilung auch durch Arbeitgeber mit 10 oder weniger Beschäftigten (§ 6 Rn. 5 ff.). **6**

Regelungen zur **arbeitsmedizinischen Vorsorge in sonstigen Rechtsvorschriften** bleiben unberührt. In diesem Zusammenhang können ärztliche Untersuchungen wie folgt unterschieden werden **7**

- **allgemeine arbeitsmedizinische Vorsorgeuntersuchungen**, die mit den Kriterien des § 11 vergleichbar sind (§ 3 Abs. 1 Nr. 2 ASiG; § 6 Abs. 3 ArbZG; § 6 Abs. 1 BildscharbV; § 15 Abs. 1 i. V. m. Anhang IV BioStoffV [Anbieten von Untersuchungen nach dem Ende der Beschäftigung], § 15 Abs. 2 BioStoffV);
- rechtlich vorgeschriebene **spezielle arbeitsmedizinische Vorsorgeuntersuchungen** (§ 28 i. V. m. Anhang VI GefStoffV; § 12 Abs. 8 i. V. m. Anhang VI GenTSV; § 67 StrSchV; § 37 RöntgenV; § 10 DruckluftV; § 2 i. V. m. Anlage I UVV »Arbeitsmedizinische Vorsorge« [VBG 100/BGV A 4]; § 15 Abs. 1 i. V. m. Anhang IV BioStoffV [Untersuchungen vor der Aufnahme der Beschäftigung und danach in regelmäßigen Abständen]);

- **Erstuntersuchungen** und **Nachuntersuchungen** nach dem **JArbSchG** (§§ 32 bis 35 und 42 JArbSchG);
- rechtlich vorgeschriebene **Eignungs- oder Tauglichkeitsuntersuchungen** in Zusammenhang mit besonderen Arbeitstätigkeiten (§ 2 GesBergV i. V. m. § 66 BBergG [auch Vorsorge]; § 12 KlimaBergV i. V. m. § 66 BBergG; § 1 SeediensttauglichkeitV i. V. m. § 81 SeemannsG; § 24 BinSchPatentV; § 24a LuftVZO i. V. m. § 4 LuftVG; § 125 LuftPersV i. V. m. § 4 LuftVG; § 57 Abs. 1 Nr. 3 PBefG; §§ 18 und 47 BSeuchG; verschiedene UVV [z. B. UVV »Krane« (VBG 9/ BGV D 6), UVV »Flurförderfahrzeuge« (VBG 36/BGV D 27)]);
- **Einstellungsuntersuchungen auf Verlangen des Arbeitgebers** (in der Privatwirtschaft bislang ohne rechtliche Regelungen, bei den Beamten auf der Grundlage von Art. 33 Abs. 2 GG, bei anderen Beschäftigten im öffentlichen Dienst auf der Grundlage von § 7 BAT).

8 Bei der Erfüllung der Verpflichtung nach § 11, bei den allgemeinen arbeitsmedizinischen Vorsorgeuntersuchungen und bei den Nachuntersuchungen gem. § 33 ff. JArbSchG kann sich der Arbeitgeber unter Anrechnung auf die Regelarbeitszeit von dem vom ihm bestellten **Betriebsarzt** unter Anrechnung auf dessen Regeleinsatzzeit unterstützen lassen. Dagegen können die speziellen arbeitsmedizinischen Untersuchungen, die Einstellungs- und Tauglichkeitsuntersuchung und die Erstuntersuchungen nach § 32 JArbSchG nicht auf die Einsatzzeit angerechnet werden (vgl. *Kittner/Pieper,* Teil IV, ASiG Rn. 82 ff.).

§ 12
[Unterweisung]

(1) Der Arbeitgeber hat die Beschäftigten über Sicherheit und Gesundheitsschutz bei der Arbeit während ihrer Arbeitszeit ausreichend und angemessen zu unterweisen. Die Unterweisung umfaßt Anweisungen und Erläuterungen, die eigens auf den Arbeitsplatz oder den Aufgabenbereich der Beschäftigten ausgerichtet sind. Die Unterweisung muß bei der Einstellung, bei Veränderungen im Aufgabenbereich, der Einführung neuer Arbeitsmittel oder einer neuen Technologie vor Aufnahme der Tätigkeit der Beschäftigten erfolgen. Die Unterweisung muß an die Gefährdungsentwicklung angepaßt sein und erforderlichenfalls regelmäßig wiederholt werden.

(2) Bei einer Arbeitnehmerüberlassung trifft die Pflicht zur Unterweisung nach Absatz 1 den Entleiher. Er hat die Unterweisung unter Berücksichtigung der Qualifikation und der Erfahrung der Personen, die ihm zur Arbeitsleistung überlassen werden, vorzunehmen. Die sonstigen Arbeitsschutzpflichten des Verleihers bleiben unberührt.

1 Der Arbeitgeber hat die Beschäftigten **ausreichend und umfassend zu unterweisen** (Abs. 1). Es geht darum, daß Beschäftigte eine Gesundheitsgefährdung erkennen und entsprechend der vorgesehenen Maßnahmen

auch handeln können. Hierzu müssen sie auf die individuelle Arbeitssituation zugeschnittene Informationen, Erläuterungen und Anweisungen erhalten (RegE, S. 19). Die Unterweisung ist ein grundlegendes Instrument, um Beschäftigte in den Stand zu versetzen, Arbeitsschutzanordnungen richtig zu erfassen und sich sicherheitsgerecht zu verhalten (vgl. a.a.O.). § 12 Abs. 1 setzt Art. 12 Richtlinie 89/391/EWG um. Diese Vorschrift geht über die bloße Unterrichtung der Beschäftigten über Gefahren für Sicherheit und Gesundheit, denen sie bei der Arbeit ausgesetzt sein können, sowie über die Maßnahmen und Einrichtungen zur Verhütung dieser Gefahren hinaus (Rn. 5, § 14; *Kittner/Pieper,* Teil IV, BetrVG Rn. 6).

Eine allgemeine Grundverpflichtung des Arbeitgebers zur Unterweisung ergibt sich parallel aus § 7 **UVV »Allgemeine Vorschriften« (VBG 1/ BGV A 1)**. Danach sind die Arbeitnehmer über die bei ihrer Arbeit auftretenden Gefahren sowie über Maßnahmen zur Gefahrenabwehr vor der Beschäftigung und danach in angemessenen Zeitabständen, mindestens jedoch einmal jährlich, zu unterweisen (§ 7 Abs. 2 VBG 1/BGV A 1). **2**

Die Unterweisung gem. § 12 hat **während der Arbeitszeit ohne Entgeltminderung** für den Beschäftigten zu erfolgen. Die Unterweisung muß arbeitsplatz- und aufgabenbezogene **Anweisungen und Erläuterungen** umfassen. Die Befähigung der Beschäftigten gem. § 7 muß berücksichtigt werden. Die Unterweisung muß bei der Einstellung oder Versetzung, bei Veränderung im Aufgabenbereich, bei der Einführung neuer Arbeitsmittel oder neuer Technologien sowie vor Aufnahme der Tätigkeit erfolgen. Es besteht die Pflicht zur **Anpassung** der Unterweisung an die Gefährdungsentwicklung. Die Unterweisung muß darüber hinaus erforderlichenfalls regelmäßig **wiederholt** werden. **3**

Die Regelung des § 12 enthält keine Verpflichtung des Arbeitgebers zur Erstellung einer **Betriebsanweisung**, wie sie z.B. in § 20 GefStoffV festgelegt ist. Allerdings kann eine Betriebsanweisung regelmäßige Grundlage für eine Unterweisung i.S. von § 12 sein. Eine solche Betriebsanweisung kann in Form einer Betriebsvereinbarung erfolgen (zur Mitbestimmung des Betriebs- bzw. Personalrates vgl. *Kittner/Pieper,* Teil IV, BetrVG Rn. 14ff.; BPersVG Rn. 10f.). **4**

§ 12 konkretisiert und ergänzt die bestehenden Verpflichtungen des Arbeitgebers aus § 81 Abs. 1 Satz 2 BetrVG, wonach der Arbeitgeber den Arbeitnehmer vor Beginn der Beschäftigung über Unfall- und Gesundheitsgefahren, denen dieser bei der Beschäftigung ausgesetzt ist, sowie über die Maßnahmen und Einrichtungen zur Abwendung dieser Gefahren und die nach § 10 Abs. 2 ArbSchG getroffenen Maßnahmen zu **belehren** hat (Rn. 1; zur Unterrichtung und Anhörung der Beschäftigten des öffentlichen Dienstes vgl. § 14). **5**

6 Ergänzend ist auf Regelungen zur **Schulung der Arbeitnehmervertreter** in § 37 Abs. 6 und 7, §§ 40, 78 Satz 2, § 89 Abs. 2 i. V. mit § 80 Abs. 2 BetrVG sowie § 46 i. V. mit §§ 8, 44 sowie 81 Abs. 2 BPersVG hinzuweisen (vgl. RegE, S.19; *Kittner/Pieper*, Teil IV, BetrVG Rn. 46, BPersVG Rn. 28).

7 Besondere Verpflichtungen des Arbeitgebers zur Unterweisung von Beschäftigten sind in einer Reihe von weiteren, **speziellen Arbeitsschutzvorschriften** festgelegt. Die in den Rechtsverordnungen nach § 19 festgelegten Regelungen beziehen sich unmittelbar auf den Inhalt des § 12.

8 In Zusammenhang mit der **Benutzung von PSA** hat der Arbeitgeber bei der Unterweisung nach § 12 gem. § 3 Abs. 1 PSA-Benutzungsverordnung v. 4. 12. 1996 (BGBl. I S. 1841; *Kittner/Pieper,* Teil III, § 3 PSA-BV Rn. 1 ff.) die Beschäftigten darin zu **unterweisen**, wie die PSA sicherheitsgerecht benutzt wird (Satz 1). Durch diese Maßnahmen kann sowohl die Akzeptanz der Beschäftigten zum Tragen der PSA gefördert als auch die Befähigung zu deren sicherheitsgerechten Benutzung vermittelt werden (RegBegr, S. 19). Soweit erforderlich, führt der Arbeitgeber eine **Schulung** (mit praktischen Übungen; vgl. a. a. O.) in der Benutzung durch (Satz 2); dies gilt z. B. bei der Benutzung komplexer PSA nach § 7 Achte GSGV (RegBegr, S. 19). Weiterhin hat der Arbeitgeber für jede bereitgestellte PSA erforderliche **Informationen** für die Benutzung in für die Beschäftigten verständlicher Form und Sprache bereitzuhalten (Abs. 2); dies soll eine sicherheitsgerechte Benutzung von PSA sicherstellen (vgl. RegBegr, S. 19).

9 In Zusammenhang mit der **manuellen Handhabung von Lasten**, die für die Beschäftigten eine Gefährdung insbesondere der Lendenwirbelsäule mit sich bringen kann, hat der Arbeitgeber bei der Unterweisung nach § 12 gem. § 4 LastHandhabV vom 4. 12. 1996 (BGBl. I, S. 1842; *Kittner/Pieper,* Teil III, § 4 LasthandhabV Rn. 1 ff.) insbesondere den Anhang der VO und die körperliche Eignung der Beschäftigten zu berücksichtigen. Der Anhang der VO enthält Merkmale, aus denen sich eine Gefährdung von Sicherheit und Gesundheit, insbesondere der Lendenwirbelsäule, der Beschäftigten ergeben kann. Die **Unterweisung** sollte Informationen über rückenschonende Arbeitstechniken und Hebeverfahren enthalten. Können manuelle Handhabungen von Lasten nicht durch geeignete Maßnahmen oder Einsatz geeigneter Arbeitsmittel vermieden werden, dann ist die Unterweisung das wichtigste Instrument des Arbeitsschutzes, um die Beschäftigten hinsichtlich der eigenen Gesundheitsgefährdung bei der manuellen Handhabung von Lasten zu sensibilisieren und sie in den Stand zu versetzen, sich gesundheits- und sicherheitsgerecht zu verhalten (RegBegr, S. 23).

10 Aufgrund der GefStoffV v. 23. 10. 1993 (BGBl. I, S. 1783) hat der Arbeitgeber Arbeitnehmer (Arbeitnehmer i. S. des BetrVG oder der Personalvertretungsgesetze; § 21 Abs. 5 GefStoffV), die beim **Umgang mit Gefahrstoffen** beschäftigt werden, anhand der von ihm zu erstellenden

Betriebsanweisung über die auftretenden Gefahren sowie über die Schutzmaßnahmen zu **unterweisen** (vgl. § 20 Abs. 2 i. V. mit Abs. 1 GefStoffV).

Aufgrund § 9 UVV »Lärm« (VBG 121/BGV B 3) hat der Unternehmer die **Ergebnisse der Ermittlung von Lärmbereichen** im Betrieb und insbesondere von besonders gesundheitsgefährdenden Lärmbereichen (§ 7 UVV VBG 121/BGV B 3) den betroffenen Beschäftigten (»Versicherten«) **mitzuteilen** und sie über die Bedeutung der Ergebnisse, die Gefahren durch Lärm sowie über Maßnahmen, die entsprechend dieser UVV oder anderer einschlägiger Vorschriften vorgesehen sind, zu **unterweisen**. **11**

Gem. § 12 Abs. 2 BioStoffV sind die Beschäftigten anhand der Betriebsanweisung nach Abs. 1 über die Gefahren und die getroffenen Schutzmaßnahmen bei **Tätigkeiten mit biologischen Arbeitsstoffen** zu unterweisen (vgl. § 12 Abs. 2 BioStoffV). In Fällen, in denen ein Infektionsrisiko aufgrund einer erhöhten Unfallgefahr besteht, oder bei Unfällen, bei denen mit besonders schweren Infektionen gerechnet werden muß, müssen die Beschäftigten zusätzlich zu der Betriebsanweisung besondere Informationen erhalten (§ 12 Abs. 3 BioStoffV). **12**

Gem. § 12 GenTSV dürfen Beschäftigte nur mit **gentechnischen Arbeiten** beauftragt werden, wenn sie ausreichend qualifiziert und **eingewiesen** sind. Auf der Grundlage einer vom Betreiber der gentechnischen Anlage zu erstellenden Betriebsanweisung (§ 12 Abs. 2 GenTSV) müssen die Beschäftigten vor der Beschäftigung und danach mindestens einmal jährlich und arbeitsplatzbezogen über die auftretenden Gefahren sowie über die Sicherheitsmaßnahmen **unterwiesen** werden (vgl. § 12 Abs. 3 Sätze 1, 3 GenTSV). **13**

Der Betreiber von Anlagen, die unter den Geltungsbereich der **StörfallV** fallen, muß das Bedienungspersonal unterweisen und schulen sowie die Arbeitnehmer über die für sie in den betrieblichen Alarm- und Gefahrenabwehrplänen für den Störfall enthaltenen Verhaltensregeln **unterweisen** (§ 6 StörfallV). **14**

Personen, die Zutritt zu Sperr- und Kontrollbereichen i. S. von §§ 57, 58 **StrahlenschutzV** haben oder die außerhalb dieser Bereiche mit radioaktiven Stoffen umgehen oder ionisierende Strahlen anwenden, sind vor dem erstmaligen Zutritt bzw. vor Aufnahme der Arbeiten über die Gefahren und anzuwendenden Sicherheits- und Schutzmaßnahmen zu **belehren;** die Belehrung ist halbjährlich zu wiederholen (vgl. § 39 StrahlenschutzV). Der Begriff »Belehrung« ist i. S. von Unterweisung nach § 12 ArbSchG auszulegen. **15**

Die beim Betrieb von **Röntgeneinrichtungen** Beschäftigten müssen anhand der Gebrauchsanweisung in die sachgerechte Handhabung der Geräte durch fachkundiges Personal eingewiesen werden (vgl. § 18 Nr. 1 **RöntgenV**). Personen, denen der Zutritt zum Kontrollbereich erlaubt ist, und Personen, die Röntgenstrahlen anwenden – also besonders Arbeit- **16** nehmer –, sind vorher u. a. über die Arbeitsmethoden, die möglichen Gefahren und die anzuwendenden Schutzmaßnahmen zu **belehren;** die Belehrung ist halbjährlich zu wiederholen (vgl. § 36 RöntgenV). Der Begriff »Belehrung« ist i. S. von Unterweisung nach § 12 ArbSchG auszulegen.

17 Im Falle einer **Arbeitnehmerüberlassung** trifft die Verpflichtung zur Unterweisung gem. § 12 den Entleiher (Abs. 2). Die sonstigen Arbeitsschutzpflichten des Verleihers bleiben unberührt. Damit wird Art. 4 Richtlinie 91/383/EWG des Rates v. 25. 6. 1991 zur Ergänzung der Maßnahmen zur Verbesserung der Sicherheit und des Gesundheitsschutzes von Arbeitnehmern mit befristetem Arbeitsverhältnis (AblEG Nr. L 206 v. 29. 7. 1991, S. 19) umgesetzt (vgl. Einl. Rn. 85 *Kittner/Pieper,* Teil IV, AÜG Rn. 1 ff.; zur Verpflichtung des Arbeitgebers über den Stand der Kenntnisse zu Sicherheit und Gesundheitsschutz von Fremdfirmenbeschäftigten in seinem Betrieb vgl. § 8 Rn. 10 ff.).

§ 13
[Verantwortliche Personen]

(1) Verantwortlich für die Erfüllung der sich aus diesem Abschnitt ergebenden Pflichten sind neben dem Arbeitgeber

1. **sein gesetzlicher Vertreter,**
2. **das vertretungsberechtigte Organ einer juristischen Person,**
3. **der vertretungsberechtigte Gesellschafter einer Personenhandelsgesellschaft,**
4. **Personen, die mit der Leitung eines Unternehmens oder eines Betriebes beauftragt sind, im Rahmen der ihnen übertragenen Aufgaben und Befugnisse,**
5. **sonstige nach Absatz 2 oder nach einer auf Grund dieses Gesetzes erlassenen Rechtsverordnung oder nach einer Unfallverhütungsvorschrift beauftragte Personen im Rahmen ihrer Aufgaben und Befugnisse.**

(2) Der Arbeitgeber kann zuverlässige und fachkundige Personen schriftlich damit beauftragen, ihm obliegende Aufgaben nach diesem Gesetz in eigener Verantwortung wahrzunehmen.

1 Das ArbSchG geht vom **Grundsatz der Verantwortlichkeit des Arbeitgebers** für die Einhaltung der Arbeitsschutzbestimmungen im Betrieb aus (Abs. 1). Er hat grundsätzlich die ihm obliegenden Pflichten selbst zu erfüllen (RegE, S. 19). Entsprechendes gilt für die **Prävention im Recht der gesetzlichen Unfallversicherung**, gem. § 21 Abs. 1 SGB VII, wonach der Arbeitgeber für die Durchführung der Maßnahmen zur Verhütung von Arbeitsunfällen und Berufskrankheiten und für die Verhütung von arbeitsbedingten Gesundheitsgefahren verantwortlich ist (vgl. *Kittner/Pieper,* Teil IV, SGB VII Rn. 28). Damit wird im ArbSchG im Hinblick auf die Pflichten nach §§ 3 bis 14 ein allgemeiner Grundsatz kodifi-

ziert, wonach für die betriebliche Durchführung des Arbeitsschutzes in erster Linie der Arbeitgeber (= »Unternehmer«) verantwortlich ist. Dieser ist der arbeitsvertraglich Schutzpflichtige und auch ganz überwiegend der Adressat der öffentlich-rechtlichen Arbeitsschutz- und Unfallverhütungsvorschriften, z.B. § 1 Abs. 1 Satz 1 ASiG, § 3 ArbStättV, § 17 Abs. 1 GefStoffV. Dies gilt auch hinsichtlich der Einhaltung von Beschäftigungsverboten und -beschränkungen.

Ausgehend von der grundsätzlichen Verantwortung des Arbeitgebers ist bei der rechtlichen Verantwortung für die betriebliche Durchführung des Arbeitsschutzes (vgl. Einl. Rn. 45) zwischen der **zivilrechtlichen, der verwaltungsrechtlichen** sowie der **bußgeld- und strafrechtlichen Verantwortung** zu unterscheiden. Außerdem ist der jeweils verantwortliche Personenkreis nicht identisch. Neben dem Arbeitgeber haben auch bestimmte **Führungs- und Aufsichtskräfte** (u.a. Betriebsleiter, Abteilungsleiter, Vorgesetzte, Beauftragte mit Arbeitsschutzaufgaben) eine in der Regel partielle Verantwortung im Arbeitsschutz. Für die entsprechenden öffentlich-rechtlichen Regelungen des ArbSchG wird diese Verantwortung erstmals umfassend geregelt (Rn. 4). Um zur Realisierung dieser Verpflichtungen beitragen zu können, haben die Beschäftigten die Verpflichtung zu einem sicherheits- und gesundheitsschutzgerechten Verhalten. 2

Die sich aus der Verantwortung bei der Durchführung des Arbeitsschutzes ergebende **Haftung** des Arbeitgebers und der von ihm beauftragten Personen wird durch die Regelungen des SGB VII zur Entschädigung von Arbeitsunfällen und Berufskrankheiten weitgehend abgelöst (vgl. *Kittner/Pieper,* Teil IV, SGB VII Rn. 3). Dies gilt sowohl für Ansprüche der Beschäftigten aus positiver Vertragsverletzung als auch aus Verletzung von Schutzgesetzen i.S. von § 823 Abs. 2 BGB. Vom unfallversicherungsrechtlichen Haftungsausschluß werden jedoch nicht Ersatzansprüche des Beschäftigten erfaßt, die Sachschäden betreffen. Dies gilt auch für Personenschäden, die nicht Folge eines Arbeitsunfalls oder einer Berufskrankheit im Sinne des SGB VII sind (vgl. Einl. Rn. 34). 3

Ausgehend vom Grundsatz der Verantwortlichkeit des Arbeitgebers werden in § 13 Abs. 1 Nr. 1 bis 5 **weitere verantwortliche Personen für die Erfüllung der Pflichten nach §§ 3 bis 14 ArbSchG** festgelegt; damit wird jedoch in allen Fällen die Verantwortung des Arbeitgebers nicht ausgeschlossen (RegE, S. 19): 4

- **Personen in leitender Stellung** (Nr. 4), die mit der Leitung eines Unternehmens oder eines Betriebes beauftragt sind und die für die Erfüllung der Arbeitsschutzpflichten verantwortlich im Rahmen der ihnen übertragenen Aufgaben und Befugnisse sind,
- **Personen mit ganz bestimmten übertragenen Aufgaben** (Nr. 5) nach § 13 Abs. 2 bzw. nach Rechtsverordnungen gem. §§ 18, 19 oder UVV/BGV im Rahmen ihrer Aufgaben und Befugnisse,

– gesetzliche Vertreter des Arbeitgebers, das vertretungsberechtigte Organ einer juristischen Person sowie der vertretungsberechtigte Gesellschafter einer Personenhandelsgesellschaft, d. h. **Personen, die kraft Gesetzes oder Gesellschaftsvertrages zur Vertretung des Arbeitgebers befugt sind** (Nr. 1 bis 3).

5 Diese Festlegung der Verantwortung für die Erfüllung der Pflichten nach den §§ 3 bis 14 ist erforderlich, weil der Arbeitgeber in **größeren Betrieben** typischerweise nicht selbst tätig wird. Vielmehr bestimmen diese weiteren verantwortlichen Personen den Ablauf der Arbeit tatsächlich. Sie sind es, die in den Arbeitsprozeß eingreifen können. Weiterhin dient diese Vorschrift insofern einem effektiven betrieblichen Arbeitsschutz, als sie es den Behörden ermöglicht, gegenüber diesen Personen **Anordnungen** zur Erfüllung der öffentlich-rechtlichen Arbeitsschutzvorschriften vor Ort zu treffen (vgl. § 22 Rn. 11 ff.). Damit soll auch Art. 4 Abs. 2 Richtlinie 89/391/EWG über die Verpflichtung der Mitgliedstaaten zu einer angemessenen Kontrolle und Überwachung entsprochen werden (RegE, S. 19). Die nach § 9 Abs. 2 OWiG und § 14 Abs. 2 StGB bestehenden Sanktionsmöglichkeiten gegenüber den Personen, die den Arbeitgeber vertreten oder von ihm beauftragt sind, die ansonsten unberührt bleiben, reichen nicht aus, da die materiellen Arbeitsschutzvorschriften nur in wenigen Fällen bußgeld- oder strafbewehrt sind (vergleichbare Vorschriften im geltenden Recht befinden sich z. B. in § 19 Sprengstoffgesetz und § 58 BBergG; RegE, S. 19).

6 Der Arbeitgeber kann, ausgehend von § 13 Abs. 1 Nr. 5, **zuverlässige und fachkundige Personen** damit beauftragen, seine öffentlich-rechtlichen Aufgaben nach dem ArbSchG in eigener Verantwortung wahrzunehmen (Abs. 2). Diese Beauftragung bedarf der Schriftform, die der rechtlichen Absicherung sowohl des Arbeitgebers als auch der beauftragten Person dient. Regelmäßig werden dabei auch die Befugnisse und Kompetenzen der beauftragten Personen festgelegt (RegE, S. 19). Zu verweisen ist außerdem auf vergleichbare Regelungen in § 12 UVV »Allgemeine Vorschriften« (VBG 1/BGV A 1), die allerdings im Unterschied zu § 13 Abs. 2 keine verwaltungsrechtliche Verantwortung festlegt. Auch die Beauftragung nach § 13 Abs. 2 hat bußgeld- und strafrechtliche Bedeutung gem. § 9 Abs. 2 OWiR und § 14 Abs. 2 Nr. 2 StGB (vgl. Rn. 5). Die praktische Bedeutung der Vorschrift ergibt sich z. B. aus der Tendenz zur Abflachung der Hierarchien in den Unternehmen und Betrieben, die arbeitsorganisatorisch in der Einführung von verschiedenen Formen der Gruppenarbeit zum Ausdruck kommt. In zunehmenden Maße wächst hier das Erfordernis, daß Arbeitsschutzmaßnahmen i. S. von § 3 i. V. m. § 4 auf der Basis einer Beurteilung der Arbeitsbedingungen verantwortlich an der Stelle durchgeführt werden, wo Gefährdungen für Sicherheit und Gesundheit der Beschäftigten auftreten können, ohne daß der Arbeitgeber unmittelbar und sofort i. S. seiner Verpflichtungen präventiv eingreifen kann. **Betriebsärzte** und **Fachkräfte für Arbeitssicherheit**, die gem.

ASiG vom Arbeitgeber bestellt worden sind, kommen für eine Beauftragung **nicht** in Betracht.

Die in § 13 Abs. 1 Nr. 5 und Abs. 2 genannte Beauftragung kann im Bereich des **öffentlichen Dienstes** auch in einer allgemeinen Verwaltungsvorschrift wie in einer Unfallverhütungsvorschrift vorgesehen sein (RegE, S. 19). 7

§ 14
[Unterrichtung und Anhörung der Beschäftigten des öffentlichen Dienstes]

(1) Die Beschäftigten des öffentlichen Dienstes sind vor Beginn der Beschäftigung und bei Veränderungen in ihren Arbeitsbereichen über Gefahren für Sicherheit und Gesundheit, denen sie bei der Arbeit ausgesetzt sein können, sowie über die Maßnahmen und Einrichtungen zur Verhütung dieser Gefahren und die nach § 10 Abs. 2 getroffenen Maßnahmen zu unterrichten.

(2) Soweit in Betrieben des öffentlichen Dienstes keine Vertretung der Beschäftigten besteht, hat der Arbeitgeber die Beschäftigten zu allen Maßnahmen zu hören, die Auswirkungen auf Sicherheit und Gesundheit der Beschäftigten haben können.

§ 14 bringt erstmals die Verpflichtung zur **Belehrung der Beschäftigten** 1 **im öffentlichen Dienst** über die Unfall- und Gesundheitsgefahren, denen sie bei der Beschäftigung ausgesetzt sind, sowie über die Maßnahmen und Einrichtungen zur Abwendung dieser Gefahren (zu den Rechten der Personalvertretungen insbesondere nach §§ 68 Abs. 2, 75 Abs. 3 Nr. 11 und 81 BPersVG vgl. Einl. Rn. 45; zur darüber hinausgehenden Unterweisung der Beschäftigten in allen Tätigkeitsbereichen vgl. § 12). Danach muß eine Unterrichtung des einzelnen Beschäftigten im öffentlichen Dienst vor Beginn der Beschäftigung und bei Veränderungen im Arbeitsbereich über die Gefahren für Sicherheit und Gesundheit sowie über entsprechende Schutzmaßnahmen erfolgen.

Besteht **keine Beschäftigtenvertretung**, muß der Arbeitgeber die Be- 2 schäftigten zu Problemen des betrieblichen Arbeitsschutzes anhören. Diese Regelung begründet für den öffentlichen Dienst eigenständige Beteiligungsrechte in Anlehnung an die Bestimmungen in § 81 BetrVG (vgl. *Kittner/Pieper,* Teil IV, BetrVG Rn. 6). Sie dient der vollständigen Umsetzung von Art. 10 Abs. 1 und Art. 11 Abs. 1 und 2 Richtlinie 89/391/EWG (RegE, S. 20).

Dritter Abschnitt
Pflichten und Rechte der Beschäftigten

§ 15
[Pflichten der Beschäftigten]

(1) Die Beschäftigten sind verpflichtet, nach ihren Möglichkeiten sowie gemäß der Unterweisung und Weisung des Arbeitgebers für ihre Sicherheit und Gesundheit bei der Arbeit Sorge zu tragen. Entsprechend Satz 1 haben die Beschäftigten auch für die Sicherheit und Gesundheit der Personen zu sorgen, die von ihren Handlungen oder Unterlassungen bei der Arbeit betroffen sind.

(2) Im Rahmen des Absatzes 1 haben die Beschäftigten insbesondere Maschinen, Geräte, Werkzeuge, Arbeitsstoffe, Transportmittel und sonstige Arbeitsmittel sowie Schutzvorrichtungen und die ihnen zur Verfügung gestellte persönliche Schutzausrüstung bestimmungsgemäß zu verwenden.

1 Das ArbSchG legt, unabhängig und in Ergänzung anderer Rechtsvorschriften, in §§ 15, 16, 17 **Rechte und Pflichten der einzelnen Beschäftigten** fest. Mit diesen Individualrechten und -pflichten werden entsprechende Regelungen der Art. 13 und 11 Richtlinie 89/391/EWG umgesetzt. Sie ergänzen die bereits in den §§ 9, 11, 12 und 14 als Pflichten des Arbeitgebers formulierten Individualrechte der Beschäftigten bei besonderen Gefahrensituationen, auf arbeitsmedizinische Vorsorge, auf Unterweisung sowie – bezogen auf die Beschäftigten im öffentlichen Dienst – auf Unterrichtung.

2 Die individuellen Rechte und Pflichten der Beschäftigten, die das ArbSchG festlegt, gelten für **alle Tätigkeitsbereiche** i.S. von § 1 Abs. 1 Satz 1 und damit auch für Betriebe, die nicht in den Geltungsbereich des BetrVG oder der Personalvertretungsgesetze fallen. Daneben besteht eine Reihe von Individualrechten, die in speziellen Arbeitsschutzvorschriften festgelegt sind. Sie werden Bestandteil der wechselseitigen arbeitsvertraglichen Verpflichtungen (vgl. Einl. Rn. 30ff.).

3 Eine Reihe von **sonstigen Rechtsvorschriften** enthalten **Individualrechte und -pflichten** für die Beschäftigten, die dem **Schutz vor speziellen Gefahren für Sicherheit und Gesundheit am Arbeitsplatz** dienen (vgl. *Kittner/Pieper,* Teil III). Diese Rechte sind nicht zuletzt auf eine Reihe von EG-Arbeitsschutzrichtlinien zurückzuführen, wobei vor allem von Bedeutung sind: zum einen die Einzelrichtlinien zur EG-Richtlinie 89/391/EWG und zum anderen die Richtlinie 80/1107/EWG v. 21. 11. 1980 zum Schutz der Arbeitnehmer vor der Gefährdung durch chemische, physikalische und biologische Arbeitsstoffe bei der Arbeit (AblEG Nr. L 327 S. 8 v. 3. 12. 1980, geändert durch die Richtlinie 88/642/EWG v. 16. 12. 1988, ABlEG Nr. L 356 S. 74 v. 24. 12. 1988) mit den

auf diese Richtlinie gestützten Einzelrichtlinien. Die Richtlinie wird weitgehend abgelöst durch die EG-Gefahrstoffrichtlinie 98/24/EG (vgl. § 19 Rn. 5).

Die Beschäftigten sind verpflichtet, nach ihren Möglichkeiten sowie gem. 4
der Unterweisung und Weisung des Arbeitgebers, **Sorge für ihre eigene Sicherheit und Gesundheit zu tragen** (Abs. 1). Diese Regelung setzt die entsprechende Bestimmung in Art. 13 Abs. 1 Richtlinie 89/391/EWG um. Ihr liegt die Überlegung zugrunde, daß die besten Schutzausrüstungen nichts nutzen, wenn sich die Beschäftigten nicht sicherheitsgerecht verhalten und nicht im Rahmen der eigenen Möglichkeiten auch für Sicherheit und Gesundheitsschutz sorgen (RegE, S. 20). Eine ähnlich gelagerte Verpflichtung ergibt sich in bezug auf die gesetzliche Unfallversicherung aus § 21 Abs. 3 SGB VII (vgl. *Kittner/Pieper,* Teil IV, SGB VII Rn. 28). Bei Verletzung dieser Pflicht sind die üblichen Sanktionen möglich (Abmahnung bis hin zur Kündigung). Sachwidrige Weisungen brauchen nicht beachtet zu werden. Durch § 15 wird die schon bestehende arbeitsvertragliche Verpflichtung der Beschäftigten zur Einhaltung der Weisungen des Arbeitgebers zum Gegenstand einer öffentlich-rechtlichen Verpflichtung. Umgekehrt wird die öffentlich-rechtliche Verpflichtung zur Beachtung von Unterweisung und Weisung des Arbeitgebers durch die Beschäftigten in das Arbeitsverhältnis als vertragsrechtliche Pflicht transformiert.

Mit der Grundpflicht des Abs. 1 wird erstmals eine **generelle Vorsorge-** 5
verantwortung der Beschäftigten für die eigene Sicherheit und Gesundheit im Arbeitsprozeß eingeführt. Sie konkretisiert und erweitert die bisherige, nach allgemeinen arbeitsrechtlichen Grundsätzen aus der abgeleiteten Nebenpflicht des Arbeitnehmers zur Einhaltung von Schutzvorschriften.

Die Vorsorgeverpflichtung der Beschäftigten ist an mehrere **Vorausset-** 6
zungen gebunden:

- Sie besteht nur im Rahmen der **Möglichkeiten** der Beschäftigten. Hierzu muß zum einen die gem. § 7 erforderliche Befähigung der Beschäftigten vorliegen. Zum anderen müssen die erforderlichen sachlichen und organisatorischen Mittel zur Verfügung stehen (vgl. § 9 Abs. 2 und 10 Abs. 1).
- Voraussetzung ist weiterhin, daß die gem. § 12 erforderliche **Unterweisung** erfolgt ist. Die Unterweisung kann eine Verpflichtung der Beschäftigten gem. § 15 nur insoweit auslösen, als der Beschäftigte aus ihr ein auf eine konkrete Arbeitssituation bezogenes eindeutig bestimmbares Verhalten ableiten kann.
- Fehlt es an der hinreichenden Konkretion der Unterweisung, bedarf es einer **Einzelanweisung** des Arbeitgebers. Es muß sich um eine vom **Direktionsrecht** des Arbeitgebers gedeckte Weisung handeln, die sich im Rahmen der Zielsetzungen des ArbSchG, insbesondere der §§ 3 und 4, hält.

Mit diesen kumulativ notwendigen Voraussetzungen einer Rechtspflicht der Beschäftigten hält sich das ArbSchG bei aller neuen Akzentsetzung durchaus noch im Rahmen der allgemeinen Kriterien zur Bestimmung vertraglicher **Nebenpflichten**. § 15 macht in dieser Hinsicht vor allem deutlich, daß es zunächst und in erster Linie am Arbeitgeber liegt, die Beschäftigten subjektiv und objektiv zur Übernahme von Eigenverantwortung zu befähigen.

7 **Verletzt** ein Beschäftigter seine Pflicht zur Eigenvorsorge, kann der Arbeitgeber hierauf mit den allgemeinen **vertragsrechtlichen Möglichkeiten** reagieren: Schadensersatz und Kündigung nach Abmahnung. Der Arbeitgeber hat jeweils die Voraussetzungen hierfür darzulegen und erforderlichenfalls zu beweisen. Eine Pflichtverletzung des Beschäftigten läßt die eigenen Pflichten des Arbeitgebers gem. §§ 3 ff. unberührt.

8 Die Eigenverantwortlichkeit der Beschäftigten läßt nicht nur die arbeitsschutzrechtlichen Pflichten des Arbeitgebers, sondern auch dessen **strafrechtliche Verantwortlichkeit** unberührt. Er ist verpflichtet, die Beschäftigten auch vor bewußter Selbstschädigung zu bewahren. Die strafrechtliche Verantwortlichkeit des Arbeitgebers endet erst, wenn er seinen Verpflichtungen aus § 618 BGB voll genügt. Dazu reicht die bloße Belehrung nicht aus. Vielmehr muß der Arbeitgeber alle rechtlich gebotenen Schritte unternehmen, um den Beschäftigten die Einhaltung der Schutzmaßnahmen ohne Einschränkungen zu ermöglichen (eingehend *OLG Naumburg* v. 25. 3. 1996, NZA-RR 1996, 19 m. w. N.).

9 § 15 läßt die bisherige Rechtslage hinsichtlich einer **Verpflichtung der Beschäftigten zu einem gesundheitsförderlichen Verhalten** unberührt. Das heißt: Es besteht im Regelfall keine derartige arbeitsvertragliche Verpflichtung. Das kann anders sein z. B. bei Beschäftigten in Betrieben, die sich die Gesundheitsförderung als Ziel gesetzt haben (zur betrieblichen Gesundheitsförderung auf der Grundlage von § 20 SGB V bzw. § 14 Abs. 2 SGB VII vgl. Einl. Rn. 54). Führt ein gesundheitsschädigendes Verhalten zu Arbeitsunfähigkeit, so kann diese im Falle einer krankheitsbedingten Kündigung Auswirkungen auf die Gesundheitsprognose und die Interessenabwägung haben. Ein entsprechendes, grob fahrlässiges Verhalten des Arbeitnehmers kann zur Verweigerung der Vergütungsfortzahlung durch den Arbeitgeber führen.

10 Die Beschäftigten haben im Rahmen des § 15 Abs. 1 auch **Sorge für die Sicherheit und die Gesundheit von Personen zu tragen**, die von ihren Handlungen oder Unterlassungen bei der Arbeit betroffen sind. Diese Regelung setzt die entsprechende Bestimmung in Art. 13 Abs. 1 Richtlinie 89/391/EWG um. Sie betrifft die Beschäftigten, die bei der Arbeit zusammenarbeiten, aber auch Lieferanten, Kunden, Besucher des Betriebs, die sich am Arbeitsplatz aufhalten. Für deren Sicherheit und Gesundheit bei unmittelbarer erheblicher Gefahr muß weiterhin der Arbeitgeber die Maßnahmen gem. § 9 Abs. 2 und zur Ersten Hilfe, Brandbekämpfung und Evakuierung gem. § 10 Abs. 1 durchführen. Eine

Schutzpflicht zugunsten Dritter, die über eine solche nach allgemeinen zivilrechtlichen Grundsätzen bestehende hinausgeht, kann aus § 15 nicht abgeleitet werden.

Die Verpflichtung auch der Beschäftigten zu einem sicherheits- und gesundheitsgerechtem Verhalten gilt insbesondere in bezug auf die **bestimmungsgemäße Verwendung** von Maschinen, Geräten, Werkzeugen, Arbeitsstoffen, Transportmitteln, sonstigen Arbeitsmitteln, Schutzvorrichtungen sowie der persönlichen Schutzausrüstung (Abs. 2). Damit werden die Regelungen in Art. 13 Abs. 2a, b und c Richtlinie 89/391/EWG umgesetzt, die entsprechende Bestimmungen enthalten. Die Verpflichtung entspricht § 15 UVV »Allgemeine Vorschriften« (VBG 1/BGV A 1). Sie korrespondiert mit § 15 Abs. 1 und unterstreicht seine Bedeutung als generelle Grundnorm für die Verpflichtung der Beschäftigten zu einem sicherheits- und gesundheitsgerechten Verhalten. 11

§ 16
[Besondere Unterstützungspflichten]

(1) Die Beschäftigten haben dem Arbeitgeber oder dem zuständigen Vorgesetzten jede von ihnen festgestellte unmittelbare erhebliche Gefahr für die Sicherheit und Gesundheit sowie jeden an den Schutzsystemen festgestellten Defekt unverzüglich zu melden.

(2) Die Beschäftigten haben gemeinsam mit dem Betriebsarzt und der Fachkraft für Arbeitssicherheit den Arbeitgeber darin zu unterstützen, die Sicherheit und den Gesundheitsschutz der Beschäftigten bei der Arbeit zu gewährleisten und seine Pflichten entsprechend den behördlichen Auflagen zu erfüllen. Unbeschadet ihrer Pflicht nach Absatz 1 sollen die Beschäftigten von ihnen festgestellte Gefahren für Sicherheit und Gesundheit und Mängel an den Schutzsystemen auch der Fachkraft für Arbeitssicherheit, dem Betriebsarzt oder dem Sicherheitsbeauftragten nach § 22 des Siebten Buches Sozialgesetzbuch mitteilen.

Im Rahmen ihrer besonderen Unterstützungspflichten haben die Beschäftigten dem Arbeitgeber oder dem zuständigen Vorgesetzten unverzüglich **Meldung** über jede von ihnen festgestellte unmittelbare erhebliche Gefahren für Sicherheit und Gesundheit zu machen (Abs. 1). Dies gilt auch für jeden an den Schutzsystemen festgestellten Defekt. Damit wird Art. 13 Abs. 2 Buchst. d Richtlinie 89/391/EWG umgesetzt. 1

Die Beschäftigten haben die Pflicht zur **Unterstützung** des Arbeitgebers sowie des Betriebsarztes und der Fachkraft für Arbeitssicherheit bei der Erfüllung ihrer Arbeitsschutzaufgaben (Abs. 2). Weiterhin **sollen** sie diesen oder den nach § 22 SGB VII bestellten Sicherheitsbeauftragten (vgl. *Kittner/Pieper,* Teil IV, SGB VII Rn. 29 ff.) Gefahren für Sicherheit und Gesundheit und Mängel an den betrieblichen Arbeitsschutzsystemen **mitteilen**. Damit wird Art. 13 Abs. 2 Buchst. e und f Richtlinie 89/391/ 2

EWG umgesetzt. Durch diese Regelungen tragen die Beschäftigten ihrerseits dazu bei, daß der Arbeitgeber und die von ihm beauftragten Fachkräfte und Sicherheitsbeauftragten ihre Arbeitsschutzaufgaben erfüllen können (RegE, S. 20).

§ 17
[Rechte der Beschäftigten]

(1) Die Beschäftigten sind berechtigt, dem Arbeitgeber Vorschläge zu allen Fragen der Sicherheit und des Gesundheitsschutzes bei der Arbeit zu machen. Für Beamtinnen und Beamte des Bundes ist § 171 des Bundesbeamtengesetzes anzuwenden. § 60 des Beamtenrechtsrahmengesetzes und entsprechendes Landesrecht bleiben unberührt.

(2) Sind Beschäftigte auf Grund konkreter Anhaltspunkte der Auffassung, daß die vom Arbeitgeber getroffenen Maßnahmen und bereitgestellten Mittel nicht ausreichen, um die Sicherheit und den Gesundheitsschutz bei der Arbeit zu gewährleisten, und hilft der Arbeitgeber darauf gerichteten Beschwerden von Beschäftigten nicht ab, können sich diese an die zuständige Behörde wenden. Hierdurch dürfen den Beschäftigten keine Nachteile entstehen. Die in Absatz 1 Satz 2 und 3 genannten Vorschriften sowie die Vorschriften der Wehrbeschwerdeordnung und des Gesetzes über den Wehrbeauftragten des Deutschen Bundestages bleiben unberührt.

1 In § 17 werden **Rechte der Beschäftigten** geregelt, die die vorhandenen Regelungen insbesondere des BetrVG, aber auch weiterer Arbeitsschutzvorschriften (z. B. GefStoffV), ergänzen bzw. in bezug auf Sicherheit und Gesundheitsschutz konkretisieren (vgl. Einl. Rn. 43; *Kittner/Pieper,* Teil IV, BetrVG Rn. 47 ff.).

2 Die Beschäftigten haben ein allgemeines **Vorschlagsrecht** zu allen Fragen der Sicherheit und des Gesundheitsschutzes (Abs. 1). Dadurch wird Art. 11 Abs. 1 Satz 2 zweiter Spiegelstrich Richtlinie 89/391/EWG umgesetzt. Es steht neben dem Vorschlagsrecht gem. § 82 Abs. 1 Satz 2 BetrVG (vgl. *Kittner/Pieper,* Teil IV, BetrVG Rn. 50).

3 Für **Beamtinnen und Beamte des Bundes** ist § 171 Bundesbeamtengesetz anzuwenden; § 60 Beamtenrechtsrahmengesetz und entsprechendes Landesrecht bleiben unberührt. Bundesbeamte haben danach bei Vorschlägen zu Sicherheit und Gesundheitsschutz in ihrer Dienststelle den **Dienstweg** einzuhalten (RegE, S. 20). Für die **Soldatinnen und Soldaten** gilt entsprechendes aufgrund § 7 Soldatengesetz (a. a. O.).

4 Die Beschäftigten haben ein **außerbetriebliches Beschwerderecht in bezug auf Sicherheit und Gesundheitsschutz** gegenüber den zuständigen Behörden (Abs. 2). Dadurch wird Art. 11 Abs. 6 Unterabs. 1 Richtlinie 89/391/EWG umgesetzt. Die Umsetzung orientiert sich an den

nationalen Rechtsvorschriften bzw. Praktiken (vgl. a. a. O.). **Zweck** dieser Regelung der Richtlinie ist die Sicherstellung der Autonomie der Beschäftigten im Arbeitsprozeß, die Stärkung ihrer Eigenverantwortung und die Herstellung einer Transparenz der Arbeitsbedingungen.

Die **Ausübung** des außerbetrieblichen Beschwerderechts gem. § 17 Abs. 2 wird an bestimmte **Bedingungen** geknüpft: Es müssen **konkrete Anhaltspunkte** gegeben sein, daß die vom Arbeitgeber getroffenen **Maßnahmen** und **bereitgestellten Mittel** nicht ausreichen, um die Sicherheit und den Gesundheitsschutz bei der Arbeit zu gewährleisten. Die Beschäftigten müssen sich darüber hinaus **zunächst an den Arbeitgeber wenden**, bevor sie die zuständigen Behörden einschalten. Das ArbSchG orientiert sich in dieser Hinsicht an der arbeits- und verwaltungsgerichtlichen Rechtsprechung, wonach die Beschäftigten, bevor sie sich an die Aufsichtsbehörde wenden, zuerst beim Arbeitgeber um Abhilfe nachzusuchen haben (RegE, S. 20). Damit macht es sich den in Art. 11 Abs. 6 Unterabs. 1 Richtlinie 89/391/EWG festgelegten Umsetzungsspielraum zunutze. 5

Die nationale Rechtsprechung ist allerdings **umstritten** und ist kritisiert worden (vgl. *Kittner/Pieper,* Teil II, § 17 ArbSchG Rn. 6f.). Die Regelung des § 17 Abs. 2 wird deshalb ebenfalls als sachwidrig bezeichnet. Die Sachwidrigkeit wird darin gesehen, daß eine außerbetriebliche Beschwerde i.S. von § 17 Abs. 2 erst dann zum Tragen kommt, wenn die informellen innerbetrieblichen Verfahren nicht mehr greifen, bei denen die Beschäftigten keine Nachteile befürchten müssen und davon ausgehen können, daß die zugrundeliegenden Arbeitsschutzdefizite sachgerecht gelöst werden. Sind diese Voraussetzungen nicht gegeben, kann sich nach dieser Auffassung die Vorschaltung des Arbeitgebers als Hindernis für die Ausübung des Rechts auf außerbetriebliche Beschwerden erweisen. 6

§ 17 Abs. 2 verlangt jedoch keine formalistische Anwendung. Diese Vorschrift steht unter dem Vorbehalt der **Zumutbarkeit** für die Beschäftigten. Daraus folgt, daß eine vorherige Beschwerde beim Arbeitgeber insbesondere in drei **Ausnahmefällen** nicht erforderlich ist: 7

- Die Nichteinhaltung von Arbeitsschutzvorschriften war dem Arbeitgeber **bereits bekannt**, und er hat nichts dagegen unternommen (LAG *Baden-Württemberg* v. 3. 2. 1987, NZA 1987, 756). Ein solcher Fall ist auch dann gegeben, wenn der Arbeitgeber auf eine gleichgelagerte Beschwerde anderer Beschäftigter oder gar eine Intervention des Betriebsrats bzw. Personalrats nicht reagiert hat.
- Die **Gefahrenlage ist groß**, und der darüber unterrichtete Arbeitgeber schafft nicht unverzüglich Abhilfe.
- Bei **vorsätzlichen Straftaten** des Arbeitgebers, besonders gegen die Beschäftigten selbst oder gegen die Umwelt (§ 324ff. StGB), wäre eine vorherige Beschwerde beim Arbeitgeber ebenfalls unzumutbar.

8 Den Beschäftigten dürfen **keine Nachteile** aus der Wahrnehmung ihres Beschwerderechts erwachsen (vgl. § 9 Rn. 8 und Rn. 19). Dies gilt auch, wenn sich später herausstellt, daß die vom Arbeitgeber getroffenen Arbeitsschutzmaßnahmen und die bereitgestellten Mittel doch ausgereicht haben, um die Sicherheit und den Gesundheitsschutz bei der Arbeit zu gewährleisten, der Beschäftigte unter Berücksichtigung der konkreten Umstände jedoch das Gegenteil annehmen konnte, er also nicht leichtfertig gehandelt hat. In dieser Hinsicht kommt es auch darauf an, inwieweit der Arbeitgeber seine Auswahl- und Informationspflichten gem. §§ 7 ff. wahrgenommen hat.

9 Für **Beamtinnen und Beamte** sowie für **Soldatinnen und Soldaten** bleiben die für sie geltenden Vorschriften über Beschwerden unberührt (vgl. § 171 Bundesbeamtengesetz, § 60 Beamtenrechtsrahmengesetz mit den entsprechenden Ländervorschriften sowie die Vorschriften der Wehrbeschwerdeordnung und des Gesetzes über den Wehrbeauftragten des Deutschen Bundestages; RegE, S. 20).

Vierter Abschnitt Verordnungsermächtigungen

§ 18 [Verordnungsermächtigungen]

(1) Die Bundesregierung wird ermächtigt, durch Rechtsverordnung mit Zustimmung des Bundesrates vorzuschreiben, welche Maßnahmen der Arbeitgeber und die sonstigen verantwortlichen Personen zu treffen haben und wie sich die Beschäftigten zu verhalten haben, um ihre jeweiligen Pflichten, die sich aus diesem Gesetz ergeben, zu erfüllen. In diesen Rechtsverordnungen kann auch bestimmt werden, daß bestimmte Vorschriften des Gesetzes zum Schutz anderer als in § 2 Abs. 2 genannter Personen anzuwenden sind.

(2) Durch Rechtsverordnungen nach Absatz 1 kann insbesondere bestimmt werden,

1. **daß und wie zur Abwehr bestimmter Gefahren Dauer oder Lage der Beschäftigung oder die Zahl der Beschäftigten begrenzt werden muß,**
2. **daß der Einsatz bestimmter Arbeitsmittel oder -verfahren mit besonderen Gefahren für die Beschäftigten verboten ist oder der zuständigen Behörde angezeigt oder von ihr erlaubt sein muß oder besonders gefährdete Personen dabei nicht beschäftigt werden dürfen,**
3. **daß bestimmte, besonders gefährliche Betriebsanlagen einschließlich der Arbeits- und Fertigungsverfahren vor Inbetriebnahme, in regelmäßigen Abständen oder auf behördliche Anordnung fachkundig geprüft werden müssen,**
4. **daß Beschäftigte, bevor sie eine bestimmte gefährdende Tätigkeit aufnehmen oder fortsetzen oder nachdem sie sie beendet haben, arbeitsmedizinisch zu untersuchen sind und welche besonderen Pflichten der Arzt dabei zu beachten hat.**

Die **Bundesregierung** kann, mit Zustimmung des Bundesrates, durch **Rechtsverordnungen** die Pflichten 1

- der Arbeitgeber,
- der Beschäftigten sowie
- sonstiger verantwortlicher Personen (Abs. 1, vgl. § 13)

näher bestimmen. Die Verordnungsermächtigung erstreckt sich auf die Regelungen des 2. und des 3. Abschnitts des ArbSchG.

Weiterhin kann in derartigen Verordnungen bestimmt werden, daß bestimmte Vorschriften des ArbSchG zum Schutz von Sicherheit und Gesundheit **anderer als in § 2 Abs. 2 genannten Personen** anzuwenden sind. Dies ist für die Fälle z.B. ehrenamtlicher Tätigkeit erforderlich, in denen die Beschäftigteneigenschaft zweifelhaft sein kann (RegE, S. 20), oder für den Schutz von Schülern und Studenten.

2 Durch Anführung einzelner Regelungstatbestände beschreibt Abs. 2 **beispielhaft** Art und Ausmaß einer näheren **Konkretisierung** der allgemeinen Pflichten für bestimmte Gefährdungssituationen (RegE, S. 20):

1. Beschränkung der Dauer und Lage der Beschäftigung und der Zahl der Beschäftigten zur Abwehr bestimmter Gefahren;
2. Einsatz bestimmter Arbeitsmittel oder -verfahren: Verbote, Anzeigepflichten gegenüber den zuständigen Behörden, Erlaubnisvorbehalte der zuständigen Behörden oder Beschäftigungsverbote für besonders gefährdete Personen. Die Regelung des Verfahrens der Anzeige oder Erlaubnis bleibt dem Landesrecht überlassen (RegE, S. 20);
3. behördliche Anordnungen zur fachkundigen Überprüfung gefährlicher Betriebsanlagen, einschließlich der Arbeits- und Fertigungsverfahren: vor Inbetriebnahme, in regelmäßigen Abständen oder auf behördliche Anordnung;
4. arbeitsmedizinische Vorsorge in Zusammenhang mit bestimmten gefährdenden Tätigkeiten: vor Aufnahme, Fortsetzung oder nach Beendigung der Tätigkeit sowie die Pflichten des untersuchenden Arztes. Hierbei ist nur der Arzt angesprochen, der arbeitsmedizinische Untersuchungen in Wahrnehmung seiner Aufgaben nach dem ASiG oder nach anderen Arbeitsschutzvorschriften durchführt (RegE, S. 20; vgl. § 11).

Aus dieser Aufzählung ergibt sich **keine Verpflichtung der Bundesregierung** zum Erlaß von Rechtsverordnungen (RegE, S. 20).

Die **Unfallversicherungsträger** können Rechtsverordnungen der Bundesregierung durch UVV konkretisieren oder erweitern (RegE, S. 20). Soweit der **Bund als Unfallversicherungsträger** Verwaltungsvorschriften mit dem Inhalt von Unfallverhütungsvorschriften erläßt, erfolgt dies für Beamte aufgrund der §§ 79, 200 Bundesbeamtengesetz (und für Arbeitnehmer aufgrund § 115 Abs. 3 SGB VII).

§ 19
[Rechtsakte der EG und zwischenstaatliche Vereinbarungen]

Rechtsverordnungen nach § 18 können auch erlassen werden, soweit dies zur Durchführung von Rechtsakten des Rates oder der Kommission der Europäischen Gemeinschaften oder von Beschlüssen internationaler Organisationen oder von zwischenstaatlichen Vereinbarungen, die Sachbereiche dieses Gesetzes betreffen, erforderlich ist, insbesondere um Arbeitsschutzpflichten für andere als in § 2 Abs. 3 genannte Personen zu regeln.

1. Allgemeines

Zur Umsetzung von **EG-Rechtsakten**, von **Beschlüssen internationaler Organisationen** oder von **zwischenstaatlichen Vereinbarungen** auf dem Gebiet der Sicherheit und des Gesundheitsschutzes bei der Arbeit enthält das ArbSchG i. V. mit § 18 eine spezielle Ermächtigungsgrundlage zum Erlaß von entsprechenden Rechtsverordnungen. Die Rechtsetzungsakte, Beschlüsse und Vereinbarungen müssen **Sachgebiete des Arbeitsschutzes i. S. des ArbSchG** betreffen. Zu diesen Sachgebieten zählt nur die Regelung **materieller Pflichten** (RegE, S. 20). 1

2. EG-Rechtsakte

Die Umsetzung von **EG-Rechtsakten** durch Rechtsverordnungen der Bundesregierung, die, wie Verordnungen, die sich ausschließlich auf § 18 stützen, der Zustimmung des Bundesrates bedürfen, ist gegenwärtig das bedeutendste Feld für die Ausübung der erweiterten Ermächtigung nach § 19. 2

EG-Rechtsakte zum Arbeitsschutz, die vor der Änderung des EGV durch die Einheitliche Europäische Akte (EEA) von 1986/87 nur auf **Art. 100 (jetzt: 94) EGV** gestützt werden konnten und deshalb auf spezielle Arbeitsschutzbereiche beschränkt blieben, basieren seitdem auf Art. 100 a (jetzt 95) und Art. 118 a (jetzt. 137 Abs. 1 erster Spiegelstrich) EGV (vgl. Einl. Rn. 66 ff., 74 ff.). 3

Auf **Art. 95** EGV stützen sich EG-Richtlinien, die den **produktbezogenen Arbeitsschutz**, z. B. die Maschinensicherheit oder das Inverkehrbringen und die Kennzeichnung von Gefahrstoffen, zum Gegenstand haben. Richtlinien zur technischen Harmonisierung werden auf der Basis von § 4 Abs. 1 GSG in das deutsche Arbeitsschutzrecht umgesetzt. Es handelt sich um Vorschriften, deren grundlegende Sicherheitsanforderungen weder unter- noch überschritten werden dürfen (Einl. Rn. 76 ff.). Sie beziehen sich nicht auf Sachgebiete des Arbeitsschutzes i. S. des ArbSchG und können daher nicht auf der Grundlage von §§ 18, 19 umgesetzt werden. 4

Auf **Art. 137 Abs. 1 erster Spiegelstrich EGV** stützen sich EG-Richtlinien, die die Sicherung und Verbesserung des **betrieblichen Arbeitsschutzes** in Form von Mindestvorschriften zum Inhalt haben. Diese Richtlinien können auf der Grundlage von §§ 18, 19 umgesetzt werden, es sei denn, in einer spezielleren Rechtsvorschrift ist gleichfalls eine Ermächtigungsgrundlage enthalten (z. B. für die Umsetzung von EG-Arbeitsschutzrichtlinien im Bereich der gefährlichen Stoffe; vgl. dazu die folgende Übersicht). Allein aufgrund der Ermächtigung des Art. 16 Abs. 1 Richtlinie 89/391/EWG sind inzwischen 14 Einzelrichtlinien gem. Art. 118 a (jetzt Art. 137 Abs. 1 erster Spiegelstrich) EGV erlassen worden, die weitgehend in das deutsche Arbeitsschutzrecht umgesetzt worden sind: 5

Richtlinie	umgesetzt durch
Richtlinie 89/654/EWG des Rates v. 30. 11. 1989 über Mindestvorschriften für Sicherheit und Gesundheitsschutz in Arbeitsstätten – Erste Einzelrichtlinie i. S. des Art. 16 Abs. 1 der Richtlinie 89/391/EWG – (ABlEG Nr. L 393, 1)	Art. 4 der VO zur Umsetzung von EG-Richtlinien zur EG-Rahmenrichtlinie Arbeitsschutz, v. 4. 12. 1996 (BGBl. I, 1481)
Richtlinie 89/655/EWG des Rates v. 30. 11. 1989 über Mindestvorschriften für Sicherheit und Gesundheitsschutz bei Benutzung von Arbeitsmitteln durch Arbeitnehmer bei der Arbeit	Arbeitsmittelbenutzungsverordnung – AMBV v. 11. 3. 1997 (BGBl. I, 450; Änderungsrichtlinie soll durch VO zur Änderung der AMBV umgesetzt werden; vgl. *Kittner/Pieper,* Teil III, § 1 AMBV Rn. 2)
Zweite Einzelrichtlinie i. S. des Art. 16 Abs. 1 der Richtlinie 89/391/EWG – ABlEG Nr. L 393, 13, **geändert** durch Richtlinie 95/63/EG des Rates v. 5. 12. 1995 zur Änderung der Richtlinie 89/655/EWG – (ABlEG Nr. L 335, 28)	
Richtlinie 89/656/EWG des Rates v. 30. 11. 1989 über Mindestvorschriften für Sicherheit und Gesundheitsschutz bei der Benutzung persönlicher Schutzausrüstungen durch Arbeitnehmer bei der Arbeit – Dritte Einzelrichtlinie i. S. des Art. 16 Abs. 1 der Richtlinie 89/391/EWG – (ABlEG Nr. 393, 18)	Art. 1 der VO v. 4. 12. 1996 (PSA-Benutzungsverordnung – PSA-BV)
Richtlinie 90/269/EWG des Rates v. 29. 5. 1990 über die Mindestvorschriften bezüglich der Sicherheit und des Gesundheitsschutzes bei der manuellen Handhabung von Lasten, die für die Arbeitnehmer insbesondere eine Gefährdung der Lendenwirbelsäule mit sich bringt – Vierte Einzelrichtlinie i. S. des Art. 16 Abs. 1 der Richtlinie 89/391/EWG – (ABlEG Nr. L 156, 9)	Art. 2 der VO v. 4. 12. 1996 (Lastenhandhabungsverordnung – LasthandhabV)

Richtlinie 90/270/EWG des Rates v. 29. 5. 1990 über die Mindestvorschriften bezüglich der Sicherheit und des Gesundheitsschutzes bei der Arbeit an Bildschirmgeräten – Fünfte Einzelrichtlinie i. S. des Art. 16 Abs. 1 der Richtlinie 89/391/EWG – (ABlEG Nr. L 156, 14)	Art. 3 der VO v. 4. 12. 1996 (Bildschirmarbeitsverordnung – BildscharbV)
Richtlinie 90/394/EWG des Rates v. 28. 6. 1990 über den Schutz der Arbeitnehmer gegen Gefährdung durch Karzinogene bei der Arbeit – Sechste Einzelrichtlinie i. S. des Art. 16 Abs. 1 der Richtlinie 89/391/EWG – (ABlEG Nr. L 196, 1), **geändert** durch Richtlinie 97/42/EG des Rates vom 27. 7. 1999 zur ersten Änderung der Richtlinie 90/394/EWG über den Schutz der Arbeitnehmer gegen Gefährdung durch Karzinogene bei der Arbeit (AblEG Nr. L 179, 4), **geändert** durch Richtlinie 1999/38/EG v. 29. 4. 1999 des Rates zur zweiten Änderung der Richtlinie 90/394/EWG über den Schutz der Arbeitnehmer gegen Gefahren durch Karzinogene bei der Arbeit und zu ihrer Ausdehnung auf Mutagene (AblEG Nr. L 138, 66)	VO zur Novellierung der GefStoffV v. 26. 10. 1993 (BGBl. I, 1783)
Richtlinie 90/679/EWG des Rates v. 26. 11. 1990 über den Schutz der Arbeitnehmer gegen Gefährdung durch biologische Arbeitsstoffe bei der Arbeit – Siebte Einzelrichtlinie i. S. des Art. 16 Abs. 1 der Richtlinie 89/391/EWG – (ABlEG Nr. L 374, 1), **geändert** durch Richtlinie 89/88/EWG des Rates zur Änderung der Richtlinie 90/679/EWG/ABlEG Nr. L 268, 71, ber. ABlEG Nr. L 217, 18 v. 23. 8. 1994; **angepaßt** durch die Richtlinien der Kommission 95/30/EG vom 30. 6. 1995 (Abl. EG Nr. L 155, 41), 97/59/EG vom 7. 10. 1997 (Abl. EG Nr. L 283, 33) und 97/65/EG vom 26. 11. 97 (Abl. EG Nr. L 335, 17)	VO zur Umsetzung von EG-Richtlinien über den Schutz der Beschäftigten gegen Gefährdung durch biologische Arbeitsstoffe bei der Arbeit v. 27. 1. 1999 (BGBl. I, 50), geändert durch Art. 2 Nr. 9 der Vierten VO zur Änderung der GefStoffV vom 18. 10. 1999 (BGBl. I, 2059)

Richtlinie	umgesetzt durch
Richtlinie 92/57/EWG des Rates v. 24. 6. 1992 über die auf zeitlich begrenzten oder ortsveränderlichen Baustellen anzuwendenden Mindestvorschriften für die Sicherheit und den Gesundheitsschutz – Achte Einzelrichtlinie i. S. des Art. 16 Abs. 1 Richtlinie 89/391/EWG – (ABlEG Nr. L 245, 6)	Baustellenverordnung (BaustellV) v. 10. 6. 1998 (BGBl. I, 1283)
Richtlinie 92/58/EWG des Rates v. 24. 6.19 92 über Mindestvorschriften für die Sicherheits- und/oder Gesundheitsschutzkennzeichnung am Arbeitsplatz – Neunte Einzelrichtlinie i. S. des Art. 16 Abs. 1 der Richtlinie 89/391/EWG – (ABlEG Nr. L 245, 23)	2. Novelle zur GefStoffV v. 19. 9. 1994 (BGBl. 1, 2557) – Allgemeine Bundesbergverordnung (ABBergV) v. 23. 10. 1995 (BGBl. I, 1466) UVV »Sicherheits- und Gesundheitsschutzkennzeichnung am Arbeitsplatz« (VBG 125/BGV A8)
Richtlinie 92/85/EWG des Rates v. 19. 10. 1992 über die Durchführung von Maßnahmen zur Verbesserung der Sicherheit und des Gesundheitsschutzes von schwangeren Arbeitnehmerinnen, Wöchnerinnen und stillenden Arbeitnehmerinnen am Arbeitsplatz – Zehnte Einzelrichtlinie i. S. des Art. 16 Abs. 1 der Richtlinie 89/391/EWG – (ABlEG Nr. L 348, 1)	Gesetz zur Änderung des MuSchG v. 20. 12. 1996 (BGBl. I, 2110) – MutterschutzrichtlinienV v. 15. 4. 1997 (BGBl. I, 782)
Richtlinie 92/91/EWG des Rates v. 3. 11. 1992 über Mindestvorschriften zur Verbesserung der Sicherheit und des Gesundheitsschutzes der Arbeitnehmer in den Betrieben, in denen durch Bohrungen Mineralien gewonnen werden – Elfte Einzelrichtlinie i. S. des Art. 16 Abs. 1 der Richtlinie 89/391/EWG – (ABlEG Nr. L 348, 9)	Allgemeine Bundesbergverordnung (ABBergV) v. 23. 10. 1995 (BGBl. I, 1466)

Richtlinie 92/104/EWG des Rates v. 3. 12. 1992 über Mindestvorschriften zur Verbesserung der Sicherheit und des Gesundheitsschutzes der Arbeitnehmer in übertägigen oder untertägigen mineralgewinnenden Betrieben – Zwölfte Einzelrichtlinie i. S. des Art. 16 Abs. 1 der Richtlinie 89/391/EWG – (ABlEG Nr. L 404, 10)	Allgemeine Bundesbergverordnung (ABBergV) v. 23. 10. 1995 (BGBl. I, 1466)
Richtlinie 93/103/EWG des Rates v. 23. 11. 1993 über Mindestvorschriften für Sicherheit und Gesundheitsschutz bei der Arbeit an Bord von Fischereifahrzeugen – Dreizehnte Einzelrichtlinie i. S. des Art. 16 Abs. 1 der Richtlinie 89/391/EWG – (ABlEG Nr. L 307, 1)	UVV See (VBG 108)
Richtlinie 98/24/EG des Rates v. 4. 4. 1998 zum Schutz von Sicherheit und Gesundheit der Arbeitnehmer vor der Gefährdung durch chemische Arbeitsstoffe bei der Arbeit – Vierzehnte Einzelrichtlinie i. S. des Art. 16 Abs. 1 der Richtlinie 89/391/EWG – (ABlEG Nr. L 131 v. 5. 5. 1998)	Novellierung der GefStoffV in Vorbereitung Umsetzungfrist bis 5. 5 2001
Richtlinie 91/383/EWG des Rates v. 25. 6. 1991 zur Ergänzung der Maßnahmen zur Verbesserung der Sicherheit und des Gesundheitsschutzes von Arbeitnehmern mit befristetem Arbeitsverhältnis oder Leiharbeitsverhältnis – (ABlEG Nr. L 206, 19)	Gesetz zur Umsetzung der EG-Rahmenrichtlinie Arbeitsschutz und weiterer Arbeitsschutz-Richtlinien v. 7. 8. 1996 (BGBl. I, 1246)
Richtlinie 93/104/EWG des Rates v. 23. 11. 1993 über bestimmte Aspekte der Arbeitszeitgestaltung – (ABlEG Nr. L 307, 18)	ArbZG v. 6. 6. 1994 (BGBl. I, 1176)
Richtlinie 94/33/EWG des Rates v. 22. 6. 1994 über den Jugendarbeitsschutz – (ABlEG Nr. L 216, 12)	2. Gesetz zur Änderung des JArbSchG v. 24. 2. 1997 (BGBl. I, 311)

Richtlinie	umgesetzt durch
Richtlinie 92/29/EWG des Rates v. 31. 3. 1992 über Mindestvorschriften für die Sicherheit und den Gesundheitsschutz zum Zweck einer besseren medizinischen Versorgung auf Schiffen – (ABlEG Nr. L 113, 9)	KrankenfürsorgeV
Richtlinie 80/1107/EWG des Rates v. 27. 11. 1980 zum Schutz der Arbeitnehmer vor der Gefährdung durch chemische, physikalische und biologische Arbeitsstoffe bei der Arbeit – (ABlEG Nr. L 327, 8), **geändert** durch Richtlinie 88/642/EWG des Rates v. 16. 12. 1988 zur Änderung der Richtlinie 80/1107/EWG – (ABlEG Nr. L 356, 74), **außer Kraft gesetzt** durch Art. 14 Abs. 1 EG-Richtlinie 98/24/EG	GefStoffV v. 26. 8. 1986 (BGBl. 1, 1470)
Richtlinie 82/605/EWG des Rates v. 28. 7. 1982 über den Schutz der Arbeitnehmer gegen Gefährdung durch metallisches Blei und seine Ionenverbindungen am Arbeitsplatz – Erste Einzelrichtlinie i. S. des Art. 8 der Richtlinie 80/1107/EWG – (ABlEG Nr. L 247, 12), **außer Kraft gesetzt** durch Art. 14 Abs. 1 EG-Richtlinie 98/24/EG	GefStoffV v. 26. 8. 1986 (BGBl. I, 1470)
Richtlinie 83/477/EWG des Rates v. 19. 9. 1983 über den Schutz der Arbeitnehmer gegen Gefährdung durch Asbest am Arbeitsplatz – Zweite Einzelrichtlinie i. S. des Art. 8 der Richtlinie 80/1107/EWG – (ABlEG Nr. L 263, 25), **geändert** durch Richtlinie 91/382/EWG des Rates v. 25. 6. 1991 zur Änderung der Richtlinie 83/477/EWG – (ABlEG Nr. L 206, 16)	GefStoffV v. 26. 8. 1986 (BGBl. I, 1470) VO zur Novellierung der GefStoffV v. 26. 10. 1993 (BGBl. I, 1788)

Richtlinie 86/188/EWG des Rates v. 12. 5. 1986 über den Schutz der Arbeitnehmer gegen Gefährdung durch Lärm am Arbeitsplatz – Dritte Einzelrichtlinie i. S. des Art. 8 der Richtlinie 80/1107/EWG – (ABlEG Nr. L 137, 28)	Dritte Verordnung zum Gerätesicherheitsgesetz (3. GSGV) v. 18. 1. 1991 (BGBl. I, 146) und Unfallverhütungsvorschrift »Lärm« (VBG 121/BGV B3)
Richtlinie 88/364/EWG des Rates v. 9. 6. 1988 zum Schutz der Arbeitnehmer durch ein Verbot bestimmter Arbeitsstoffe und/oder Arbeitsverfahren – Vierte Einzelrichtlinie i. S. des Art. 8 der Richtlinie 80/1107/EWG – (ABlEG Nr. L 179, 44), **außer Kraft gesetzt** durch Art. 14 Abs. 1 EG-Richtlinie 98/24/EG	GefStoffV v. 26. 8. 1986 (BGBl. I, 1470)
Richtlinie 91/322/EWG der Kommission v. 29. 5. 1991 zur Festsetzung von Richtgrenzwerten zur Durchführung der Richtlinie 80/1107/EWG des Rates über den Schutz der Arbeitnehmer vor der Gefährdung durch chemische, physikalische und biologische Arbeitsstoffe bei der Arbeit – (ABlEG Nr. L 177, 22)	VO zur Novellierung der GefStoffV v. 26. 10. 1993 (BGBl. I, 1783)
Richtlinie 78/610/EWG des Rates v. 29. 6. 1978 zur Angleichung der Rechts- und Verwaltungsvorschriften der Mitgliedstaaten über den Schutz von Arbeitnehmern, die Vinylchloridmonomer ausgesetzt sind – (ABlEG Nr. L 197, 12), **außer Kraft gesetzt** durch Art. 14 Abs. 1 EG-Richtlinie 98/24/EG	GefStoffV v. 26. 8. 1986 (BGBl. I, 1470)

6 Ergänzend ist auf Art. 235 (seit dem 1. 5. 1999: 308) EGV hinzuweisen, auf den sich Rechtsakte stützen, die insbesondere den Aufbau von **EG-Institutionen** der Forschung, des Wissenstransfers und der Umsetzung von Forschungsergebnissen zum Inhalt haben. Diese Regelungen bedürfen nicht der Umsetzung in das Recht der EG-Mitgliedstaaten und werden daher von § 19 i. V. mit § 18 nicht erfaßt. Im Hinblick auf die sich auf den Bereich der Sicherheit und des Gesundheitsschutzes der Beschäftigten beziehenden oder zumindest mit von ihm tangierten Institutionen können die folgenden genannt werden:

- Die **Europäische Agentur für Sicherheit und Gesundheitsschutz am Arbeitsplatz** mit Sitz in Bilbao, geschaffen durch Verordnung des Rates v. 18. 7. 1994 (ABlEG Nr. L 216, S. 1), die als Koordinierungsdrehscheibe bzw. als Netzwerk des europäischen Arbeitsschutzes für Information, Beratung und Qualifizierung dienen soll (Einl. Rn. 91);
- die **Europäische Stiftung zur Verbesserung der Lebens- und Arbeitsbedingungen** mit Sitz in Dublin, geschaffen durch Verordnung des Rates v. 26. 5. 1975 (ABlEG Nr. L 139, S. 1), die den Zweck erfüllen soll, unter Beteiligung der Sozialpartner »… mittel- und langfristige Ziele und Ausrichtungen auf den Arbeitsfeldern zu gewinnen, die Gegenstand der Stiftung sind«. Zu diesen Feldern wird auch der Schutz der Arbeitsumwelt gezählt;
- das **Europäische Zentrum zur Förderung der Berufsausbildung** mit Sitz in Saloniki, geschaffen durch Verordnung des Rates v. 10. 2. 1975 (ABlEG Nr. L 39, S. 1), das gleichfalls Forschungsaufgaben im Bereich des Arbeitsschutzes erfüllen soll (vgl. Entschließung des Rates über ein Aktionsprogramm der EG für Sicherheit und Gesundheitsschutz am Arbeitsplatz v. 29. 6. 1978, in: ABlEG Nr. C 165, S. 2, Präambel).

7 Von Bedeutung für die Umsetzung von **Beschlüssen internationaler Organisationen** durch Rechtsverordnungen gem. § 19 i. V. mit § 18 ist z. B. die Internationale Schiffahrtsorganisation (RegE, S. 20).

8 Auch Übereinkommen der **Internationalen Arbeitsorganisation (IAO)** auf dem Gebiet der Sicherheit und des Gesundheitsschutzes können, ihre Ratifizierung vorausgesetzt, durch Rechtsverordnungen gem. § 19 i.V. mit § 18 in das deutsche Arbeitsschutzrecht umgesetzt werden. Historisch wurden auf der Ebene der IAO die ersten internationalen Arbeitsschutzvorschriften erlassen (a. a. O.). Von der Bundesrepublik Deutschland bislang **nicht ratifiziert**, aber für die Grundgedanken der Rechtsetzung der EG auf dem Gebiet des Arbeitsschutzes von Bedeutung, sind das **Übereinkommen Nr. 155** sowie die **Empfehlung Nr. 164 der IAO über Arbeitsschutz und Arbeitsumwelt** v. 22. 6. 1981 (vgl. BT-Drs. 10/2126; vgl. Einl. Rn. 13; vgl. *Kittner/Pieper,* Teil II, § 15 ArbSchG Rn. 8).

Im Hinblick auf **zwischenstaatliche Vereinbarungen** geht es insbesondere um bi- oder multilaterale völkerrechtliche Verträge nach Art. 59 Abs. 2 GG, die der Umsetzung in das nationale Recht bedürfen. 9

Die Erstreckung von Adressaten von Arbeitsschutzpflichten in Rechtsverordnungen auf **»andere Personen«** als in § 2 Abs. 3 ist notwendig für Fälle, in denen ein ausreichender Arbeitsschutz durch die Verpflichtung allein der Arbeitgeber und der Beschäftigten nicht sichergestellt werden kann und entsprechende Verpflichtungen anderer Personen in Umsetzung von EG-Richtlinien erforderlich werden (RegE, S. 20). 10

Soweit für **Betriebs- oder Personalräte** bzw. deren Mitglieder neue Pflichten im Arbeitsschutz begründet werden sollen, sollen diese weiterhin grundsätzlich im Betriebsverfassungs- und Personalvertretungsrecht geregelt werden (RegE, S. 20). Dies entspricht der Konzeption der Bundesregierung, nur die Regelungen des EG-Arbeitsschutzrechts umzusetzen, die keine Entsprechung im deutschen Arbeitsschutzrecht haben; dies gilt auch für die Regelungen des BetrVG und der Personalvertretungsgesetze. 11

§ 20
[Regelungen für den öffentlichen Dienst]

(1) Für die Beamten der Länder, Gemeinden und sonstigen Körperschaften, Anstalten und Stiftungen des öffentlichen Rechts regelt das Landesrecht, ob und inwieweit die nach § 18 erlassenen Rechtsverordnungen gelten.

(2) Für bestimmte Tätigkeiten im öffentlichen Dienst des Bundes, insbesondere bei der Bundeswehr, der Polizei, den Zivil- und Katastrophenschutzdiensten, dem Zoll oder den Nachrichtendiensten, können das Bundeskanzleramt, das Bundesministerium des Innern, das Bundesministerium für Verkehr, das Bundesministerium der Verteidigung oder das Bundesministerium der Finanzen, soweit sie hierfür jeweils zuständig sind, durch Rechtsverordnung ohne Zustimmung des Bundesrates bestimmen, daß Vorschriften dieses Gesetzes ganz oder zum Teil nicht anzuwenden sind, soweit öffentliche Belange dies zwingend erfordern, insbesondere zur Aufrechterhaltung oder Wiederherstellung der öffentlichen Sicherheit. Rechtsverordnungen nach Satz 1 werden im Einvernehmen mit dem Bundesministerium für Arbeit und Sozialordnung und, soweit nicht das Bundesministerium des Innern selbst ermächtigt ist, im Einvernehmen mit diesem Ministerium erlassen. In den Rechtsverordnungen ist gleichzeitig festzulegen, wie die Sicherheit und der Gesundheitsschutz bei der Arbeit unter Berücksichtigung der Ziele dieses Gesetzes auf andere Weise gewährleistet werden. Für Tätigkeiten im öffentlichen Dienst der Länder, Gemeinden und sonstigen landesunmittelbaren Körperschaften, Anstalten und Stiftungen des öffentlichen Rechts können

den Sätzen 1 und 3 entsprechende Regelungen durch Landesrecht getroffen werden.

1 Für Sachbereiche, die sich durch staatliche Rechtsverordnungen regeln lassen (»staatliches Arbeitsschutzrecht«), regelt das **Landesrecht**, ob und inwieweit die nach § 18 erlassenen Rechtsverordnungen für die Beamten der Länder, Gemeinden und sonstigen Körperschaften, Anstalten und Stiftungen des öffentlichen Rechts gelten (Abs. 1, RegE, S. 20). Das Landesrecht kann auch für Beamte der Landkreise, Verwaltungsgemeinschaften, Zweckverbände und sonstige Körperschaften, Anstalten und Stiftungen des öffentlichen Rechts auf kommunaler Ebene regeln, ob und inwieweit Rechtsverordnungen nach § 18 gelten (Ausschuß, S. 3).

2 Die gänzliche oder teilweise **Nichtanwendung der Vorschriften des ArbSchG** im öffentlichen Dienst des Bundes, insbesondere bei:

- der Bundeswehr,
- der Polizei,
- dem Zivilschutz (einschließlich des Katastrophenschutzdienstes),
- dem Zoll,
- dem Nachrichtendienst,

kann durch **Rechtsverordnungen** des Bundeskanzleramtes, des BMI, des BMV des BMVg und des BMF – ohne Zustimmung des Bundesrates – bestimmt werden. Diese Regelung trägt der Tatsache Rechnung, daß in bestimmten Tätigkeitsbereichen des öffentlichen Dienstes (z. B. Polizeikräfte im Einsatz) die strikte Anwendung des ArbSchG mit der ordnungsgemäßen Erfüllung der öffentlichen Aufgaben in diesen Bereichen in Konflikt kommen könnte (RegE, S. 21). Sie setzt Art. 2 Abs. 2 Richtlinie 89/391/EWG um.

3 Einer derartigen Rechtsverordnung muß ein **zwingendes öffentliches Erfordernis** zugrunde liegen. Hierzu gehört insbesondere die Aufrechterhaltung oder Wiederherstellung der öffentlichen Sicherheit. Für ihren Erlaß ist die Herstellung eines **Einvernehmens** mit dem BMA sowie mit dem BMI notwendig, sofern letzteres nicht selber die Verordnungsermächtigung besitzt.

4 Die Rechtsverordnungen müssen zugleich festlegen, wie die **Gewährleistung von Sicherheit und Gesundheitsschutz bei der Arbeit** durch alternative Arbeitsschutzmaßnahmen unter Berücksichtigung der Ziele des ArbSchG sichergestellt werden kann. Die Ziele »Sicherheit« und »Gesundheitsschutz« müssen wechselseitig optimiert werden. Werden keine alternativen Schutzmaßnahmen festgelegt, ist die Bereichsausnahme insoweit unwirksam. Die entsprechenden Vorschriften des ArbSchG gelten unverändert.

5 Für die Tätigkeiten im öffentlichen Dienst der Länder, Gemeinden und sonstigen landesunmittelbaren Körperschaften, Anstalten und Stiftungen des öffentlichen Rechts können entsprechende Regelungen durch **Landesrecht** getroffen werden.

Die Länder müssen als Teil der Bundesrepublik Deutschland jedenfalls eine **umfassende Umsetzung** der EG-Richtlinien sicherstellen. Wird dies unterlassen, sind die entsprechenden Richtlinien auf die genannten Landes-Arbeitgeber unmittelbar anwendbar. 6

Fünfter Abschnitt
Schlußvorschriften

§ 21
[Zuständige Behörden; Zusammenwirken mit den Trägern der gesetzlichen Unfallversicherung]

(1) Die Überwachung des Arbeitsschutzes nach diesem Gesetz ist staatliche Aufgabe. Die zuständigen Behörden haben die Einhaltung dieses Gesetzes und der auf Grund dieses Gesetzes erlassenen Rechtsverordnungen zu überwachen und die Arbeitgeber bei der Erfüllung ihrer Pflichten zu beraten.

(2) Die Aufgaben und Befugnisse der Träger der gesetzlichen Unfallversicherung richten sich, soweit nichts anderes bestimmt ist, nach den Vorschriften des Sozialgesetzbuchs. Soweit die Träger der gesetzlichen Unfallversicherung nach dem Sozialgesetzbuch im Rahmen ihres Inventionsauftrags auch Aufgaben zur Gewährleistung von Sicherheit und Gesundheitsschutz der Beschäftigten wahrnehmen, werden sie ausschließlich im Rahmen ihrer autonomen Befugnisse tätig.

(3) Die zuständigen Landesbehörden und die Träger der gesetzlichen Unfallversicherung wirken bei der Überwachung eng zusammen und fördern den Erfahrungsaustausch. Sie unterrichten sich gegenseitig über durchgeführte Betriebsbesichtigungen und deren wesentliche Ergebnisse.

(4) Die für den Arbeitsschutz zuständige oberste Landesbehörde kann mit Trägern der gesetzlichen Unfallversicherung vereinbaren, daß diese in näher zu bestimmenden Tätigkeitsbereichen die Einhaltung dieses Gesetzes, bestimmter Vorschriften dieses Gesetzes oder der auf Grund dieses Gesetzes erlassenen Rechtsverordnungen überwachen. In der Vereinbarung sind Art und Umfang der Überwachung sowie die Zusammenarbeit mit den staatlichen Arbeitsschutzbehörden festzulegen.

(5) Soweit nachfolgend nichts anderes bestimmt ist, ist zuständige Behörde für die Durchführung dieses Gesetzes und der auf dieses Gesetz gestützten Rechtsverordnungen in den Betrieben und Verwaltungen des Bundes die Zentralstelle für Arbeitsschutz beim Bundesministerium des Innern. Im Auftrag der Zentralstelle handelt, soweit nichts anderes bestimmt ist, die Bundesausführungsbehörde für Unfallversicherung, die insoweit der Aufsicht des Bundesministeriums des Innern unterliegt. Im öffentlichen Dienst im Geschäftsbereich des Bundesministeriums für Verkehr führen die Ausführungsbehörde für Unfallversicherung des Bundesministeriums für Verkehr und die Eisenbahn-Unfallkasse, soweit diese Träger der Unfallversicherung

ist, dieses Gesetz durch. Für Betriebe und Verwaltungen in den Geschäftsbereichen des Bundesministeriums der Verteidigung und des Auswärtigen Amtes hinsichtlich seiner Auslandsvertretungen und für die Nachrichtendienste des Bundes führen das jeweilige Bundesministerium oder das Bundeskanzleramt, soweit sie jeweils zuständig sind, oder die von ihnen jeweils bestimmte Stelle dieses Gesetz durch. Im Geschäftsbereich des Bundesministeriums für Post und Telekommunikation führt die Unfallkasse Post und Telekom dieses Gesetz durch. Die Sätze 1 bis 4 gelten auch für Betriebe und Verwaltungen, die zur Bundesverwaltung gehören, für die aber eine Berufsgenossenschaft Träger der Unfallversicherung ist. Die zuständigen Bundesministerien können mit den Berufsgenossenschaften für diese Betriebe und Verwaltungen vereinbaren, daß das Gesetz von den Berufsgenossenschaften durchgeführt wird; Aufwendungen werden nicht erstattet.

Gegenüber dem RegE wurden die Regelungen zur **behördlichen Überwachung und Unterstützung der Durchführung des ArbSchG** erheblich erweitert und konkretisiert. Es wurden hierbei Vorschläge aus der Stellungnahme des Bundesrates zum RegE (vgl. Ausschuß, S. 3f.) und aus Konsensgesprächen des BMA mit Bundesländern aufgegriffen. Das duale System des überbetrieblichen Arbeitsschutzes (staatliche berufsgenossenschaftliche Überwachung und Unterstützung) und die Befugnisse der Unfallversicherungsträger gem. der Regelungen des SGB VII innerhalb dieses Systems bleiben unberührt (Ausschuß, S. 3). Allerdings werden die Aufgaben und die Kooperationsmöglichkeiten im dualen System erweitert und den Erfordernissen, die sich durch die neuen Präventionsorientierungen und -methoden des ArbSchG und des SGB VII ergeben, angepaßt. **1**

Grundsätzlich wird das **gesamte staatliche Arbeitsschutzrecht** – von Ausnahmen abgesehen (vgl. z.B. § 15 GSG, § 24 ChemgG, § 17 Abs. 3 ArbZG) von den zuständigen Behörden i.S. des ArbSchG, d.h. von den Arbeitsschutzbehörden der Bundesländer überwacht und ggf. durchgesetzt (Art. 83, 84 GG). Dieser Grundsatz gilt auch für das **ArbSchG** und die auf dem ArbSchG gestützten Rechtsverordnungen (§ 21 Abs. 1 Satz 1). Da Ländern auch die Organisation und die Zuständigkeitsregelung für die Aufsichtsbehörden obliegen, sind Verwaltungsaufbau und Zuständigkeiten in den einzelnen Ländern nicht einheitlich. **2**

Die wesentlichen, auf die Überwachung des Arbeitsschutzes durch die zuständigen Behörden bezogenen **Regelungen der GewO** sind in das ArbSchG übernommen worden. Damit ist nach dem ArbZG ein weiterer Beitrag zur Rechtsbereinigung erfolgt. Andere Regelungen der GewO bleiben dagegen bestehen. Dazu gehört vor allem § 139b GewO, der es den zuständigen Behörden insbesondere ermöglicht, die noch in der GewO verbleibenden Arbeitsschutzpflichten des Arbeitgebers zu überwachen. Der BT-Ausschuß für Arbeit und Sozialordnung hat jedoch bei **3** seinen Beratungen zum RegE aufgrund der zu diesem Zeitpunkt drängenden Umsetzung der Rahmenrichtlinie 89/391/EWG hervorgehoben, daß weitere Schritte mit dem Ziel einer – auch im Interesse der Betriebe liegenden – umfassenden Rechtsbereinigung auf diesem Gebiet erst zu einem späteren Zeitpunkt nach sorgfältiger Prüfung und ausführlicher Erörterung mit allen am Arbeitsschutz Beteiligten eingeleitet werden können (Ausschuß, S. 5).

4 Durch die Regelungen der § § 22 bis 24 soll vor allem eine **bundeseinheitliche behördliche Durchführung** des ArbSchG und der auf seiner Grundlage erlassenen Rechtsverordnungen gewährleistet werden, was insbesondere im Interesse von Unternehmen liegt, die länderübergreifend tätig sind (Ausschuß, S. 4).

5 Die Überwachung und Durchsetzung der **Präventionsmaßnahmen im Rahmen der gesetzlichen Unfallversicherung** ist Aufgabe ihrer Träger (§ 21 Abs. 2; vgl. § 17 i. V. m. §§ 18, 19 SGB VII; Anhang Nr. 4 Rn. 7 ff.). Die Überwachung des staatlichen Arbeitsschutzrechts gehört nicht zu dieser Aufgabe. Diese kann allerdings, bezogen auf das ArbSchG und VO nach §§ 18, 19 ArbSchG, in Vereinbarungen mit den zuständigen obersten Landesbehörden vereinbart werden (vgl. Rn. 25 f.).

6 **Zuständige Behörden** i. S. des ArbSchG, und damit zuständig für die überbetriebliche Durchführung des Gesetzes, sind die staatlichen Arbeitsschutzaufsichtsbehörden (Ausschuß, S. 3):

– die Staatlichen Ämter für Arbeitsschutz (vormals Gewerbeaufsichtsämter) als untere Verwaltungsbehörden,
– die Arbeitsministerien bzw. -senate der Länder als zuständige oberste Landesbehörden bzw. als oberste Verwaltungsbehörden.

7 Die **überbetriebliche Durchführung** des ArbSchG durch die zuständigen Behörden umfaßt die Bereiche Beratung, Überwachung und Vollzug, die dazu dienen, die Einhaltung des ArbSchG und der auf seiner Grundlage erlassenen Rechtsverordnungen sicherzustellen.

8 Die Aufgabe der **Beratung** ist jetzt eigenständige **gesetzliche Verpflichtung** der zuständigen Behörden bei der Durchführung des ArbSchG. Sie kam den zuständigen Behörden schon früher zu, war allerdings nur in Dienstanweisungen, d. h. Verwaltungsvorschriften, geregelt. Eine ausreichende Beratung ist nach dem Grundsatz der Verhältnismäßigkeit Voraussetzung für den Erlaß einer Anordnung durch die zuständige Behörde (so bereits die genannten Dienstanweisungen). Die gesetzliche Verankerung der Beratung entspricht Art. 3 Nr. 1 Buchst. b des **IAO-Abkommens 81** über die Arbeitsaufsicht für Handel und Gewerbe (Ausschuß, S. 3). Danach obliegt der Arbeitsaufsicht die Belehrung der Arbeitgeber und der Arbeitnehmer durch technische Aufklärung und Ratschläge über die wirksamsten Mittel zur Einhaltung der gesetzlichen Vorschriften.

9 Die **Beratungsverpflichtung** des § 21 Abs. 1 Satz 2 ArbSchG bezieht sich auf die Aufklärung über die vom Arbeitgeber anzuwendenden Re-

gelungen des ArbSchG und ihre Umsetzung in konkrete Arbeitsschutzmaßnahmen. Die zuständigen Behörden werden nicht auf spezielle Formen und Instrumente der Beratung festgelegt; eine faktische Grenze dürfte sich allerdings durch die vorgegebenen Haushaltsmittel der Behörden ergeben. Beratung bzw. »Aufklärung« kann also auch heißen: Unterstützung z. B. durch Informationsmaterialien und Handlungsleitfäden, Initiierung von überbetrieblichen Formen der Kooperation, projektorientierte Beratung.

Die zuständigen Behörden können zur Durchführung ihres Beratungsauf- 10
trags auch **Sachverständige** und sonstige **Dritte** hinzuziehen. Die konkrete Ausarbeitung und Ausführung von Schutzmaßnahmen sowie Beratungen, die über den auf die Einhaltung der Vorschriften des ArbSchG abzielenden Beratungsauftrag hinausgehen, ist nicht Aufgabe der gesetzlichen Behörden. Sie kann in solchen Fällen darauf hinwirken, daß entsprechende Fachexperten und -institutionen vom Arbeitgeber eingeschaltet werden.

Die Beratung des Arbeitgebers durch die zuständige Behörde ist **kosten- 11
frei**. Die Länder können etwas anderes in ihren Kostenvorschriften bestimmen.

Eine **fehlerhafte Beratung** kann zum Schadensersatz wegen Amtspflicht- 12
verletzung nach § 839 BGB i. V. m. Art. 34 GG führen (vgl. *BGH,* NJW 1985, 1338).

Parallel zur Aufgabe der zuständigen Behörden ist es Aufgabe der Träger 13
der gesetzlichen **Unfallversicherung**, die Unternehmer und die Versicherten im Rahmen ihres gesetzlichen Auftrages zu beraten (§ 17 Abs. 1 Satz 1 SGB VII; vgl. *Kittner/Pieper,* Teil IV, SGB VII Rn. 19). Hinsichtlich einer Koordinierung der Inhalte, Formen und Organisation der Beratung besteht demnach der Bedarf und die Möglichkeit einer Kooperation zwischen staatlichem und berufsgenossenschaftlichem Arbeitsschutz i. S. d. § 21 Abs. 3 ArbSchG (Rn. 23f.; vgl. § 20 Abs. 1, 2 SGB VII).

Die **Überwachung** gehört neben dem Vollzug (Rn. 17) zum Kernbereich 14
des klassischen Aufgabenspektrums der zuständigen Behörden. Die Überwachung des ArbSchG und der auf dem ArbSchG gestützten Rechtsverordnungen ist **staatliche Aufgabe** (§ 21 Abs. 1 Satz 1; zu den Befugnissen der zuständigen Behörden vgl. § 22).

Die Art der Überwachung ist in **Dienstanweisungen der Länder** gere- 15
gelt. Danach sollen die Betriebe u. a. grundsätzlich ohne vorherige Ankündigung besichtigt werden und zwar auch gegen den Willen des Arbeitgebers, wenn dies zur Erfüllung der Überwachungsaufgabe notwendig ist. Die zuständigen Behörden sind im Rahmen ihres pflichtgemäßen Ermessens zu einer gleichmäßigen Überwachung der Betriebe verpflichtet. Sie dürfen die Überwachung nicht auf bestimmte Betriebe beschränken oder Verstöße in gleichgelagerten Fällen dulden (zur Geheimhaltungspflicht vgl. § 23 Abs. 2).

16 Parallel kommt den Trägern der gesetzlichen **Unfallversicherung** die Verpflichtung zur Überwachung im Rahmen ihres gesetzlichen Auftrages zu (§ 17 Satz 1 SGB VII Rn. 19). Diese Aufgabe wird durch das Aufsichtspersonal gem. §§ 18, 19 SGB VII gewährleistet (vgl. *Kittner/Pieper,* Teil IV, SGB VII Rn. 20ff.). Die Überwachung der Einhaltung des ArbSchG und der auf ihm gestützten Rechtsverordnungen ist nicht Aufgabe der Unfallversicherungsträger. Sie kann jedoch mit den zuständigen obersten Landesbehörden vereinbart werden (§ 21 Abs. 4; Rn. 25f.).

17 Am Ende der Kette der Durchführung des ArbSchG durch die zuständigen Behörden stehen der **Vollzug** der Vorschriften des ArbSchG und der auf ihm gestützten Rechtsverordnungen durch Anordnungen im Einzelfall sowie die Durchsetzung und Sanktionierung dieser Anordnungen (vgl. § 22 Abs. 3 i.V.m. § 25 ArbSchG).

18 Parallel haben auch die Träger der gesetzlichen **Unfallversicherung** Kompetenzen zum Vollzug, allerdings ausschließlich im Rahmen der Durchführung ihres gesetzlichen Auftrags (§ 17 Abs. 1 Satz 2 SGB VII; Rn. 19).

19 Die **Aufgaben und Befugnisse der Träger der gesetzlichen Unfallversicherung** richten sich nach den Bestimmungen des Sozialgesetzbuches. Maßnahmen auf dem Gebiet der Sicherheit und des Gesundheitsschutzes der Beschäftigten erfolgen im Rahmen ihrer autonomen Befugnisse (Abs. 2). Dies entspricht Regelungen im Zweiten Kapitel des SGB VII (Ausschuß, S. 3; vgl. Anhang Nr. 4). Insofern bleiben trotz materiellrechtlicher Überschneidung die Verantwortungsbereiche von Staat und Unfallversicherungsträgern formalrechtlich getrennt. Das **duale Arbeitsschutzsystem** bleibt damit grundsätzlich erhalten. Es wird durch das ArbSchG und das SGB VII gestärkt und ausgeweitet (vgl. a.a.O.; § 21 Abs. 3, 4 ArbSchG; § 20 SGB VII; Einl. Rn. 39). Die **Erweiterung des Präventionsauftrags** der Unfallversicherungsträger auf die Verhütung arbeitsbedingter Gesundheitsgefahren ist im SGB VII geregelt (§ 14 Abs. 1 SGB VII; vgl. *Kittner/Pieper,* Teil IV, SGB VII Rn. 4ff.).

20 Unfallversicherungsträger und zuständige Landesbehörden werden, erstmals auf gesetzlicher Grundlage, zum **engen Zusammenwirken bei der Überwachung der Unternehmen und zur Förderung des Erfahrungsaustauschs** verpflichtet (näher Rn. 23f.; vgl. § 20 Abs. 3 SGB VII; *Kittner/Pieper,* Teil IV, SGB VII Rn. 24ff.). Über die bisherigen Zusammenarbeitsformen hinaus ermöglicht § 20 Abs. 4 Vereinbarungen zwischen der für den Arbeitsschutz zuständigen obersten Landesbehörde und den Unfallversicherungsträgern, nach denen letztere in bestimmten Tätigkeitsbereichen die Überwachung des ArbSchG oder entsprechender Rechtsverordnungen übernehmen können (näher Rn. 25f.).

21 Die Kooperation von Unfallversicherungsträgern und zuständigen Behörden wird institutionell durch die Verpflichtung der Unfallversicherungsträger abgesichert, für jedes Land eine **gemeinsame Stelle** zu bilden, über

die sie der obersten zuständigen Landesbehörde Informationen zu ihrer Überwachungstätigkeit im jeweiligen Land zur Verfügung stellen und mit ihnen gemeinsame Überwachungstätigkeiten abstimmen sowie den Erfahrungsaustausch planen und abstimmen (§ 20 Abs. 2 SGB VII; vgl. *Kittner/Pieper,* Teil IV, SGB VII Rn. 26).

Eine **Konkretisierung der Kooperation** erfolgt durch Allgemeine Verwaltungsvorschriften (§ 20 Abs. 1 Satz 3, Abs. 3 Nr. 2 SGB VII; vgl. *Kittner/Pieper,* Teil IV, SGB VII Rn. 27). **22**

Die staatlichen Arbeitsschutzbehörden und die Träger der gesetzlichen Unfallversicherung sind zum **Zusammenwirken** verpflichtet (Abs. 3). Eine Verpflichtung zum Zusammenwirken enthält auch § 20 Abs. 3 SGB VII (Rn. 20; vgl. *Kittner/Pieper,* Teil IV, SGB VII Rn. 25). Dieses Zusammenwirken bezieht sich auf die Überwachung, auf die Förderung des Erfahrungsaustausches sowie auf die gegenseitige Unterrichtung über durchgeführte Betriebsbesichtigungen und deren wesentliche Ergebnisse. Die Regelung war zuvor lediglich in einer AVV enthalten (AVV über das Zusammenwirken der Träger der Unfallversicherung und der Gewerbeaufsichtsbehörden v. 21. 6. 1968 in der Fassung v. 28. 11. 1977; BAnz. 1977, Nr. 225). Einzelheiten der Abstimmung der Überwachungstätigkeiten der Landesbehörden und der Unfallversicherungsträger sollen durch AVV geregelt werden (Ausschuß, S. 4). Ziel der Regelung ist es, die Zusammenarbeit der verschiedenen Aufsichtsdienste auf der Basis des ArbSchG und des SGB VII insgesamt zu verbessern und effektiver zu gestalten (a. a. O.). **23**

Zusammenarbeit kann sich z. B. auch auf die **Beratung** der Arbeitgeber gem. § 22 Abs. 1 Satz 2 (vgl. Rn. 8) oder auf die **Aus- und Fortbildung** des jeweiligen Aufsichtspersonals beziehen (für die zuständigen Behörden durch Länderregelungen, für das technische Aufsichtspersonal der Unfallversicherungsträger vgl. *Kittner/Pieper,* Teil IV, SGB VII Rn. 35). **24**

Durch Vereinbarung kann die **gesamte oder teilweise Überwachung des ArbSchG und der Rechtsverordnungen gem. §§ 18, 19** auf die Träger der gesetzlichen Unfallversicherung übertragen werden (Abs. 4). Dieser Weg bietet sich insbesondere für Betriebe und Verwaltungen an, für die die Arbeitsschutzbehörden der Länder neue Überwachungsaufgaben erhalten (z. B. in der Landwirtschaft oder im öffentlichen Dienst der Länder; Ausschuß, S. 4). Mit dieser Regelung soll die Zusammenarbeit im dualen System verbessert und Doppelprüfungen in den Betrieben vermieden werden. Dies entspricht der mit der Erweiterung des Präventionsauftrages der Unfallversicherungsträger einhergehenden weiteren Annäherung der Aufgabenbereiche und insgesamt knapper Überwachungskapazitäten. **25**

Die Vorschrift gibt für den Inhalt der Vereinbarungen einen **weiten Rahmen**. Sowohl im Interesse beider Institutionen als auch der zu überwachenden Betriebe müssen jedoch die Einzelheiten der zu übertragenen Überwachungsaufgaben in der Vereinbarung eindeutig festgelegt werden; **26** hierzu gehören auch Kostentragungsregelungen im Verhältnis zwischen Ländern und Unfallversicherungsträgern (Ausschuß, S. 4).

27 Die jeweils **zuständigen Behörden im öffentlichen Dienst des Bundes** sind (Abs. 5):

- in **Betrieben und Verwaltungen des Bundes** die Zentralstelle für Arbeitsschutz beim BMI. Im Auftrag der Zentralstelle handelt, soweit nicht anderes bestimmt ist, die Bundesausführungsbehörde für Unfallversicherung, die insoweit der Aufsicht des BMI unterliegt;
- im Geschäftsbereich des **BMV** (seit dem 27. 10. 1998 zusammengelegt mit dem Bundesministerium für Verkehr, Bau- und Wohnungswesen zum neuen Bundesministerium für Verkehr-, Bau- und Wohnungswesen) die Ausführungsbehörde für Unfallversicherung des BMV und die Eisenbahn-Unfallkasse, soweit dieser Träger der Unfallversicherung ist;
- in den Geschäftsbereichen des **BMVg und des Auswärtigen Amtes hinsichtlich seiner Auslandsvertretungen und der Nachrichtendienste** das jeweilige Bundesministerium oder das Bundeskanzleramt;
- im Geschäftsbereich des **BMPost und Telekommunikation** die Unfallkasse Post und Telekom (Ministerium ist aufgelöst und verbleibende Zuständigkeiten dem BMF sowie dem BMWi übertragen worden).

28 Soweit die Durchführung des ArbSchG den Ausführungsbehörden des Bundes, der Eisenbahn-Unfallkasse oder Unfallkasse Post und Telekom obliegt, finden die Vorschriften über die **Selbstverwaltung** der Träger der Sozialversicherung keine Anwendung (RegE, S. 21).

29 Diese Regelungen gelten auch für Betriebe und Verwaltungen, die zur Bundesverwaltung gehören, für die aber eine **Berufsgenossenschaft** Träger der Unfallversicherung ist. Die zuständigen Bundesministerien können mit den Berufsgenossenschaften für diese Betriebe und Verwaltungen vereinbaren, daß das Gesetz von den Berufsgenossenschaften durchgeführt wird; Aufwendungen werden nicht erstattet.

§ 22
[Befugnisse der zuständigen Behörden]

(1) Die zuständige Behörde kann vom Arbeitgeber oder von den verantwortlichen Personen die zur Durchführung ihrer Überwachungsaufgabe erforderlichen Auskünfte und die Überlassung von entsprechenden Unterlagen verlangen. Die auskunftspflichtige Person kann die Auskunft auf solche Fragen oder die Vorlage derjenigen Unterlagen verweigern, deren Beantwortung oder Vorlage sie selbst oder einen ihrer in § 383 Abs. 1 Nr. 1 bis 3 der Zivilprozeßordnung bezeichneten Angehörigen der Gefahr der Verfolgung wegen einer Straftat oder Ordnungswidrigkeit aussetzen würde. Die auskunftspflichtige Person ist darauf hinzuweisen.

(2) Die mit der Überwachung beauftragten Personen sind befugt, zu den Betriebs- und Arbeitszeiten Betriebsstätten, Geschäfts- und Betriebsräume zu betreten, zu besichtigen und zu prüfen sowie in die geschäftlichen Unterlagen der auskunftspflichtigen Person Einsicht zu nehmen, soweit dies zur Erfüllung ihrer Aufgaben erforderlich ist. Außerdem sind sie befugt, Betriebsanlagen, Arbeitsmittel und persönliche Schutzausrüstungen zu prüfen, Arbeitsverfahren und Arbeitsabläufe zu untersuchen, Messungen vorzunehmen und insbesondere arbeitsbedingte Gesundheitsgefahren festzustellen und zu untersuchen, auf welche Ursachen ein Arbeitsunfall, eine arbeitsbedingte Erkrankung oder ein Schadensfall zurückzuführen ist. Sie sind berechtigt, die Begleitung durch den Arbeitgeber oder eine von ihm beauftragte Person zu verlangen. Der Arbeitgeber oder die verantwortlichen Personen haben die mit der Überwachung beauftragten Personen bei der Wahrnehmung ihrer Befugnisse nach den Sätzen 1 und 2 zu unterstützen. Außerhalb der in Satz 1 genannten Zeiten, oder wenn die Arbeitsstätte sich in einer Wohnung befindet, dürfen die mit der Überwachung beauftragten Personen ohne Einverständnis des Arbeitgebers die Maßnahmen nach den Sätzen 1 und 2 nur zur Verhütung dringender Gefahren für die öffentliche Sicherheit oder Ordnung treffen. Die auskunftspflichtige Person hat die Maßnahmen nach den Sätzen 1, 2 und 5 zu dulden. Die Sätze 1 und 5 gelten entsprechend, wenn nicht feststeht, ob in der Arbeitsstätte Personen beschäftigt werden, jedoch Tatsachen gegeben sind, die diese Annahme rechtfertigen. Das Grundrecht der Unverletzlichkeit der Wohnung (Artikel 13 des Grundgesetzes) wird insoweit eingeschränkt.

(3) Die zuständige Behörde kann im Einzelfall anordnen,

1. welche Maßnahmen der Arbeitgeber und die verantwortlichen Personen oder die Beschäftigten zur Erfüllung der Pflichten zu treffen haben, die sich aus diesem Gesetz und den auf Grund dieses Gesetzes erlassenen Rechtsverordnungen ergeben,
2. welche Maßnahmen der Arbeitgeber und die verantwortlichen Personen zur Abwendung einer besonderen Gefahr für Leben und Gesundheit der Beschäftigten zu treffen haben.

Die zuständige Behörde hat, wenn nicht Gefahr im Verzug ist, zur Ausführung der Anordnung eine angemessene Frist zu setzen. Wird eine Anordnung nach Satz 1 nicht innerhalb einer gesetzten Frist oder eine für sofort vollziehbar erklärte Anordnung nicht sofort ausgeführt, kann die zuständige Behörde die von der Anordnung betroffene Arbeit oder die Verwendung oder den Betrieb der von der Anordnung betroffenen Arbeitsmittel untersagen. Maßnahmen der zuständigen Behörde im Bereich des öffentlichen Dienstes, die den Dienstbetrieb wesentlich beeinträchtigen, sollen im Einvernehmen mit der obersten Bundes- oder Landesbehörde oder dem Hauptverwaltungsbeamten der Gemeinde getroffen werden.

1 § 22 regelt die **Befugnisse** der Überwachungsbehörden und ihrer Dienstkräfte bei der Durchführung ihrer Überwachungsaufgaben. Ergänzende Regelungen können in Verwaltungsverfahrensgesetzen geregelt werden. Mit den Regelungen wird ein bundeseinheitlicher Vollzug des ArbSchG und der auf seiner Grundlage erlassenen Rechtsverordnungen gewährleistet.

2 § 22 Abs. 1 und 2 enthalten **Auskunfts- und Besichtigungsbefugnisse** für die zuständigen Behörden und lehnen sich weitgehend am geltenden Recht an (vgl. § 139b Abs. 1 Satz 2, Abs. 4 GewO; § 13 ASiG; § 21 Abs. 3 bis 5 ChemG; § 17 Abs. 4 bis 6 ArbZG; Ausschuß, S. 4). Die Befugnisse nach § 22 dürfen nur zur Erfüllung von Überwachungsaufgaben wahrgenommen werden. Die den Befugnissen zugrundeliegenden Maßnahmen müssen zur Erfüllung der Überwachungsaufgabe geeignet, erforderlich, auf das notwendige Maß beschränkt sein und dem Grundsatz der Verhältnismäßigkeit entsprechen (HessVGH, GewArch 1983, 199).

3 Der Arbeitgeber oder die verantwortlichen Personen gem. § 13 haben die Verpflichtung, auf Verlangen der zuständigen Behörden die zur Durchführung der Überwachungsaufgaben erforderlichen **Auskünfte** zu erteilen und entsprechende **Unterlagen** zu überlassen (Abs. 1).

4 Das Auskunftsverlangen setzt **nicht** voraus, daß der **Verdacht** eines bestimmten Gesetzesverstoßes vorliegt (*BVerwG,* DVBl. 1988, 440). Die Behörde darf gezielte Einzelfragen stellen. Eine fortlaufende Unterrichtung kann dagegen nicht verlangt werden (*OVG Berlin,* GewArch 1982, 279).

5 Der Arbeitgeber oder die verantwortlichen Personen können die Auskunft auf solche Fragen sowie die Vorlage der Unterlagen **verweigern**, wenn sie sich selbst oder einen ihrer in § 383 Abs. 1 Nr. 1 bis 3 ZPO bezeichneten Angehörigen (das sind der Verlobte, der Ehegatte, auch wenn die Ehe nicht mehr besteht, oder in gerader Linie Verwandte oder in der Seitenlinie bis zum dritten Grad Verwandte oder bis zum zweiten Grad Verschwägerte, auch wenn die Ehe, die die Schwägerschaft begründet, nicht mehr besteht) der Gefahr der Verfolgung oder Ordnungswidrigkeit aussetzen würde. Die auskunftspflichtige Person ist durch die zuständigen Behörden darauf hinzuweisen.

6 Die **Befugnisse der zuständigen Behörden** zur Durchführung der Überwachung des ArbSchG sind (Abs. 2):

- das Betreten, Besichtigen und Prüfen der Betriebsstätten, Geschäfts- und Betriebsräume zu den Betriebs- und Arbeitszeiten,
- die Einsicht in geschäftliche Unterlagen,
- die Prüfung von Betriebsanlagen, Arbeitsmitteln, persönlichen Schutzausrüstungen,
- die Untersuchung von Arbeitsverfahren und -abläufen,
- die Vornahme von Messungen,
- die Feststellung von arbeitsbedingten Gesundheitsgefahren,

- die Untersuchung von Arbeitsunfallursachen, arbeitsbedingten Erkrankungen und Schadensursachen.

Der Arbeitgeber oder die verantwortlichen Personen sind gem. § 13 gegenüber den mit der Überwachung beauftragten Person verpflichtet, diese z. B. bei Betriebsbesichtigungen zu **begleiten** und sie zu **unterstützen** (zu den Beteiligungsrechten des Betriebs- bzw. Personalrats vgl. Einl. Rn. 44 ff.). 7

Außerhalb der Betriebs- und Arbeitszeiten, oder wenn sich die Arbeitsstätte in einer **Wohnung** befindet, dürfen die mit der Überwachung beauftragten Personen ohne Einverständnis des Arbeitgebers die Maßnahmen zur Durchführung der Überwachung des ArbSchG nur zur Verhütung dringender Gefahren für die öffentliche Sicherheit und Ordnung treffen. 8

Die Maßnahmen zur Durchführung der Überwachung des ArbSchG können auch dann durchgeführt werden, wenn **nicht feststeht**, ob in der Arbeitsstätte Personen beschäftigt werden, jedoch Tatsachen gegeben sind, die diese Annahme rechtfertigen. Das Grundrecht der Unverletzlichkeit der Wohnung gem. Artikel 13 GG wird insoweit eingeschränkt. 9

Die auskunftspflichtige Person hat die Maßnahmen zur Durchführung der Überwachung des ArbSchG zu **dulden**. 10

Im Einzelfall kann die zuständige Behörde **besondere Anordnungen** treffen (Abs. 3). Dabei kann es sich um Anordnungen zur Erfüllung der Pflichten des Arbeitgebers oder der Beschäftigten nach dem ArbSchG und den von ihm abgeleiteten Rechtsvorschriften (Nr. 1) handeln und um Anordnungen, mit denen besondere Gefahren, die nicht unbedingt ihre Ursache in der Nichterfüllung von Arbeitsschutzpflichten haben, von den Beschäftigten (Nr. 2) abgewendet werden sollen. Vergleichbare Bestimmungen enthalten die §§ 120 d, 120 f, 139 b Abs. 1 GewO, § 1 a ChemG und § 12 Abs. 1, 3 GSG (RegE, S. 21). 11

Sofern nicht Gefahr im Verzug ist, hat die zuständige Behörde zur Ausführung der Anordnung eine angemessene **Frist** zu setzen. Kommt der Arbeitgeber der Anordnung nicht fristgerecht nach, so kann die zuständige Behörde die von der Anordnung betroffene Arbeit oder die Verwendung oder den Betrieb der von der Anordnung betroffenen Arbeitsmittel untersagen. Diese Regelungen entsprechen weitgehend dem schon bislang geltenden Recht (vgl. § 120 d GewO; Ausschuß, S. 4). 12

Maßnahmen der zuständigen Behörde im Bereich des **öffentlichen Dienstes**, die den Dienstbetrieb wesentlich beeinträchtigen, sollen im Einvernehmen mit der obersten Bundes- oder Landesbehörde oder dem Hauptverwaltungsbeamten der Gemeinde getroffen werden. Diese Regelung dient der Aufrechterhaltung der Funktionsfähigkeit des öffentlichen Dienstes und berücksichtigt, daß ein Konflikt zwischen verschiedenen Aufgabenträgern der Verwaltung aus verfassungsrechtlichen 13

Gründen nicht mit hoheitlichen Maßnahmen gelöst werden kann (Ausschuß, S. 4).

§ 23
[Betriebliche Daten; Zusammenarbeit mit anderen Behörden; Jahresbericht]

(1) Der Arbeitgeber hat der zuständigen Behörde zu einem von ihr bestimmten Zeitpunkt Mitteilungen über

1. die Zahl der Beschäftigten und derer, an die er Heimarbeit vergibt, aufgegliedert nach Geschlecht, Alter und Staatsangehörigkeit,
2. den Namen oder die Bezeichnung und Anschrift des Betriebs, in dem er sie beschäftigt,
3. seinen Namen, seine Firma und seine Anschrift sowie
4. den Wirtschaftszweig, dem sein Betrieb angehört,

zu machen. Das Bundesministerium für Arbeit und Sozialordnung wird ermächtigt, durch Rechtsverordnung mit Zustimmung des Bundesrates zu bestimmen, daß die Stellen der Bundesverwaltung, denen der Arbeitgeber die in Satz 1 genannten Mitteilungen bereits auf Grund einer Rechtsvorschrift mitgeteilt hat, diese Angaben an die für die Behörden nach Satz 1 zuständigen obersten Landesbehörden als Schreiben oder auf maschinell verwertbaren Datenträgern oder durch Datenübertragung weiterzuleiten haben. In der Rechtsverordnung können das Nähere über die Form der weiterzuleitenden Angaben sowie die Frist für die Weiterleitung bestimmt werden. Die weitergeleiteten Angaben dürfen nur zur Erfüllung der in der Zuständigkeit der Behörden nach § 21 Abs. 1 liegenden Arbeitsschutzaufgaben verwendet sowie in Datenverarbeitungssystemen gespeichert oder verarbeitet werden.

(2) Die mit der Überwachung beauftragten Personen dürfen die ihnen bei ihrer Überwachungstätigkeit zur Kenntnis gelangenden Geschäfts- und Betriebsgeheimnisse nur in den gesetzlich geregelten Fällen oder zur Verfolgung von Gesetzwidrigkeiten oder zur Erfüllung von gesetzlich geregelten Aufgaben zum Schutz der Versicherten dem Träger der gesetzlichen Unfallversicherung oder zum Schutz der Umwelt den dafür zuständigen Behörden offenbaren. Soweit es sich bei Geschäfts- und Betriebsgeheimnissen um Informationen über die Umwelt im Sinne des Umweltinformationsgesetzes handelt, richtet sich die Befugnis zu ihrer Offenbarung nach dem Umweltinformationsgesetz.

(3) Ergeben sich im Einzelfall für die zuständigen Behörden konkrete Anhaltspunkte für

1. eine Beschäftigung oder Tätigkeit von nichtdeutschen Arbeitneh-

mern ohne die erforderliche Erlaubnis nach § 284 Abs. 1 Satz 1 des Dritten Buches Sozialgesetzbuch,

2. Verstöße gegen die Mitwirkungspflicht nach § 60 Abs. 1 Satz 1 Nr. 2 des Ersten Buches Sozialgesetzbuch gegenüber einer Dienststelle der Bundesanstalt für Arbeit, einem Träger der gesetzlichen Kranken-, Pflege-, Unfall- oder Rentenversicherung oder einem Träger der Sozialhilfe oder gegen die Meldepflicht nach § 8a des Asylbewerberleistungsgesetzes,

3. Verstöße gegen das Gesetz zur Bekämpfung der Schwarzarbeit,

4. Verstöße gegen das Arbeitnehmerüberlassungsgesetz,

5. Verstöße gegen die Bestimmungen des Vierten und Siebten Buches Sozialgesetzbuch über die Verpflichtung zur Zahlung von Sozialversicherungsbeiträgen,

6. Verstöße gegen das Ausländergesetz,

7. Verstöße gegen die Steuergesetze,

unterrichten sie die für die Verfolgung und Ahndung der Verstöße nach den Nummern 1 bis 7 zuständigen Behörden sowie die Behörden nach § 63 des Ausländergesetzes. In den Fällen des Satzes 1 arbeiten die zuständigen Behörden insbesondere mit den Arbeitsämtern, den Hauptzollämtern, den Rentenversicherungsträgern, den Krankenkassen als Einzugsstellen für die Sozialversicherungsbeiträge, den Trägern der gesetzlichen Unfallversicherung, den nach Landesrecht für die Verfolgung und Ahndung von Verstößen gegen das Gesetz zur Bekämpfung der Schwarzarbeit zuständigen Behörden, den Trägern der Sozialhilfe, den in § 63 des Ausländergesetzes genannten Behörden und den Finanzbehörden zusammen.

(4) Die zuständigen obersten Landesbehörden haben über die Überwachungstätigkeit der ihnen unterstellten Behörden einen Jahresbericht zu veröffentlichen. Der Jahresbericht umfaßt auch Angaben zur Erfüllung von Unterrichtungspflichten aus internationalen Übereinkommen oder Rechtsakten der Europäischen Gemeinschaften, soweit sie den Arbeitsschutz betreffen.

Der Arbeitgeber ist gegenüber der zuständigen Behörde zur **Weitergabe** 1
betrieblicher Daten verpflichtet (Abs. 1). Die Regelung des § 23 Abs. 1 löst § 139 Abs. 5 und 5a GewO ab. Die Daten müssen die folgenden umfassen:

- die Zahl der Beschäftigten und der Heimarbeiter und zwar gegliedert nach Geschlecht, Alter und Staatsangehörigkeit,
- den Namen, die Bezeichnung und die Anschriften des Betriebs,
- den Namen des Arbeitgebers und seiner Firma sowie seine Anschrift,
- den Wirtschaftszweig, dem der Betrieb angehört.

Das BMA hat, nach Zustimmung des Bundesrates, die Ermächtigung zum 2
Erlaß von Rechtsverordnungen, die die **Weitergabe von Mitteilungen** gem. Abs. 1, die an die Stellen der Bundesverwaltung gegangen sind,

sowie die Art und Weise ihrer Übermittlung, ihre Form und die Fristen der Weiterleitung, an die zuständigen obersten Landesbehörden regelt.

Die weitergeleiteten Angaben dürfen nur zur Erfüllung der Arbeitsschutzaufgaben gem. § 21 Abs. 1, d.h. im Rahmen der Überwachung der Einhaltung des ArbSchG und der aufgrund des ArbSchG erlassenen Rechtsverordnungen sowie zur Beratung der Arbeitgeber zur Erfüllung ihrer Pflichten verwendet werden.

Die Angaben dürfen in DV-Systemen gespeichert und verarbeitet werden. Durch diese Regelung wird die bisher in § 139b Abs. 5a GewO enthaltene Verordnungsermächtigung übernommen; sie stellt – zusammen mit der geltenden Weiterleitungsverordnung – durch Vermeidung von Mehrfachmitteilungen eine entsprechende Entlastung der Arbeitgeber sicher (vgl. Ausschuß, S. 4).

3 **Geschäfts- und Betriebsgeheimnisse** dürfen von den mit der Überwachung nach Abs. 1 beauftragten Personen

- nur in den gesetzlich geregelten Fällen oder
- zur Erfüllung von gesetzlich geregelten Aufgaben zum Schutz der Versicherten dem Träger der gesetzlichen Unfallversicherung oder
- zum Schutz der Umwelt den dafür zuständigen Behörden

offenbart werden (Abs. 2). Die Regelung entspricht i.W. dem geltenden § 139b Abs. 1 Satz 3 und 4 GewO, angepaßt an moderne Datenschutzerfordernisse (Ausschuß, S. 4).

4 Mit der **Offenbarungsbefugnis auch gegenüber den Trägern der gesetzlichen Unfallversicherung** zur Erfüllung gesetzlich geregelter Aufgaben zum Schutz der Versicherten soll eine effektive Zusammenarbeit zwischen staatlichen Behörden und Berufsgenossenschaften gesichert werden (Ausschuß, S. 4).

5 Bei **Verstößen gegen bestimmte gesetzliche Vorschriften** – in Fällen illegaler Ausländerbeschäftigung und Arbeitnehmerüberlassung, Schwarzarbeit und bei Verstößen gegen Steuergesetze – müssen die zuständigen Behörden die für die Verfolgung und Ahndung der Verstöße gegen die jeweiligen Bestimmungen der Gesetze sowie die Behörden nach § 63 Ausländergesetz unterrichten (Abs. 3).

6 Der **Jahresbericht**, den die **zuständigen obersten Landesbehörden** zu veröffentlichen haben, faßt die Tätigkeit der zuständigen Behörde im Rahmen ihrer Befugnisse zusammen (Abs. 4). Er umfaßt auch Angaben zur Erfüllung von Unterrichtungspflichten aus internationalen Übereinkommen oder Rechtsakten der EG, soweit sie den Arbeitsschutz betreffen. Die Jahresberichte sollen insbesondere der Bundesregierung ermöglichen, ihren internationalen Berichtspflichten im Arbeitsschutz nachzukommen (Ausschuß, S. 4). Die Bestimmung korrespondiert mit § 25 SGB VII, nach dem die **Bundesregierung** dem Deutschen Bundestag und dem Bundesrat alljährlich bis zum 31. Dezember des auf das Berichtsjahr folgenden

Jahres einen statistischen **Bericht über den Stand von Sicherheit und Gesundheitsschutz bei der Arbeit** und das Unfall- und Berufskrankheitengeschehen in der Bundesrepublik Deutschland zu erstatten hat (vgl. § 25 SGB VII).

§ 24
[Ermächtigung zum Erlaß von allgemeinen Verwaltungsvorschriften]

Das Bundesministerium für Arbeit und Sozialordnung kann mit Zustimmung des Bundesrates allgemeine Verwaltungsvorschriften erlassen

1. zur Durchführung dieses Gesetzes und der auf Grund dieses Gesetzes erlassenen Rechtsverordnungen, soweit die Bundesregierung zu ihrem Erlaß ermächtigt ist,
2. über die Gestaltung der Jahresberichte nach § 23 Abs. 4 und
3. über die Angaben, die die zuständigen obersten Landesbehörden dem Bundesministerium für Arbeit und Sozialordnung für den Unfallverhütungsbericht nach § 25 Abs. 2 des Siebten Buches Sozialgesetzbuch bis zu einem bestimmten Zeitpunkt mitzuteilen haben.

Verwaltungsvorschriften, die Bereiche des öffentlichen Dienstes einbeziehen, werden im Einvernehmen mit dem Bundesministerium des Innern erlassen.

Das BMA wird in § 24 ermächtigt, mit Zustimmung des Bundesrates 1 **allgemeine Verwaltungsvorschriften** zu erlassen:

- zur Durchführung des ArbSchG und der auf diesem Gesetz gestützten Verordnungen,
- zur Gestaltung der Jahresberichte nach § 23 Abs. 4,
- zu den Angaben, die die zuständigen obersten Landesbehörden dem BMA zur Erstellung des Unfallverhütungsberichts der Bundesregierung nach § 25 Abs. 2 SGB VII mitzuteilen haben.

Die Ermächtigung ist beschränkt auf die Durchführung der bundesrechtlichen Vorschriften (Ausschuß, S. 4).

Für den Erlaß von Verwaltungsvorschriften im **öffentlichen Dienst** ist das 2 Einvernehmen mit dem BMI erforderlich.

§ 25
[Bußgeldvorschriften]

(1) Ordnungswidrig handelt, wer vorsätzlich oder fahrlässig

1. einer Rechtsverordnung nach § 18 Abs. 1 oder § 19 zuwiderhandelt, soweit sie für einen bestimmten Tatbestand auf diese Bußgeldvorschrift verweist, oder

2. a) als Arbeitgeber oder als verantwortliche Person einer vollziehbaren Anordnung nach § 22 Abs. 3 oder

b) als Beschäftigter einer vollziehbaren Anordnung nach § 22 Abs. 3 Satz 1 Nr. 1

zuwiderhandelt.

(2) Die Ordnungswidrigkeit kann in den Fällen des Absatzes 1 Nr. 1 und 2 Buchstabe b mit einer Geldbuße bis zu zehntausend Deutsche Mark, in den Fällen des Absatzes 1 Nr. 2 Buchstabe a mit einer Geldbuße bis zu fünftausend Deutsche Mark geahndet werden.

1 **Ordnungswidrig** handelt,

- wer vorsätzlich oder fahrlässig gegen bußgeldwehrte Tatbestände in Rechtsverordnungen gem. § 18 Abs. 1 oder 19 verstößt (bis zu 10000 DM) oder
- als Arbeitgeber oder verantwortliche Person nach § 13 gem. § 22 Abs. 3 (bis zu 50000 DM) oder als Beschäftigter gem. § 22 Abs. 3 Satz 1 Nr. 1 (bis zu 10000 DM) vollziehbare Anordnungen der zuständigen Behörde zur Erfüllung ihrer Pflichten nach dem ArbSchG und entsprechenden Rechtsverordnungen nicht befolgt.

Die Höhe der Ahndung der Ordnungswidrigkeiten ist wegen der Gefahren, die bei Verwirklichung der Tatbestände auftreten können, notwendig (RegE, S. 21). Im Unterschied zum ArbSchRG-Entwurf bezieht sich die Bewehrung des ArbSchG mit **Bußgeld bzw. Strafen** direkt auf keine Regelung des ArbSchG selbst.

§ 26
[Strafvorschriften]

Mit Freiheitsstrafe bis zu einem Jahr oder mit Geldstrafe wird bestraft, wer

1. eine in § 25 Abs. 1 Nr. 2 Buchstabe a bezeichnete Handlung beharrlich wiederholt oder

2. durch eine in § 25 Abs. 1 Nr. 1 oder Nr. 2 Buchstabe a bezeichnete vorsätzliche Handlung Leben oder Gesundheit eines Beschäftigten gefährdet.

1 Bis zu einem Jahr **Freiheitsstrafe oder Geldstrafe** droht demjenigen, der als Arbeitgeber oder verantwortliche Person wiederholt eine vollziehbare Anordnung der zuständigen Behörde gem. § 25 Abs. 1 Nr. 2 Buchst. a nicht befolgt oder der aufgrund von Verstößen gegen die bußgeldbewehrten Tatbestände gem. § 25 Abs. 1 Nr. 1 oder Nr. 2 vorsätzlich Leben oder Gesundheit eines Beschäftigten gefährdet. Kommt es nicht nur zu einer Gefährdung, sondern zu einer Gesundheitsschädigung, kommt eine Straftat nach §§ 223, 230 StGB in Betracht.

Stichwortverzeichnis

Die fettgedruckten Ziffern verweisen auf die jeweiligen Vorschriften, die normalgedruckten auf die Randnummern.

Allgemeine Verwaltungsvorschriften, **24**

Anhörung
- im öffentlichen Dienst **14**, 2
- der Arbeitnehmer **14**, 2

Anweisung **4**, 20
- bei besonderen Gefahren **9**, 3, 5
- s. auch *Unterweisung*

Arbeitgeber
- Begriff **2**, 23
- Grundpflichten des –, **3**, 1 ff.
- Haftung **13**, 3
- Notfallmaßnahmen **10**, 5
- Verantwortlichkeit des –, **13**, 1
- Weitergabe von betrieblichen Daten an die zuständige Behörde **23**, 1
- s. auch *verantwortliche Personen*

Arbeitnehmer
- als Beschäftigte **2**, 13
- s. auch *Beschäftigte*

Arbeitnehmerähnliche Personen
- als Beschäftigte **2**, 17
- s. auch *Beschäftigte*

Arbeitnehmerhaftung
- im Rahmen der eigenständigen Gefahrenabwehr **9**, 8

Arbeitnehmerüberlassung
- Unterweisung **12**, 17
- s. auch *Leiharbeitnehmer*

Arbeitsbedingte Erkrankung **1**, 6 f.

Arbeitsbedingte Gesundheitsgefahr **1**, 5

Arbeitsmedizinische Vorsorge
- nach dem ArbSchG **11**, 1, 3, 4
- allgemeiner Begriff **11**, 2
- Schweigepflicht des Arztes **11**, 5
- in sonstigen Rechtsvorschriften **11**, 7
- Zweck von – nach dem ArbSchG **11**, 3

Arbeitsmittelbenutzungsverordnung **Einl** 101

Arbeitssicherheitsgesetz, **Einl** 99; **3**, 3
- s. auch *Betriebsarzt*
- s. auch *Betriebsrat*
- s. auch *Fachkraft für Arbeitssicherheit*
- s. auch *Personalrat*

Arbeitsschutz
- allgemeine Grundsätze **4**
- Anweisungen **4**, 20
- Begriff **Einl** 9 ff.
- betriebliche Ebene **Einl** 43 ff.; **3**, 6
- betriebliche Führungsstrukturen **3**, 5
- duales System **Einl** 26, 39 ff.
- Ganzheitlichkeit **1**, 10; **4**, 17
- Gefahrenbekämpfung an der Quelle **4**, 6
- geschlechtsspezifische Regelungen **4**, 21

– gesicherte arbeitswissenschaftliche Erkenntnisse **4**, 11 ff.
– Industrialisierung **Einl** 2
– institutionelle Gliederung **Einl** 38 ff.
– kollektive Schutzmaßnahmen **4**, 18
– Kosten **3**, 8
– Maßnahmen des –, **2**, 1
– Mittel **3**, 4
– Organisation des –, **3**, 3 **Einl** 99
– Rangfolge von Schutzmaßnahmen **4**, 5
– rechtliche Gliederung, **Einl** 22 ff.
– sachlich-rechtliche Gliederung, **Einl** 56 ff.
– Stand der Technik, der Arbeitsmedizin und der Arbeitshygiene **4**, 7 ff.
– und Umweltschutz **Einl** 7
– Wirksamkeitsüberprüfung **3**, 2
– Wirtschaftlichkeit **Einl** 8, 92 ff.; **1**, 12
– s. auch *Arbeitsschutzrecht*
– s. auch *Behörden*
– s. auch *EG-Arbeitsschutzrecht*
– s. auch *Umweltschutz*

Arbeitsschutzausschuß, **Einl** 46, 99
– s. auch *Arbeitssicherheitsgesetz*

Arbeitsschutzgesetz, **Einl** 92 ff.
– Auswirkungen **Einl** 89 ff.
– Inhaltsübersicht **Einl** 86 ff.
– persönlicher Geltungsbereich **2**, 11 ff.
– Zielsetzung **1**, 1
– Zweck **1**, 1, 3

Arbeitsschutzmanagement, **Einl** 47, **3**, 6

Arbeitsschutzrahmengesetz, **Einl** 84

Arbeitsschutzrecht
– betriebsbezogenes –, **Einl** 60 f.
– und Grundrechte **Einl** 23
– Normen **Einl** 35 ff.
– öffentlich-rechtliches, staatliches –, **Einl** 28, 57
– öffentlich-rechtlich, autonomes –, **Einl** 29, 57; **21**, 16, 19 ff.
– privates –, **Einl** 30
– produktbezogenes –, **Einl** 60 f.
– soziales –, **Einl** 59; **4**, 19
– technisches –, **Einl** 59 ff.
– Transformation des öffentlich-rechtlichen – in das private –, **Einl** 31 ff.; **1**, 6
– s. auch *EG-Arbeitsschutzrecht*

Arbeitsstättenverordnung **Einl** 107

Arbeitsumwelt **Einl** 16 f.; **1**, 11

Arbeitsunfall **1**, 3
– s. auch *Unfall*

Arbeitswissenschaftliche Erkenntnisse **Einl** 35
– Begriff **4**, 11
– Formen **4**, 15
– gesicherte –, **4**, 15

Außerbetriebliches Beschwerderecht
– für Beamte **17**, 3
– Bedingungen **17**, 5
– Einschaltung des Arbeitgebers **17**, 5 ff.
– Nachteilsverbot **17**, 8
– für Soldaten **17**, 3
– Zweck **17**, 4

Auszubildende
– als Beschäftigte **2**, 16
– s. auch *Beschäftigte*

Baustellenverordnung **Einl** 102

Beamte
– außerbetriebliches Beschwerderecht **17**, 9
– als Beschäftigte **2**, 19
– Vorschlagsrecht **17**, 3
– s. auch *Beschäftigte*

Behörden
– Auskunftsbefugnis **22**, 2 ff.
– Anordnung der –, **22**, 11 ff.
– Befugnisse **22**, 6
– Beratung **21**, 8 ff.
– betriebliche Daten **23**, 1 f.

– Geschäfts- und Betriebsgeheimnisse **23**, 3
– Jahresbericht **23**, 7
– im öffentlichen Dienst des Bundes –, **21**, 27
– Überwachung des staatlichen Arbeitsschutzrechts **21**, 2, 14 ff.
– Vollzug **21**, 17
– Übertragung von Aufgaben auf die Träger der gesetzlichen Unfallversicherung **21**, 25 f.
– Zusammenwirken mit den Trägern der gesetzlichen Unfallversicherung **21**, 20, 23 f.
– s. auch *gesetzliche Unfallversicherung*
Bergbau **1**, 17, 18
Berufskrankheit **2**, 6
Beschäftigte
– Arbeitnehmer als –, **2**, 13
– arbeitnehmerähnliche Personen als –, **2**, 17
– außerbetriebliches Beschwerderecht **17**, 4 ff.
– Auszubildende als –, **2**, 16
– Beamte als –, **2**, 19
– Befähigung **7**, 1
– befristet Beschäftigte **2**, 15
– Begriff **2**, 12
– Heimarbeiter **2**, 18
– Leiharbeitnehmer als –, **2**, 15
– Mitwirkungspflichten **3**, 7
– Pflichten der –, **15, 16**
– Rechte der –, **17**
– Richter als –, **2**, 20
– Soldaten als –, **2**, 21
– Teilzeitarbeitnehmer als –, **2**, 14
– Unterstützungspflichten, **16**
– Verantwortung, **15**, 4 ff., 11
– Vorschlagsrecht **17**, 2
– in Werkstätten für Behinderte als –, **2**, 22
– s. auch *Arbeitnehmer*
Beschwerderecht
– s. *außerbetriebliches* –
Besondere Gefahr
– Anweisungen **9**, 3, 5
– Begriff **9**, 1
– für bedeutende Rechtsgüter **9**, 20
– Entfernungsrecht der Beschäftigten **9**, 10 ff.
– Ermittlung **9**, 2
– Nachteilsverbot **9**, 8
– Schadensbegrenzung **9**, 7
– Schutzmaßnahmen **9**, 4
– Unterrichtungspflicht **9**, 6
Betrieb
– Begriff **2**, 27
– Dienststelle als – im öffentlichen Dienst, **2**, 25
– Gemeinschaftsbetrieb **2**, 28
– Betriebsteil **2**, 30
– Nebenbetrieb **2**, 31
Betriebliche Gesundheitsförderung, **1**, 9
Betriebsarzt, **Einl** 43; **3**, 3
– s. auch *Arbeitssicherheitsgesetz*
– s. auch *Fachkraft für Arbeitssicherheit*
Betriebsrat, **Einl** 44
Beurteilung der Arbeitsbedingungen
– Begriff **5**, 1
– Durchführung in allen Betrieben **5**, 3
– Durchführung je nach Tätigkeit **5**, 7
– Ermittlung von besonderen Gefahren **9**, 2
– Hilfen zur Durchführung **5**, 7
– Hinweise zur Durchführung **5**, 8
– Soll-Ist-Vergleich **5**, 2
– siehe auch *Dokumentation der Beurteilung der Arbeitsbedingungen*
Bildschirmarbeitsverordnung **Einl** 103
Binnenschiffahrt **1**, 20
Biostoffverordnung **Einl** 104
Brandbekämpfung **10**, 1
– s. auch *Notfallmaßnahmen*

Bußgeld **25**
Dokumentation der Beurteilung der Arbeitsbedingungen
– auf Anordnung der zuständigen Behörde **6**, 8
– bei gleichartiger Gefährdungssituation **6**, 2
– Erleichterung der Beweisführung **6**, 9
– Erstellung **6**, 3
– Inhalt **6**, 1
– in Kleinbetrieben **6**, 6f.
– spezielle Regelungen in sonstigen Rechtsvorschriften **6**, 4, 7
– Unfälle **6**, 11
– s. auch *Beurteilung der Arbeitsbedingungen*
Duales System, s. *Arbeitsschutz*
EG-Arbeitsschutzrecht **Einl** 15ff.
– betriebsbezogenes –, **Einl** 62, 74ff.
– Maschinenrichtlinie 73
– neue Konzeption **Einl** 71
– Normung **Einl** 72, 78
– produktbezogenes –, **Einl** 62, 66ff.
– Rahmenrichtlinie Arbeitsschutz **Einl** 79
– Umsetzung durch Rechtsverordnungen **19**
Entfernungsrecht **9**, 10ff.
– bei besonderen Gefahren für andere bedeutende Rechtsgüter **9**, 20
– Garantenstellung **9**, 21
– im Gefahrstoffrecht **9**, 15
– s. auch *Leistungsverweigerungsrecht*
Erste Hilfe **10**, 1
– siehe auch *Notfallmaßnahmen*
Evakuierung **10**, 1
– s.. auch *Notfallmaßnahmen*
Fachkraft für Arbeitssicherheit **Einl** 99; **3**, 3
– s. auch *Arbeitssicherheitsgesetz*
– s. auch *Betriebsarzt*
– s. auch *Betriebsrat*
– s. auch *Personalrat*
Gefahr **4**, 2
– s. auch *besondere Gefahr*
– unmittelbare, erhebliche –, **9**, 1
Gefahrenbekämpfung an der Quelle **4**, 6
Gefährdung **4**, 3
Gefährdungsanalyse
– als komplexe Gefährdungsbeurteilung **5**, 5
– im Rahmen des Unternehmermodells **5**, 4
Gefährdungsbeurteilung, s. *Beurteilung der Arbeitsbedingungen*
Gefahrenanalyse **5**, 6
Geschäfts- und Betriebsgeheimnisse **23**, 3
– Offenbarungsbefugnis **23**, 3f.
Gesetzliche Unfallversicherung **21**, 16, 19ff.
– s. auch *Behörde*
– s. auch *Unfallverhütungsvorschriften*
Gesicherte arbeitswissenschaftliche Erkenntnisse, s. *arbeitswissenschaftliche Erkenntnisse*
Gesundheit
– Begriff **Einl** 20; **1**, 10
Gesundheitsförderung, s. *betriebliche Gesundheitsförderung*
Gesundheitsschutz **1**, 8
Gruppenarbeit **Einl** 47
Hausangestellte **1**, 16
Heimarbeiter **2**, 18
Kooperation
– im Arbeitsschutz **Einl** 49ff.
Lastenhandhabungsverordnung **Einl** 105
Leiharbeitnehmer
– als Beschäftigte **2**, 15
– s. auch *Arbeitnehmerüberlassung*
– s. auch *Beschäftigte*

Leistungsverweigerungsrecht
– beim Umgang mit Gefahrstoffen **9**, 16
– Nachteilsverbot **9**, 19
– Verhältnismäßigkeit **9**, 18
– Verletzung einer Schutzzielbestimmung **9**, 17
– Zweck **9**, 16
– s. auch *Entfernungsrecht*
Menschengerechte Gestaltung der Arbeit **Einl** 21; **1**, 4; **2**, 8 ff.
Mitbestimmung
– *s. Betriebsrat*
– *s. Personalrat*
Nachteilsverbot
– bei einer außerbetrieblichen Beschwerde **17**, 8
– und Entfernungsrecht **9**, 12 f.
– und Gefahrenabwehr **9**, 8
– und Leistungsverweigerungsrecht **9**, 19
Normung, **Einl** 37, 48; **1**, 23
– europäische –, **Einl** 72
Notfallmaßnahmen
– Anhörung des Betriebs- bzw. Personalrats **10**, 4
– Benennung von Beschäftigten **10**, 3
– Brandbekämpfung **10**, 1
– Erste Hilfe **10**, 1
– Evakuierung **10**, 1
– Verbindung zu außerbetrieblichen Stellen **10**, 2
Öffentlicher Dienst
– Geltung des ArbSchG im –, **1**, 15
– Geltung von Rechtsverordnungen nach § 18 ArbSchG 20
– Dienststelle als Betrieb im –, **2**, 25
– Unterrichtung und Anhörung der Beschäftigten im –, **14**
– zuständige Behörden im –, **21**, 27
– s. auch *Rechtsverordnungen*
Persönliche Schutzausrüstung **Einl** 106
Personalrat **Einl** 45
PSA-Benutzungsverordnung **Einl** 106
Rangfolge von Schutzmaßnahmen **4**, 5
Rechtsverordnungen
– Beispiel für Regelungsfelder **18**, 2
– Geltung im öffentlichen Dienst der Länder **20**, 1
– Nichtanwendung im öffentlichen Dienst des Bundes und der Länder **20**, 2 ff.
– Regelungsinhalt **18**, 1, 10
– Umsetzung von Beschlüssen internationaler Organisationen **18**, 7 f.
– Umsetzung von zwischenstaatlichen Vereinbarungen **18**, 9
– Umsetzung von EG-Rechtsakten **18**, 2 ff.
– und Unfallverhütungsvorschriften **18**, 2
Regeln, **Einl** 35
– der Arbeitshygiene **4**, 10
– der Arbeitsmedizin **4**, 9
– der Technik **4**, 8
– s. auch *Stand*
Religionsgemeinschaften **1**, 26
Richter
– als Beschäftigte **2**, 20
– s. auch *Beschäftigte*
Teilzeitarbeitnehmer
– als Beschäftigte **2**, 14
– s. auch *Beschäftigte*
Seeschiffahrt **1**, 17, 19
Sicherheit **1**, 7
Soldaten
– außerbetriebliches Beschwerderecht **17**, 9
– als Beschäftigte **2**, 21
– Vorschlagsrecht **17**, 3
– s. auch *Beschäftigte*
Sonstige Rechtsvorschriften **2**, 24

Stand **Einl** 36
– der Arbeitshygiene **4**, 10
– der Arbeitsmedizin **4**, 9
– der Technik **4**, 8
– von Wissenschaft und Technik **4**, 16
– s. auch *Regeln*
Strafe **26**
Tarifvertrag, **Einl** 33
Telearbeit **2**, 13
Übertragung von Aufgaben **7**
Umweltschutz
– und Arbeitsschutz **Einl** 7,
Unfall
– bei der Arbeit **2**, 3
Unfallverhütungsbericht **23**, 6
Unfallverhütungsvorschriften **Einl** 29
– und EG-Recht **Einl** 72
– als sonstige Rechtsvorschriften **2**, 24
– s. auch *gesetzliche Unfallversicherung*
Unfallversicherung, s. *gesetzliche Unfallversicherung*
Unmittelbare, erhebliche Gefahr **9**, 1
– s. auch *Gefahr*
Unternehmen **2**, 32
Unternehmermodell
– Begriff **2**, 32
Unterrichtung
– im öffentlichen Dienst **14**, 1
– srechte des Betriebsrats **Einl** 44
– srechte des Personalrats **Einl** 45
Unterweisung
– bei einer Arbeitnehmerüberlassung **12**, 17
– Begriff **12**, 1
– Belehrung **12**, 5
– Betriebsanweisung **12**, 4
– in sonstigen Rechtsvorschriften **12**, 2, 7 ff.
– Umfang und Inhalt **12**, 3
Verantwortliche Personen
– Anordnung der zuständigen Behörde **13**, 5
– Haftung **13**, 3
– Regelung im öffentlichen Dienst **13**, 7
– Typen **13**, 4, 6
– s. auch *Arbeitgeber*
Vorschlagsrecht **17**, 2 f.
– für Bundesbeamte **17**, 3
– für Soldaten **17**, 3
Wirtschaftlichkeit **Einl** 8, 92 ff.; **1**, 12
Zurückbehaltungsrecht, s. *Leistungsverweigerungsrecht*
Zuständige Behörden, s. *Behörden*
Zusammenarbeit mehrerer Arbeitgeber
– Abstimmung von Maßnahmen der Gefahrenverhütung, **8**, 4
– Dokumentation **8**, 5
– Fremdfirmeneinsatz **8**, 11
– bei der Tätigkeit von Beschäftigten anderer Arbeitgeber in einem Betrieb **8**, 10
– bei der Tätigkeit von Beschäftigten mehrerer Arbeitgeber an einem Arbeitsplatz **8**, 3

Rund um den Arbeitsschutz

Michael Kittner / Ralf Pieper

ArbSchR – Arbeitsschutzrecht

Kommentar für die Praxis zum Arbeitsschutzgesetz, Arbeitssicherheitsgesetz und zu den anderen Arbeitsschutzvorschriften
1998. 517 Seiten, gebunden

Der Kommentar für die Praxis enthält neben einer grundlegenden Einführung in das Arbeitsschutzrecht eine Kommentierung des Arbeitsschutzgesetzes. Kommentiert bzw. erläutert werden die auf das ArbSchG gestützten Arbeitsschutzverordnungen, das Arbeitssicherheitsgesetz, das Unfallversicherungsrecht sowie weitere grundlegende Rechtsvorschriften und Regelungen des Arbeitsschutzes.